Bibliothèque Polytechnique.

NOTIONS PRÉLIMINAIRES
D'HISTOIRE NATURELLE

POUR SERVIR D'INTRODUCTION
AU COURS ÉLÉMENTAIRE D'HISTOIRE NATURELLE

PAR

MM. MILNE EDWARDS, DE JUSSIEU ET BEUDANT.

NOTIONS PRÉLIMINAIRES
DE ZOOLOGIE

Par M. MILNE EDWARDS

Membre de l'Institut, Doyen de la Faculté des sciences, Professeur au Muséum d'histoire naturelle, etc.

Rédigées conformément au programme officiel de l'enseignement dans les Lycées
(section des sciences).

PARIS

VICTOR MASSON | LANGLOIS ET LECLERCQ
Place de l'École-de-Médecine, 17 | Rue de la Harpe, 91

1853

NOTIONS PRÉLIMINAIRES

D'HISTOIRE NATURELLE.

Paris. — Imprimerie de L. MARTINET, rue Mignon, 2.

NOTIONS PRÉLIMINAIRES

D'HISTOIRE NATURELLE

POUR SERVIR D'INTRODUCTION

AU COURS ÉLÉMENTAIRE D'HISTOIRE NATURELLE

PAR

MM. MILNE EDWARDS, DE JUSSIEU ET BEUDANT.

NOTIONS PRÉLIMINAIRES

DE ZOOLOGIE

Par M. MILNE EDWARDS

Membre de l'Institut, Doyen de la Faculté des sciences, Professeur au Muséum d'histoire naturelle, etc.

Rédigées conformément au programme officiel de l'enseignement dans les Lycées (section des sciences).

PARIS

VICTOR MASSON   LANGLOIS et LECLERCQ,
Place de l'Ecole-de-Médecine, 17   Rue de la Harpe, 91

1853

AVERTISSEMENT.

Dans le nouveau plan d'études adopté par le conseil supérieur de l'instruction publique pour les élèves de la section des sciences, l'histoire naturelle trouve sa place principale dans l'année de rhétorique ; mais, afin de développer de bonne heure chez ces élèves l'esprit d'observation, et de les familiariser avec l'emploi de la *méthode*, le conseil a pensé qu'il serait utile de leur donner au préalable quelques notions relatives à la classification des animaux et des plantes. Cette instruction préliminaire, très simple, qui vient d'être ainsi introduite dans la classe de troisième, doit nécessairement être dégagée des considérations physiologiques d'un ordre élevé dont on ne peut s'occuper sérieusement qu'en s'appuyant sans cesse sur l'anatomie et la chimie ; elle devra tendre surtout à éveiller la curiosité de l'élève, l'exciter à profiter de ses promenades pour recueillir des sujets d'étude, à scruter les caractères de ces objets et en essayer la détermination ; meubler sa mémoire de faits faciles à retenir et dont la connaissance lui sera précieuse lorsqu'il abordera l'étude de l'histoire naturelle proprement dite ; enfin, l'initier à l'emploi des classifications méthodiques, instruments dont l'utilité est si grande dans tous les travaux de l'intelligence, et dont le mécanisme n'est nulle part aussi parfait et aussi apparent qu'en zoologie et en botanique.

Dans le court espace de temps assigné à cette portion préliminaire de l'enseignement des sciences naturelles, le professeur ne pourra exposer, même de la manière la plus sommaire, tout le système de classification, soit du règne animal, soit du règne végétal ; il ne pourra en aborder que quelques portions fort limitées, mais il devra chercher à approfondir suffisamment les questions dont il traitera, pour que ses élèves aient des idées nettes sur chacun de ces points et soient familiarisés avec les procédés d'investigation à l'aide desquels le naturaliste arrive à reconnaître les objets dont il s'occupe. Si leurs études sont dirigées de la sorte, ils pourront ensuite, sans le secours du professeur et à l'aide de livres seulement, étendre leurs connaissances ; ils auront entre les mains la clef du langage particulier aux écrits scientifiques de ce genre, et seront imbus de l'esprit de la méthode naturelle : tandis qu'en suivant une marche contraire, en voulant tout embrasser, et en restant par conséquent dans des généralités plus ou moins abstraites, on ne leur donnerait que des notions vagues et indigestes, plus propres à fausser leur esprit et à les rendre indifférents à l'enseignement sérieux de la physiologie, qu'à servir de bases à l'étude des grands phénomènes de la nature vivante dont ils devront s'occuper dans la classe de rhétorique, et à leur faire désirer la connaissance plus complète du monde matériel qui les entoure.

Il m'a semblé aussi qu'afin d'habituer les élèves à se rendre compte de ce qu'ils savent et à raisonner sur les faits, il serait bon d'éviter autant que possible la forme dogmatique, et qu'il fallait déduire les propositions générales de prémisses déjà fixées dans l'esprit, plutôt que d'énoncer d'abord la règle générale pour n'en donner qu'ensuite la démonstration. Cette marche entraîne, je le sais, quelques longueurs, mais elle facilite beaucoup l'étude et a aussi l'avantage de substituer un travail de l'intelligence à ce qui n'est trop souvent qu'un exercice de la mémoire. Autant que le programme de ce cours me le permettait, je n'ai donc abordé les idées générales ou abstraites qu'après en avoir posé les bases à l'aide de faits individuels, et j'ai toujours eu soin de choisir ces faits parmi ceux dont la connaissance est le plus répandue. Effectivement, dans un enseignement aussi élémentaire que l'est celui pour lequel cet opuscule est destiné, et pour des élèves si peu préparés aux études scientifiques, il est important, ce me semble, de matérialiser, pour ainsi dire, les sujets dont on traite et de ne laisser rien de vague dans l'esprit. Il faut accoutumer les jeunes gens à ne pas se contenter de mots seulement et à se former des images nettes de tout ce dont on leur parle.

On remarquera aussi que dans ces notions préliminaires j'ai cherché à éviter tout emploi inutile de termes techniques, et que j'ai soin de rappeler souvent la signification des mots dont l'usage n'est pas vulgaire, et dont je suis cependant conduit à me servir.

Comme il est toujours difficile de donner, avec la parole seulement, des idées justes de la forme des corps organisés, et que la connaissance des formes est souvent essentielle dans cette partie de l'histoire naturelle, je crois devoir conseiller aux professeurs chargés de cet enseignement élémentaire l'usage de grandes figures murales représentant les objets dont ils parlent. Il faut autant que possible montrer aux élèves ces objets en nature; mais lorsqu'il s'agit de caractères zoologiques ou botaniques, les parties dont on les tire sont en général trop petites pour être bien visibles à distance, et l'emploi de figures grossies facilite singulièrement les démonstrations. Afin de bien graver dans la mémoire des élèves ces mêmes formes, il serait aussi fort utile de leur faire dessiner (ou même calquer, s'ils ne savent pas le dessin) une série de figures propres à servir d'exemples des principales dispositions organiques les plus importantes à connaître.

Dans le texte de ce petit livre je n'ai voulu traiter que des sujets dont l'université a fait mention dans le nouveau programme de l'enseignement scientifique; mais afin de donner plus d'intérêt à ces études préliminaires, j'ai cru utile d'ajouter sous la forme de notes, et seulement à titre de renseignements, quelques détails sur les mœurs et les caractères de divers animaux.

NOTIONS PRÉLIMINAIRES
DE ZOOLOGIE.

Ire ET IIe LEÇONS.

PROGRAMME OFFICIEL.

NOTIONS GÉNÉRALES
SUR LES CARACTÈRES DISTINCTIFS DES MINÉRAUX, DES VÉGÉTAUX ET DES ANIMAUX.

RÈGNE ANIMAL.

PRINCIPAUX ORGANES QUI ENTRENT DANS LA COMPOSITION
DU CORPS D'UN ANIMAL : ORGANES DE LA CIRCULATION, DE LA RESPIRATION,
DU MOUVEMENT ET DE LA SENSIBILITÉ ; SQUELETTE INTERNE ET EXTERNE ;
MUSCLES ET TENDONS, NERFS ; ORGANES DES SENS ET DE LA VOIX ;
PEAU ET SES DÉPENDANCES, POILS, ÉCAILLES, PLUMES.

§ 1. Quelques instants de réflexion doivent suffire à chacun d'entre nous pour se former une idée nette de ce que l'on entend par le mot *corps*. Effectivement nous savons tous qu'un caillou est un corps ; que l'eau est un corps ; qu'un arbre, un fruit, une feuille, sont des corps ; qu'il en est de même des insectes, des poissons, des oiseaux ; enfin, que chacun de nous est lui-même un corps. D'un autre côté, personne n'attache une idée pareille ni à l'âme qui nous anime, ni à la lumière qui nous éclaire, et lorsqu'on cherche à se rendre compte de ce qui est commun à tous ces *corps* et de ce qui les distingue de tout ce qui n'est pas matériel, on trouve tout de suite un caractère bien saillant et d'un emploi facile, car l'observation journalière suffit pour en constater l'existence. Personne ne peut ignorer qu'un caillou, abandonné à lui-même, tombera, et que, placé dans le plateau d'une balance, ce corps se montrera plus ou moins pesant ; que de l'eau, un fruit, un poisson, un homme, pèsent aussi, tandis que la lumière n'exercera sur la balance aucune influence semblable et ne saurait être pesée. Or tout objet matériel ressemble, sous ce rapport, aux divers corps dont il vient d'être question, et l'astronomie démontre que le soleil et les astres sont aussi des choses douées de pesanteur. Il en résulte que, dans notre esprit, l'idée de la pesanteur s'attache naturellement à tout ce qui est *matériel*, et que sans nous occuper des propriétés générales de la matière dont l'étude appartient à la physique, nous pouvons même définir rigoureusement le mot générique de *corps*.

En effet, pour chacun de nous, toute chose qui *pèse* plus ou moins est une chose matérielle, est un corps ; ce qui ne pèse pas est immatériel : et par conséquent nous pouvons définir le mot *corps* en disant qu'il s'applique à *tout ce qui tombe sous nos sens et qui a une existence matérielle*, ou, en d'autres termes, à *tout ce qui est pesant*.

Si l'on compare entre eux divers corps, un caillou, un fruit, un animal, par exemple, on voit qu'ils ont aussi en commun quelques autres caractères. Ainsi chacun d'eux occupe un certain espace, ou, en d'autres mots, est plus ou moins volumineux ; il en est de même de tous les autres corps, et l'idée de l'*étendue* ou du *volume* est par conséquent aussi une idée que nous attachons à tout ce qui a une existence matérielle, ou pour employer ici le langage plus précis des physiciens, à la *matière*.

Il suffit aussi de quelques instants de réflexion pour voir que la portion de l'espace occupé par un caillou ou par un fruit ne saurait être occupée en même temps par un autre corps, et que si certains corps, tels que de l'eau ou de l'air peuvent pénétrer dans l'intérieur d'une éponge ou d'une pierre légère, c'est seulement parce que ces derniers corps présentent dans leur intérieur des interstices ou vides que l'eau et l'air viennent occuper, sans que jamais les particules de celles-ci puissent se trouver là où se rencontrent au même moment d'autres particules de matière, telles que les particules de l'éponge ou de la pierre. Or c'est encore là un des caractères généraux de la matière, et les physiciens expriment l'idée que l'on y attache en disant que la *matière est impénétrable*.

Nous voyons donc qu'à l'aide des connaissances que chacun possède et qui s'acquièrent par l'observation de tous les jours, on peut, avec un peu de réflexion, se former une idée abstraite, mais parfaitement nette, des corps en général. En effet, nous avons vu :

Que l'on nomme *corps* tout ce qui tombe sous les sens et qui a une existence matérielle ;

Que tout ce qui a une existence matérielle est étendu et impénétrable ;

Que tout ce qui a une existence matérielle est pesant.

En résumé, par conséquent, on nomme *corps* :

Toute chose qui pèse ;

Toute chose qui est étendue et impénétrable.

Ou en d'autres mots : Tout ce qui est matériel.

§ 2. Chacun sait également que le caillou, tout en étant un corps comme l'arbre ou le cheval, est un corps d'une autre sorte. Le caillou ne vit pas et n'a jamais été susceptible de vivre ; l'arbre, de même que le cheval, est un être vivant ou qui a été doué de la vie. Les différences qui les distinguent ne peuvent échapper à l'observation de personne. Or, si l'on compare tous les corps de l'univers à un caillou d'une part, et à un cheval ou à un arbre de l'autre, on voit aussitôt que sous les rapports dont il vient d'être question, les uns sont de la nature du premier, tandis que les autres sont de la nature du second. Il en résulte qu'on est nécessairement conduit à reconnaître que les corps en général sont de deux sortes.

Les uns, tels que le chêne ou le champignon, le cheval ou l'huître, sont ou ont été doués de la vie ; les autres, tels que les cailloux, le fer, la craie et l'eau, ne sont pas susceptibles de vivre, et sont connus sous le nom commun de *corps bruts*.

Personne ne confondra ces deux sortes de corps entre eux ; mais pour se former une idée nette des différences qui les distinguent, il est bon de fixer l'attention sur leurs caractères généraux les plus importants.

Le caillou, le morceau de fer ou le fragment de craie, ne donnent aucun signe d'activité intérieure ; leurs particules constitutives sont en repos, et à moins d'être exposés à des causes de destruction étrangères à leur nature, ces corps continuent à exister indéfiniment. Le cheval et l'arbre, au contraire, ont en eux un principe d'activité spéciale, la *vie* ; ils grandissent pendant qu'ils sont jeunes, et, après avoir existé pendant un certain temps, ils se détruisent nécessairement, car la *mort* est une conséquence de la vie : mais pour exister ainsi ils ont besoin de s'approprier sans cesse des matières étrangères, c'est-à-dire, de se *nourrir*.

Le mode d'origine de ces corps est également caractéristique. Lorsque de l'eau se constitue ou que de la craie se forme, c'est par le seul fait de la combinaison chimique des matières dont ces corps sont composés, et l'eau ou la craie déjà existants dans la nature n'exercent aucune influence sur leur formation. Une plante, au contraire, ne saurait se constituer sans le concours d'une plante de même nature qui l'engendre. Le chêne naît du gland produit par un chêne préexistant, et chaque herbe naît d'une graine fournie par une herbe de même sorte: toutes les jeunes plantes ont des parents dont elles sont descendues et dont elles ont reçu la vie. La poule, comme chacun le sait, naît d'un œuf, qui est aussi une sorte de graine animale et qui a été produit par une autre poule. Enfin, tous les êtres vivants naissent de parents semblables à eux, et aucun ne peut se constituer spontanément.

Il suffit aussi de rappeler ce que tout le monde sait, pour montrer qu'il existe des différences non moins grandes dans le mode de constitution des corps vivants et des corps bruts. En effet, le chien, le cheval, l'oiseau et l'insecte sont des êtres qui jouissent de facultés plus ou moins nombreuses. Ainsi ils se nourrissent, et pour se nourrir ils exercent des actes plus ou moins compliqués; ils sentent et ils se meuvent. Or, pour se mouvoir, il leur faut des instruments ou organes du mouvement tels que des pattes ou des ailes; pour sentir, ils ont besoin des organes des sens, et pour se nourrir il leur faut aussi des instruments particuliers, une bouche et un estomac, par exemple. Les plantes ont aussi des facultés inhérentes à la vie, et par conséquent sont également pourvues d'organes tels que des feuilles, des fleurs, des racines. Chacun de ces corps, de même que chacun des animaux dont il vient d'être question, se compose donc d'une certaine réunion d'*organes* ou instruments divers dont la présence est nécessaire à son existence, et sans lesquels il serait incomplet: ces diverses parties sont liées entre elles, et par leur assemblage elles constituent un *individu* de forme déterminée, qui ne peut être divisé au delà d'un certain degré sans périr. Dans un caillou ou un corps brut quelconque nous ne voyons rien de semblable: il n'y a point d'organes particuliers, et l'existence d'aucune partie de la masse de ce corps n'influe en rien sur l'existence des autres parties; ces parties ne sont pas nécessairement liées entre elles, et ne forment point par leur réunion un individu. Enfin les matériaux dont se compose le corps d'un chien ou d'une huître, d'un arbre ou d'une herbe, sont nécessairement de différentes sortes : les uns sont liquides, le sang et la séve, par exemple; et les autres, tels que les fibres de la chair ou du bois, sont solides, et ces parties solides sont disposées de façon à contenir les parties liquides et à en permettre le mouvement dans l'intérieur de ce corps. Cette structure est appelée *organisation*, et elle se retrouve chez tous les êtres vivants, car elle est indispensable au mouvement de nutrition, sans lequel ces êtres ne pourraient exister. Aussi désigne-t-on souvent les corps vivants sous le nom de *corps organisés*. Les minéraux ne présentent rien de semblable. Dans un morceau de fer, par exemple, on ne trouve que des particules de fer, et dans un bloc de marbre on trouve partout du marbre; dans une roche de granit on distingue, il est vrai, des cristaux de différentes sortes, mais là encore il n'y a aucun indice d'organisation : et comme tous les corps bruts ressemblent sous ce rapport au fer, au marbre et au granit, on peut les désigner sous le nom commun de *corps inorganisés*, par opposition aux corps vivants, qui sont tous des *corps organisés*.

Lorsque nous étudierons la physiologie, c'est-à-dire la science qui traite des phénomènes de la vie, nous reviendrons sur l'examen des différences qui distinguent ces deux sortes de corps; mais, d'après le peu de mots que nous venons d'en dire, on a pu voir que ces différences sont bien plus grandes que celles qu'on observe en comparant entre eux un cheval et un chêne, ou bien un caillou et un morceau de fer : car le cheval et le chêne ont en commun la vie et l'organisation, tandis que le caillou et le morceau de fer sont l'un et l'autre des corps bruts ou inorganiques. Or tous les corps de la nature, avons-nous dit, ressemblent sous ces rapports à l'un ou à l'autre des exemples que nous venons de citer, et par conséquent on voit que la distinction la plus importante à établir entre ces corps est celle des *corps organiques* et des *corps inorganiques*.

Dans les méthodes de classification employées par les naturalistes on s'applique à réunir en groupes les objets qui se ressemblent entre eux à certains égards, et à séparer ceux qui se distinguent par des différences essentielles. Il est donc évident que pour classer les corps de la nature d'une manière rationnelle, c'est-à-dire d'après le degré d'importance de ce qu'ils offrent de commun, il faut les diviser d'abord en deux groupes principaux, savoir : la Création inorganique ou Règne minéral, et la Création organique.

Tel est effectivement le premier pas à faire dans la classification naturelle des corps dont notre globe est peuplé ou composé. Le règne inorganique comprend tous les minéraux ou corps bruts; la création organique comprend les animaux et les plantes, c'est-à-dire tout ce qui vit ou a vécu.

On a pu voir, par ce qui précède, qu'il suffit de profiter des connaissances vulgaires dont personne n'est dépourvu, pour arriver à une série de résultats fondamentaux en histoire naturelle. En raisonnant sur ce que tout le monde sait, nous avons montré quelle est l'idée abstraite qu'il faut se former des corps en général, et nous avons prouvé que ces corps se partagent en deux grandes divisions : le groupe des corps inorganiques ou le règne minéral, et le groupe des corps vivants ou corps organisés. Enfin, c'est en dégageant et en mettant en évidence des faits dont la connaissance est non moins répandue que nous avons caractérisé ces deux divisions primaires des choses matérielles, et établi que :

La Création organique *se compose des corps qui naissent de parents, qui se nourrissent et qui meurent; qui ont des organes et qui consti-*

tuent chacun, par l'assemblage de leurs diverses parties, un tout déterminé jouissant de l'individualité.

Tandis que le Règne minéral se compose des corps qui ne sont pas organisés, qui ne proviennent pas d'êtres semblables à eux, et par conséquent n'ont pas de parents ; qui ne se nourrissent pas, qui ne vivent pas, et par conséquent aussi ne sont pas destinés à mourir ; enfin qui ne constituent pas des individus, à moins qu'on ne veuille considérer comme tels les particules dont ils sont formés et dont le volume serait trop petit pour se prêter à une division quelconque.

§ 3. Dans le paragraphe précédent nous avons vu que tous les corps organisés, quelle que soit leur nature, ont en commun un certain nombre de caractères ; que tous naissent de parents, se nourrissent et meurent ; mais pour peu qu'on vienne à les comparer entre eux, on est frappé des différences qu'ils offrent quant à la manière dont ils vivent et aux facultés dont ils sont doués. Prenons pour exemples le chêne ou le champignon, d'une part ; le cheval ou le colimaçon, de l'autre. Tout le monde sait que chez les premiers la vie ne se manifeste que par les phénomènes de nutrition ou de multiplication nécessaires à l'accroissement de l'individu ou à sa reproduction, tandis que chez les autres on observe non seulement la faculté de se nourrir et de se multiplier, mais de plus la sensibilité et le mouvement. Les animaux varient beaucoup sous le rapport du mode d'exercice de ces deux grandes facultés. Pour s'en convaincre, il suffit de se rappeler le mode d'existence du cheval ou de l'oiseau, d'une part, et de l'huître ou de la sangsue, de l'autre ; mais tous les animaux possèdent ces facultés en commun. Ils ont une volonté et ils se meuvent ; tandis que les plantes, lors même qu'elles se contractent à la manière de la Sensitive, n'exécutent jamais de mouvements volontaires et n'ont jamais la conscience des impressions produites sur leur être par les objets dont ils sont entourés. Les uns sont des *êtres vivants*, mais inanimés ; les autres, des *êtres animés*.

Il existe donc parmi les corps organisés ou vivants deux sortes d'êtres : les animaux et les plantes. Pour classer ces corps d'une manière naturelle, il faut donc subdiviser le groupe formé par tous ces corps en deux sections, savoir : le Règne animal d'une part, et le Règne végétal de l'autre.

Nous allons étudier successivement les caractères et la composition de ces deux groupes, en réservant pour le cours de l'année de rhétorique leur histoire physiologique.

DU RÈGNE ANIMAL.

§ 1. Au premier abord rien ne semble devoir être plus facile à distinguer entre eux que les animaux et les plantes ; on pourrait croire que pour reconnaître si un corps vivant est ou n'est pas un animal il suffirait d'un coup d'œil, et que toute dissertation sur les caractères qui les séparent serait sans utilité dans la pratique. Cela serait vrai si le règne animal ne se composait que des animaux que nous avons d'ordinaire sous les yeux, le cheval, les oiseaux, les poissons et les insectes, par exemple, et si le Règne végétal ne renfermait que les arbres de nos forêts ou les herbes des champs. En effet, ces plantes vivent toujours fixées au sol par des racines, et se terminent par des feuilles portées sur une tige plus ou moins élevée ; tandis que les animaux dont il vient d'être question sont toujours libres à la surface du sol, et jouissent de la faculté de s'y mouvoir à volonté : aussi ont-ils des membres disposés pour la locomotion, et leur corps se termine par une tête portant des organes des sens qui leur permettent de connaître ce qui les entoure. Mais il existe d'autres animaux qui ne présentent aucun de ces caractères, et qui ont avec les plantes tant de ressemblance extérieure, qu'il est quelquefois difficile de les en distinguer.

Les *Anémones de mer*, ou *Actinies* (fig. 1), par exemple, vivent fixées aux rochers et ont l'aspect des fleurs, dont elles portent le nom, plutôt que des animaux ordinaires. Elles sont, il est vrai, douées de la faculté de sentir, et peuvent contracter les différentes parties de leur corps, bien qu'elles ne puissent pas se déplacer ; mais après la mort ces facultés disparaissent, et pour reconnaître que les actinies appartiennent au règne animal, il faut alors avoir recours à d'autres caractères.

Il en est de même pour les animaux de très petite taille qui vivent réunis en grand nombre et forment ainsi une masse

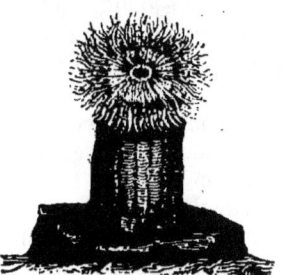

Fig. 1. *Actinie*.

rameuse dont le centre est occupé par une sorte de tige pierreuse connue dans le commerce sous le nom de *corail* (fig. 2) ; par leur forme, ces petits êtres ressemblent tout à fait à des fleurs, et ils

12   ZOOLOGIE.

Fig. 2. Branche de Corail.

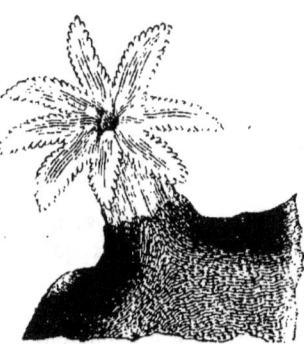

Fig. 3.
Polype du Corail.

(Un des animaux qui constituent par leur réunion les branches représentées dans la figure 2, beaucoup grossi. Le Corail vit fixé sur les rochers et autres corps sous-marins. On en trouve beaucoup près de la côte de l'Algérie.)

demeurent toujours fixés à la branche qui les porte. Nous pourrions multiplier beaucoup ces exemples de formes bizarres parmi les animaux, mais nous ne nous arrêterons pas à les décrire, et pour en donner une idée, nous nous contenterons d'appeler l'attention sur les figures ci-jointes qui représentent quelques uns de ces êtres dont l'aspect s'éloigne tant de ce que l'on est accoutumé à voir dans le règne animal. (Voyez les figures 4 à 11.)

Il en résulte que pour déterminer d'une manière générale si un corps organisé qui a cessé de vivre, et qui par conséquent ne peut montrer aucun signe de sensibilité ni faire aucun mouvement, appartient ou non au règne animal, le zoologiste ne saurait se contenter des particularités de forme à l'aide desquelles on reconnaît si facilement la nature de la plupart de ces êtres, et qu'il doit nécessairement chercher d'autres caractères dans la structure même de ces corps.

En abordant l'étude du règne animal, il nous faut donc examiner sommairement la structure des animaux et passer rapidement en revue les principaux organes dont leur corps se compose.

Fig. 4. *Polypes du genre Astroïde.* (1)

(1) Polypes marins qui ressemblent beaucoup aux Actinies ou Anémones de mer, mais qui sont réunis par leur base en une sorte de croûte charnue qui adhère aux rochers et renferme des loges pierreuses. Dans cette figure plusieurs de ces animaux sont représentés tels qu'on les voit quand la mer est calme et qu'ils déploient la couronne de tentacules dont leur bouche est entourée ; d'autres sont plus ou moins contractés. Ils sont très communs dans quelques parties de la Méditerranée, sur la côte de l'Algérie, par exemple, et se font remarquer par leur belle couleur jaune orangé. Les zoologistes les désignent sous le nom d'*Astroïdes calycularis*.

(2) *Pelagia.* Animal marin de la famille des *Méduses*, dont la substance est gélatineuse et transparente. Très commun sur les côtes de la Provence. On en voit qui ont 30 ou 40 centimètres de large. Ces animaux nagent à l'aide des mouvements de l'espèce d'ombrelle que forme la partie supérieure de leur corps, et leur bouche est située au centre de quatre grands appendices ou bras qui flottent au-dessous.

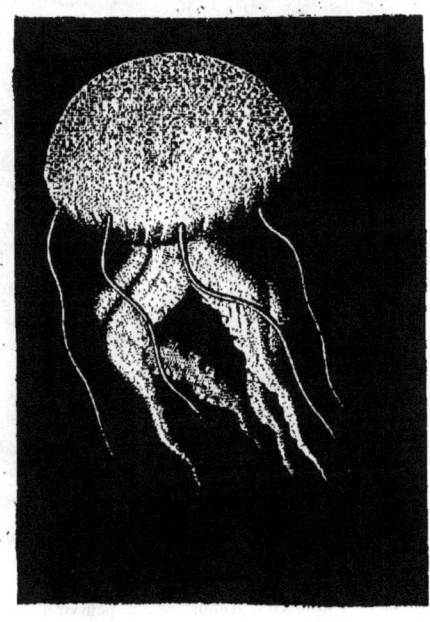

Fig. 5. *Méduse* (2).

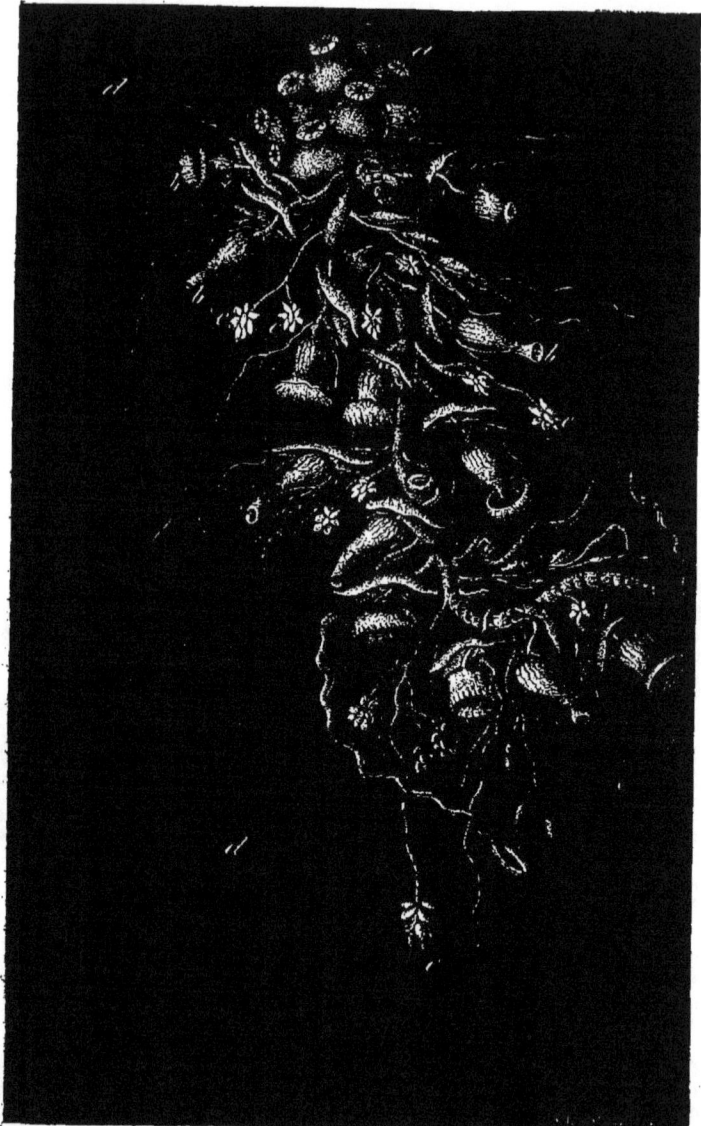

Fig. 6 (1).

(1) *Stéphanomie*. Animal marin pourvu d'une multitude de bouches (*b, b, b*), d'un groupe d'organes natatoires (*a*), d'appendices garnis d'œufs, etc. (*c, c*), et d'une foule de longs filaments (*d*). On en trouve dans la Méditerranée qui ont près d'un mètre de long et qui ressemblent à des guirlandes de fleurs flottantes dans l'eau de la mer.

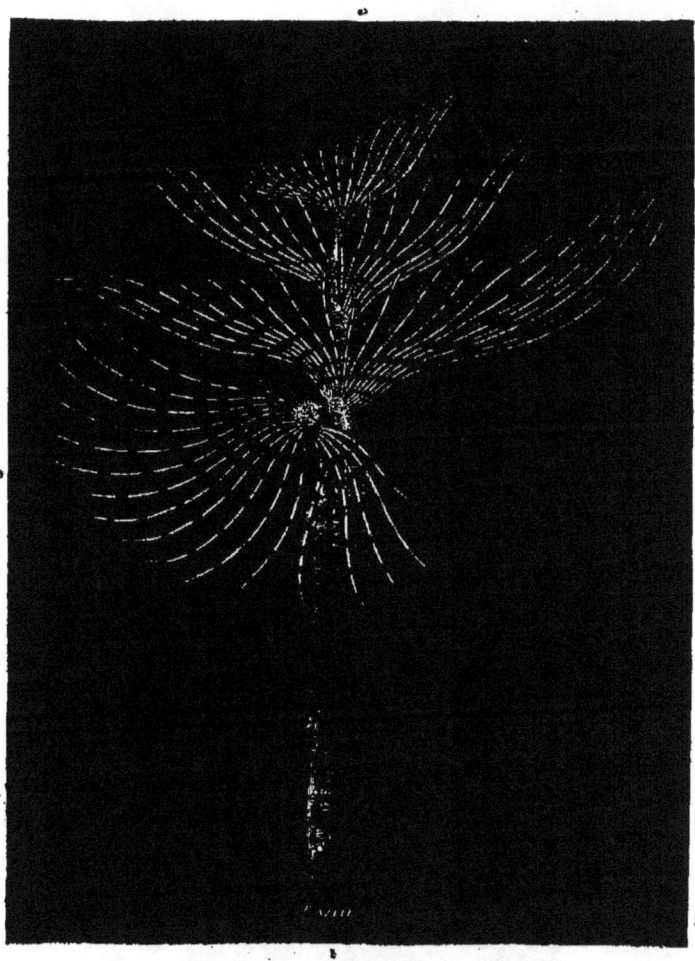

Fig. 7. *Sabelle* (1).

(1) Espèce de ver marin qui vit dans un tube sablonneux et qui porte à l'extrémité antérieure de son corps un grand nombre d'appendices frangés, disposés de façon à représenter une sorte de cloche ou de rampe spirale. On trouve beaucoup de ces vers sur nos côtes ; ils ont souvent 20 à 30 centimètres de long, et sont nuancés de couleurs très variées. Dans cette figure on voit l'animal sortant un peu de sa gaine, mais celle-ci n'a été représentée que dans sa partie supérieure.

16   ZOOLOGIE.

Fig. 8. *Astérie* ou *Étoile de mer*.

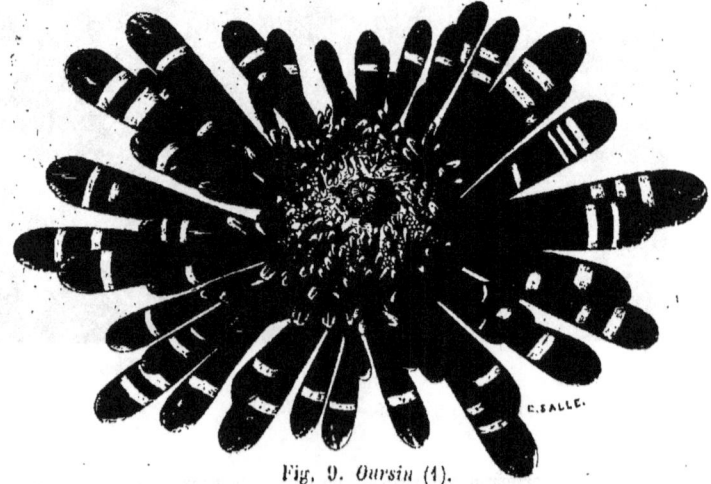

Fig. 9. *Oursin* (1).

(1) Les *Oursins* ou *Châtaignes de mer*, sont des animaux dont le corps a la forme d'une boule à coque solide, percée en dessous pour la bouche et entourée de baguettes pierreuses. Ces animaux vivent dans la mer ; on en trouve sur nos côtes dont les baguettes sont grêles et courtes, et dont on mange l'intérieur dans plusieurs ports, à Marseille et à Naples, par exemple. Dans cette figure l'animal est dans une position renversée pour montrer sa bouche.

RÈGNE ANIMAL. 17

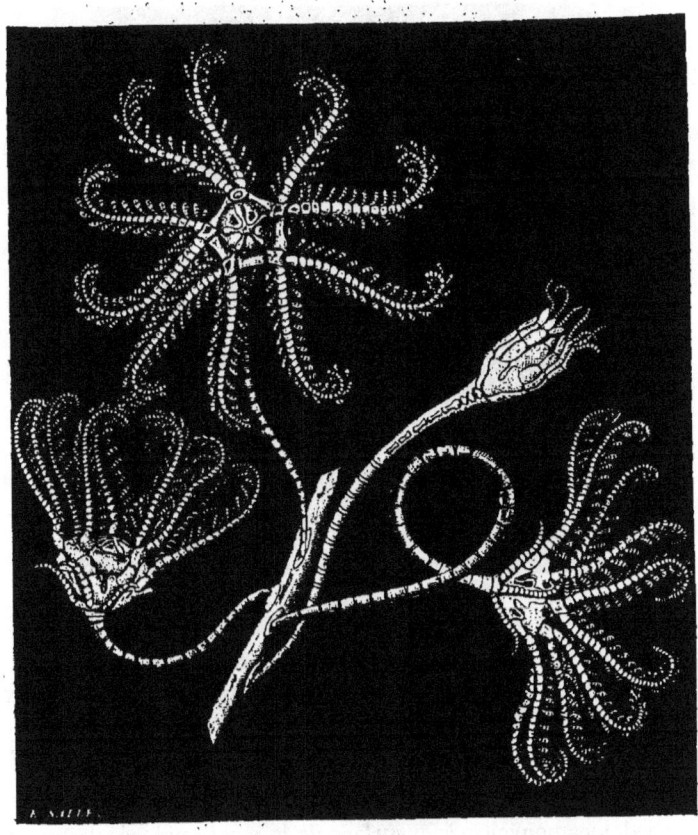

Fig. 10. *Encrines* (1).

(1) Les *Encrines* sont des animaux marins qui ressemblent beaucoup aux Étoiles de mer (*fig.* 8), mais qui vivent fixés sur des corps étrangers par une sorte de tige flexible ; on en a représenté ici quatre individus dans des positions différentes.

Chez les Astéries de même que chez les Encrines, la bouche est placée au milieu des espèces de bras ou rayons qui entourent le corps. Les Étoiles de mer sont très communes sur nos côtes et ont souvent plus de 2 décimètres de large. Elles rampent à l'aide des épines et des petits organes contractiles dont la face inférieure de leur corps et de leurs bras est garnie.

2.

18 ZOOLOGIE.

Fig. 11. *Anatifes* (1).

§ 5. Nous avons déjà dit que tous les êtres vivants jouissent de la faculté de se *nourrir*, c'est-à-dire de s'emparer de matières étrangères à leur individu, de les assimiler à leur propre substance, et d'accroître ainsi le volume de leur corps ou de réparer les pertes que celui-ci peut éprouver. Lorsqu'un minéral (un cristal de sel commun, par exemple) grossit, c'est par suite d'un simple dépôt de particules nouvelles à la surface de la masse précédemment constituée, par juxtaposition de ces particules les unes sur les autres, et la forme de l'ensemble ne dépend pas tant de la forme du noyau primitif que du mode d'arrangement des parties nouvelles qui sont toujours les plus superficielles. C'est un mode d'accroissement qui peut se comparer à l'augmentation de volume que le maçon fait subir à un massif de briques lorsqu'il y ajoute de nouvelles assises, et continue son travail, tantôt de tous les côtés à la fois, tantôt dans une direction plutôt que dans une autre. L'observation de ce qui se passe dans notre corps pendant l'enfance ou dans un arbre qui grandit suffit pour montrer que chez les êtres vivants il en est tout

(1) Ces animaux marins vivent fixés à la quille des navires et aux autres corps qui flottent dans la mer; leur corps, garni de membres filiformes en assez grand nombre, est porté sur un gros pédoncule et logé entre les deux valves d'une coquille composée de plusieurs pièces.

autrement. En effet, lorsque le volume de ceux-ci augmente, l'accroissement n'est pas l'effet d'une sorte d'encroûtement de ce genre, mais la suite d'un travail intérieur à l'aide duquel des particules nouvelles portées dans la profondeur de leur substance s'interposent entre les parties anciennes ; et cet accroissement s'opère d'ordinaire sans que la forme de l'ensemble en éprouve aucun changement notable : ils se nourrissent par *intussusception*, pour nous servir de l'expression employée en physiologie.

Il faut donc que les matières étrangères nécessaires à la nutrition puissent pénétrer dans l'intérieur du corps de l'être vivant et être distribuées dans toutes les parties de son organisation. Cette absorption de substances nouvelles a en effet lieu chez les plantes aussi bien que chez les animaux ; mais ainsi que nous le ferons voir plus tard, elle ne peut s'effectuer que si les matières destinées à être ainsi absorbées par le corps vivant se présentent sous la forme de fluides, et les matières solides ne sauraient traverser de la sorte les tissus vivants pour pénétrer dans la profondeur de toutes les parties de l'animal ou de la plant. Enfin, pour peu que l'on observe le mode de nutrition d'un cheval ou d'un chien, et d'un arbre ou d'une herbe, on s'aperçoit que les substances étrangères ou alimentaires qui sont nécessaires à l'entretien de la vie ne sont pas les mêmes pour ces deux sortes de corps vivants. Ainsi que nous le verrons en étudiant la physiologie, les plantes peuvent subsister et s'accroître en absorbant du dehors de l'eau dont leurs racines sont baignées et diverses matières fluides contenues dans l'air qui entoure leurs feuilles. Les animaux, au contraire, ne peuvent se sustenter de la sorte et ont besoin de manger. En effet, des matières alimentaires qui ne se trouvent dans la nature qu'à l'état solide (telles que de la viande, des fruits ou des herbes) sont indispensables à l'entretien de la vie de tous ces êtres, et par conséquent on comprend facilement qu'il faut aussi que les animaux aient la faculté de transformer ces aliments solides en matières fluides susceptibles d'être absorbées par leurs tissus. Or ce travail préliminaire qui n'a pas lieu chez les plantes, mais qui est nécessaire à la nutrition des animaux, n'est autre chose que la *digestion*.

Les plantes et les animaux diffèrent donc entre eux, non seulement par l'existence de la faculté de sentir et de la faculté de se mouvoir chez les uns, et l'absence de ces propriétés vitales chez les autres, mais aussi par la manière dont ils effectuent le travail nutritif. Les plantes ne mangent ni ne digèrent, mais absorbent directement leur nourriture sans l'avoir digérée : les animaux ont besoin d'aliments qui ne peuvent être absorbés sans avoir été digérés ; ils mangent donc, et par conséquent aussi ils sont doués du pouvoir d'opérer cette digestion.

L'observation journalière nous apprend que les facultés des êtres vivants ne s'exercent qu'à l'aide de certains instruments ou *organes* qui sont en quelque sorte les outils de la vie ; et nous devons dire ici que lorsque plusieurs de ces organes concourent à produire un même résultat, on donne à cette réunion de parties le nom d'*appareil*.

Il résulte de ce qui précède que, puisque les animaux ont la faculté de digérer leurs aliments, il faut qu'il y ait dans leur corps des organes propres à effectuer ce travail, c'est-à-dire un *appareil digestif*; et puisque les végétaux ne possèdent pas cette faculté, il faut qu'ils manquent aussi d'organes de ce genre, car la nature ne crée rien d'inutile.

Ainsi toutes les fois qu'on trouvera dans le corps d'un être vivant un appareil digestif, on pourra être certain que cet être n'est pas une plante, mais bien un animal, quelle que soit d'ailleurs sa forme plus ou moins étrange, qu'il ressemble à une fleur comme l'anémone de mer dont il a déjà été question (*fig.* 1), ou qu'il ressemble à un insecte, à un ver, à un poisson ou à un quadrupède.

Mais en quoi consiste cet appareil digestif qui peut servir ainsi à caractériser l'animal comparé à la plante?

La *digestion*, comme nous le verrons lorsque nous étudierons la physiologie des animaux, est un travail chimique qui s'opère au moyen de certains sucs, et qui a pour effet principal de rendre les aliments solubles dans les liquides dont ils sont baignés. Ce phénomène doit donc nécessairement avoir lieu dans une cavité, qui sert de vase pour contenir à la fois les sucs digestifs, les aliments à digérer et les produits fournis par le travail digestif et propres à être absorbés par l'animal. Il faut aussi que cette cavité soit en communication facile avec le dehors pour que les aliments destinés à être digérés puissent y pénétrer, et il faut aussi que ses parois soient constituées de manière à permettre l'absorption ou passage des matières digérées dans la substance même du corps vivant.

Telle est effectivement la disposition essentielle de l'appareil digestif. La partie la plus importante de cet appareil est une sorte de poche ou de vase à parois membraneuses que l'on nomme *estomac*, et cette cavité reçoit les aliments du dehors par l'intermédiaire de la bouche.

Aussi un des caractères les plus constants de l'organisation des animaux c'est l'existence d'une bouche et d'un estomac, tandis que chez les plantes on ne trouve rien qui y ressemble.

Du reste, la structure de l'appareil digestif varie beaucoup chez les divers animaux, et les différences que l'on y remarque servent souvent au naturaliste comme autant de caractères pour distinguer ces êtres entre eux. Il est donc nécessaire d'y jeter un coup d'œil, et pour cette étude préliminaire nous choisirons comme exemple le singe, animal dont la structure ressemble beaucoup à celle de l'homme.

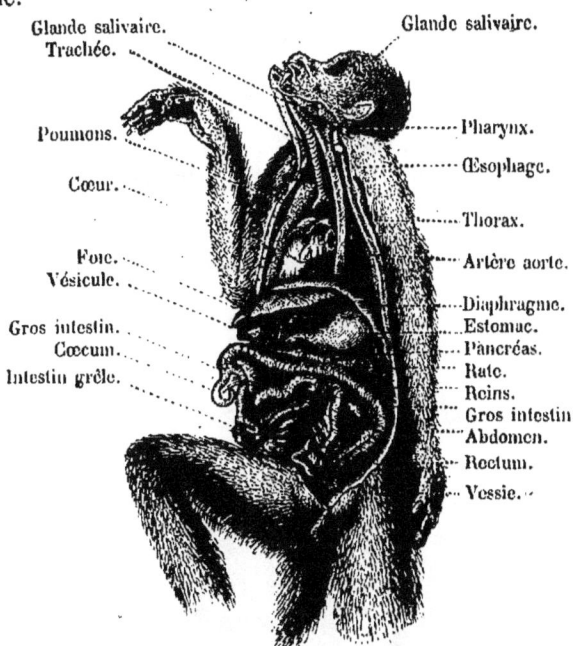

Fig. 12. *Appareil digestif d'un Singe.*

§ 6. Chez ce quadrupède, ainsi que chez le chien, le cheval ou l'homme lui-même, la *bouche*, bordée par des lèvres très mobiles, est garnie de mâchoires qui sont susceptibles de s'écarter ou de se rapprocher entre elles de façon à livrer passage aux aliments ou à les saisir, et à les comprimer ou les couper. Ces mâchoires, comme on le sait, sont à leur tour armées de dents qui servent à diviser les aliments, et ainsi que nous le verrons plus tard, la forme de ces dents est toujours en rapport avec la nature des aliments qu'elles sont destinées à saisir ou à mâcher, de sorte que le zoologiste peut toujours reconnaître le régime d'un animal par la seule inspection de son système dentaire.

Ces organes de mastication n'existent pas chez tous les animaux : le crapaud, par exemple, n'a pas de dents, quoique ses mâchoires soient conformées à peu près comme celles des quadrupèdes dont il vient d'être question. Chez l'huître, la bouche n'est armée ni de dents ni même de mâchoires, et chez d'autres animaux, au lieu d'être disposée de façon à se dilater pour recevoir des aliments volumineux, elle n'est appropriée qu'à la succion, ainsi que cela se voit chez les papillons et les cigales, qui, au lieu d'avoir des mâchoires, sont pourvus d'une trompe en forme de pipette.

Pendant que la mastication s'effectue, les aliments sont imbibés de salive, liquide très aqueux qui est produit dans des organes particuliers nommés *glandes salivaires*, et qui sert principalement à faciliter la perception des saveurs et la déglutition. Ces glandes, placées dans le voisinage de la bouche, y versent la salive par de petits conduits et varient beaucoup quant à leur nombre et leur forme chez les divers animaux.

Chez le singe, de même que chez presque tous les animaux, la cavité digestive a la forme d'un long tube membraneux qui s'étend depuis la bouche jusqu'à l'anus, et qui est élargi vers sa partie moyenne pour constituer l'estomac. Les parois de ce canal alimentaire sont formées essentiellement d'une membrane qui se voit déjà

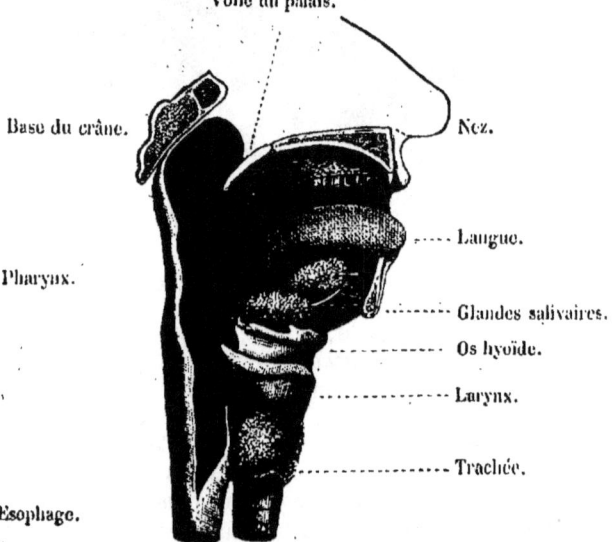

Fig. 13. *Coupe verticale de la bouche et du gosier.*

sur les lèvres et qui a beaucoup de ressemblance avec la peau, mais qui est plus délicate et qui est au nombre de celles que les anatomistes appellent *membranes muqueuses*. La surface interne et libre de cette membrane est toujours lubrifiée par des humeurs particulières, et sa surface externe est unie à une couche de fibres charnues qui sont de la même nature que celles à l'aide desquelles nos membres se meuvent, et sont douées comme elles de la faculté de se contracter. Cette tunique charnue (ou *musculaire*, pour nous servir du mot propre) est conformée de façon que ses fibres, en se contractant, puissent presser les matières alimentaires et les pousser de la bouche vers l'estomac, puis de l'estomac vers l'extrémité postérieure du tube digestif, ou les arrêter au passage et les retenir pendant un certain temps dans l'intérieur de l'estomac. Nous verrons plus tard par quel mécanisme curieux la déglutition s'opère, et comment la digestion a lieu dans l'estomac; mais il nous faut, dès aujourd'hui, passer rapidement en revue toutes les parties de l'appareil digestif.

L'arrière-bouche, ou *pharynx* (*fig.* 13), se continue en arrière avec un long tube nommé *œsophage*, qui descend le long du cou, traverse la cavité de la poitrine, ou *thorax*, et va se terminer à l'estomac. C'est par ce conduit que la déglutition a lieu, et l'estomac, ainsi que tout le reste de l'appareil digestif, est logé dans la cavité abdominale ou ventre de l'animal. Chez les quadrupèdes, dont il est ici question, l'abdomen est séparé du thorax par une cloison charnue nommée *diaphragme*; mais chez les oiseaux et beaucoup d'autres animaux, il n'en est pas de même, et ces deux portions du tronc sont confondues en une seule cavité viscérale. L'abdomen est tapissé intérieurement par le *péritoine*, membrane très mince de la nature de celles que les anatomistes appellent des *membranes séreuses*, et du côté du dos cette tunique forme de grands replis entre les feuillets desquels se loge le canal digestif. Ce canal se trouve par conséquent suspendu dans l'intérieur de la cavité abdominale, et ses parois y présentent non seulement les deux couches dont il a déjà été question, savoir la membrane muqueuse et la tunique musculaire, mais une enveloppe externe ou tunique séreuse formée par le péritoine. Il est aussi à noter que les portions des replis du péritoine qui se portent ainsi des parois de l'abdomen au tube digestif sont nommées *mésentères*, et qu'on appelle *épiploons* les portions de ces mêmes replis qui dépassent ce canal et forment une sorte de tablier membraneux au-devant de la masse des viscères abdominaux.

L'estomac (*fig.* 14), qui fait suite à l'œsophage, est placé à la partie antérieure de l'abdomen des quadrupèdes (ou à la partie supérieure de cette cavité chez l'homme, dont le corps occupe la position verticale). C'est une poche formée par une dilatation du canal alimentaire et renfermant dans l'épaisseur de ses parois une multitude de petits organes glandulaires destinés à produire le *suc gastrique*, agent principal de la digestion. Chez le singe, de même que chez le chien, le lapin, le cheval et l'homme, cette poche est simple; mais chez d'autres animaux elle est divisée en plusieurs compartiments qui peuvent même former autant d'estomacs distincts : ainsi chez le bœuf et les autres ruminants il y a quatre estomacs à la suite les uns des autres, et chez le coq, ainsi que chez la plupart des autres oiseaux, on trouve trois estomacs.

24 ZOOLOGIE.

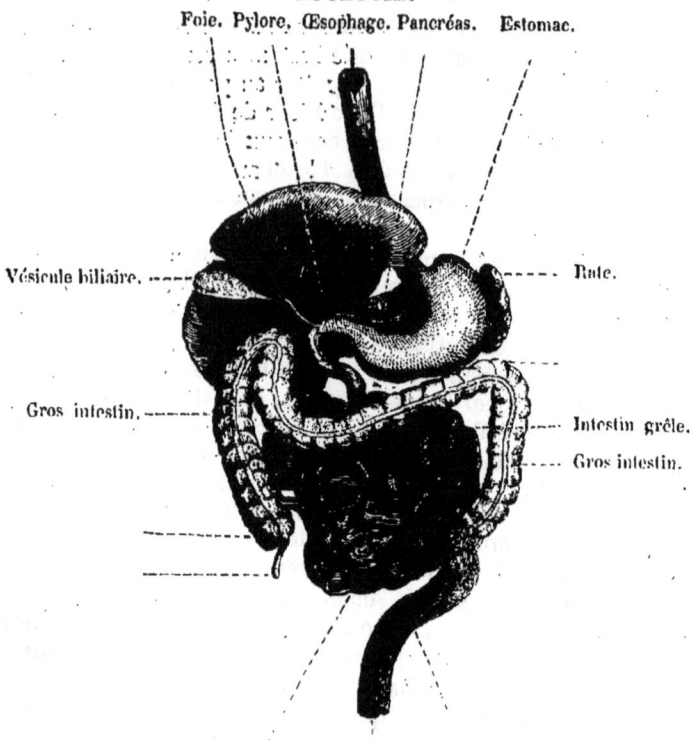

Fig. 14. *Appareil digestif.*

Du côté opposé à l'ouverture de l'œsophage, l'estomac présente un second orifice nommé *pylore*, par lequel cet organe communique avec la suite du canal digestif, c'est-à-dire avec l'*intestin*. Ce tube membraneux est très long, surtout chez les animaux herbivores, et forme dans l'intérieur de l'abdomen un grand nombre de circonvolutions. On y distingue deux parties, appelées *intestin grêle* et *gros intestin*.

L'*intestin grêle* fait suite à l'estomac, et c'est dans son intérieur que la digestion s'achève. Deux organes de la nature de ceux qu'on appelle des *glandes* sont placés dans le voisinage de cet intestin et y versent les liquides qu'ils sont chargés de produire. L'une de ces glandes, le *foie*, sécrète une humeur verdâtre nommée *bile*, qui est très amère, et qui, par ses propriétés chimiques, ressemble un peu à de l'eau chargée de savon. L'autre, appelée *pancréas*, produit un liquide qui a beaucoup d'analogie avec la salive. Presque tous les animaux ont un foie ou quelques organes analogues ; le pancréas, au contraire, n'existe que chez les quadrupèdes, les oiseaux et un petit nombre d'autres animaux. Enfin, on remarque aussi à la partie antérieure de la cavité abdominale du singe, du lapin, du chien, etc., un autre organe nommé *rate*, mais les fonctions n'en sont pas encore bien connues.

Le *gros intestin*, qui à son tour fait suite à l'intestin grêle, n'est le siége d'aucun travail digestif, et ne sert qu'à contenir le résidu laissé par les matières alimentaires et destinées à être expulsées au dehors. Chez tous les quadrupèdes et les autres animaux supérieurs l'orifice du gros intestin est placé à l'extrémité postérieure de l'abdomen; mais chez quelques animaux inférieurs, tels que le colimaçon, l'anus se trouve près de la tête, et chez d'autres d'une structure encore plus simple, cette ouverture manque complétement, de façon que l'appareil digestif, au lieu d'avoir la forme d'un tube, est conformé à la manière d'un sac, et que c'est par la bouche seulement que la défécation, de même que la déglutition, s'effectue. Les actinies ou anémones de mer, dont il a déjà été question (*fig.* 1), et les astéries ou étoiles de mer (*fig.* 8), présentent cette disposition singulière.

§ 7. Les matières alimentaires, convenablement élaborées par la digestion, sont absorbées par les parois du canal alimentaire et portées jusque dans les vaisseaux sanguins, où elles se mêlent au fluide nourricier qui est destiné à entretenir la vie dans toutes les parties du corps, et à fournir au tissu des organes les matériaux nouveaux dont ils peuvent avoir besoin.

Ce liquide nourricier est en effet le *sang*.

La physiologie nous apprendra plus tard comment ce liquide est constitué et quels en sont les divers usages. Pour le moment il nous suffira de dire que le sang n'est pas toujours rouge, comme cela se voit chez les quadrupèdes, les oiseaux, les poissons et quelques autres animaux : ainsi chez les insectes, les écrevisses, les crabes, les colimaçons, les huîtres, etc., ce liquide est presque incolore, et l'on désigne souvent tous ces animaux sous le nom d'*animaux à sang blanc*, par opposition aux premiers que l'on nomme *animaux à sang rouge*.

Le fluide nourricier doit se distribuer dans toutes les parties du corps, et, pour y entretenir la vie, il a besoin aussi de se mettre sans cesse en rapport avec l'air. Il doit donc y avoir dans l'intérieur du corps des courants de sang qui se rendent soit dans toutes les parties du corps où la nutrition s'opère, soit dans les organes à l'aide desquels ces relations nécessaires entre l'air et le sang s'établissent. Ces derniers organes constituent l'appareil de la respiration, et chez le singe, le lapin, le chien et les autres quadrupèdes dont l'étude nous occupe spécialement en ce moment, ces mêmes organes sont les poumons.

Pour contenir le sang et pour le faire circuler de la sorte dans tout le corps, ces animaux sont pourvus d'un système de vaisseaux

26   ZOOLOGIE.

ou tuyaux membraneux appropriés à cette espèce d'irrigation physiologique, ainsi que d'une sorte de pompe foulante destinée à mettre le fluide nourricier en mouvement. Cet organe d'impulsion n'est autre chose que le *cœur*; les vaisseaux qui portent le sang du cœur à toutes les parties du corps sont nommés *artères*, et ceux qui le rapportent de ces parties au cœur sont appelés *veines*.

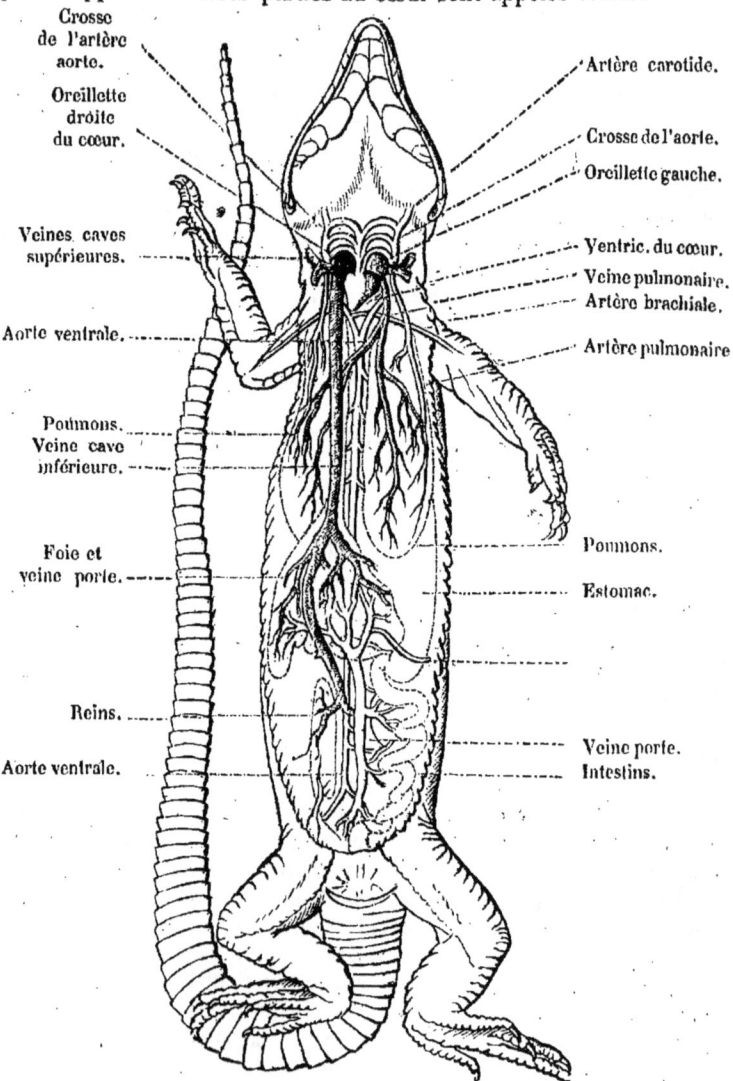

Fig. 15. *Appareil circulatoire d'un Lézard.*

STRUCTURE DES ANIMAUX. 27

Le *cœur* est une sorte de poche charnue qui a la faculté de se dilater et de se contracter alternativement ; il reçoit le sang dans son intérieur, et chaque fois qu'il se resserre il expulse une certaine

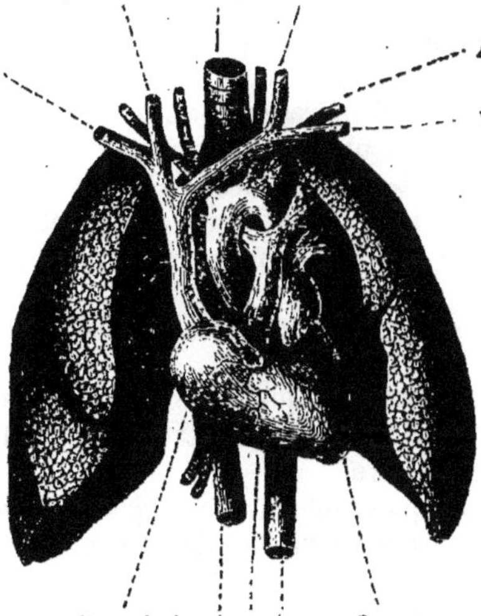

Fig. 16. *Poumons, Cœur, et gros Vaisseaux sanguins.*

quantité de ce liquide et le pousse dans les artères avec lesquelles il est en communication directe. Il est situé dans le thorax entre les deux poumons (*fig.* 16) ; et chez le lapin, le chien, le cheval, le bœuf,

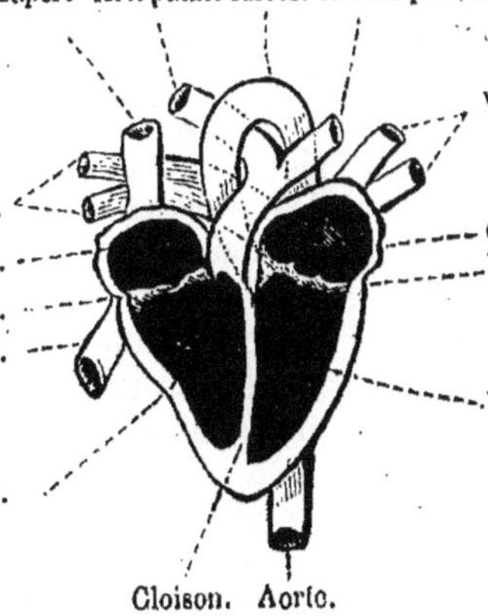

Fig. 17. *Coupe verticale du cœur.*

de même que chez l'homme, il se compose de quatre compartiments ou cavités, savoir : de chaque côté une loge principale appelée *ventricule*, et une loge accessoire nommée *oreillette* (*fig.* 17). Mais chez les reptiles et les poissons, cet organe n'est pas aussi compliqué dans sa structure, et chez d'autres animaux, tels que les écrevisses et les crabes, il se simplifie davantage.

§ 8. Nous savons tous par notre expérience personnelle que l'homme ne peut vivre s'il ne respire pas, et il est facile de voir que la respiration est également indispensable au chien, au cheval, à l'oiseau ou à l'insecte. Les expériences des physiologistes montrent qu'il en est de même pour les poissons et les autres animaux qui vivent dans l'eau. En un mot, tous les animaux ont besoin de respirer.

La respiration consiste essentiellement dans l'action de l'air sur le sang.

Les animaux terrestres, les quadrupèdes, les oiseaux et les insectes, par exemple, respirent l'air à l'état gazeux, tel que ce fluide se trouve dans l'atmosphère.

Les animaux aquatiques, tels que les poissons, les écrevisses et l'huître, respirent l'air qui est dissous dans l'eau.

Chez l'homme, le chien, le lapin et les autres quadrupèdes, de même que chez les oiseaux, cette fonction a son siége dans les *poumons* (*fig.* 16). Ces organes, au nombre de deux, consistent en une sorte de sac membraneux dont l'intérieur est subdivisé en une multitude innombrable de petits compartiments ou cellules, dans la cavité desquelles l'air pénètre chaque fois que l'animal fait un mouvement d'inspiration. En effet, les poumons communiquent au dehors par l'intermédiaire d'un conduit particulier nommé *trachée*, qui va s'ouvrir dans l'arrière-bouche ou pharynx (*fig.* 12), et cette dernière cavité se continue en avant avec la bouche d'une part, et avec les fosses nasales de l'autre (*fig.* 13), de façon que la respiration peut se faire également bien par les narines et par la bouche.

Chez quelques autres animaux terrestres, tels que les insectes, la respiration ne se fait pas à l'aide de poumons, mais au moyen de petits tubes membraneux appelés *trachées*, qui s'ouvrent sur les côtés du corps et vont se ramifier dans tous les organes, de façon à y porter l'air.

Enfin, chez les poissons (*fig.* 18) et la plupart des autres animaux aquatiques, ce sont des espèces de franges vasculaires appelées *branchies*, qui tiennent lieu de poumons et servent à la respiration de l'air dissous dans l'eau.

Nous verrons plus loin que les plantes ont également besoin de respirer, mais que la nature du travail respiratoire est loin d'être la même dans les deux règnes organiques. Les animaux, en respi-

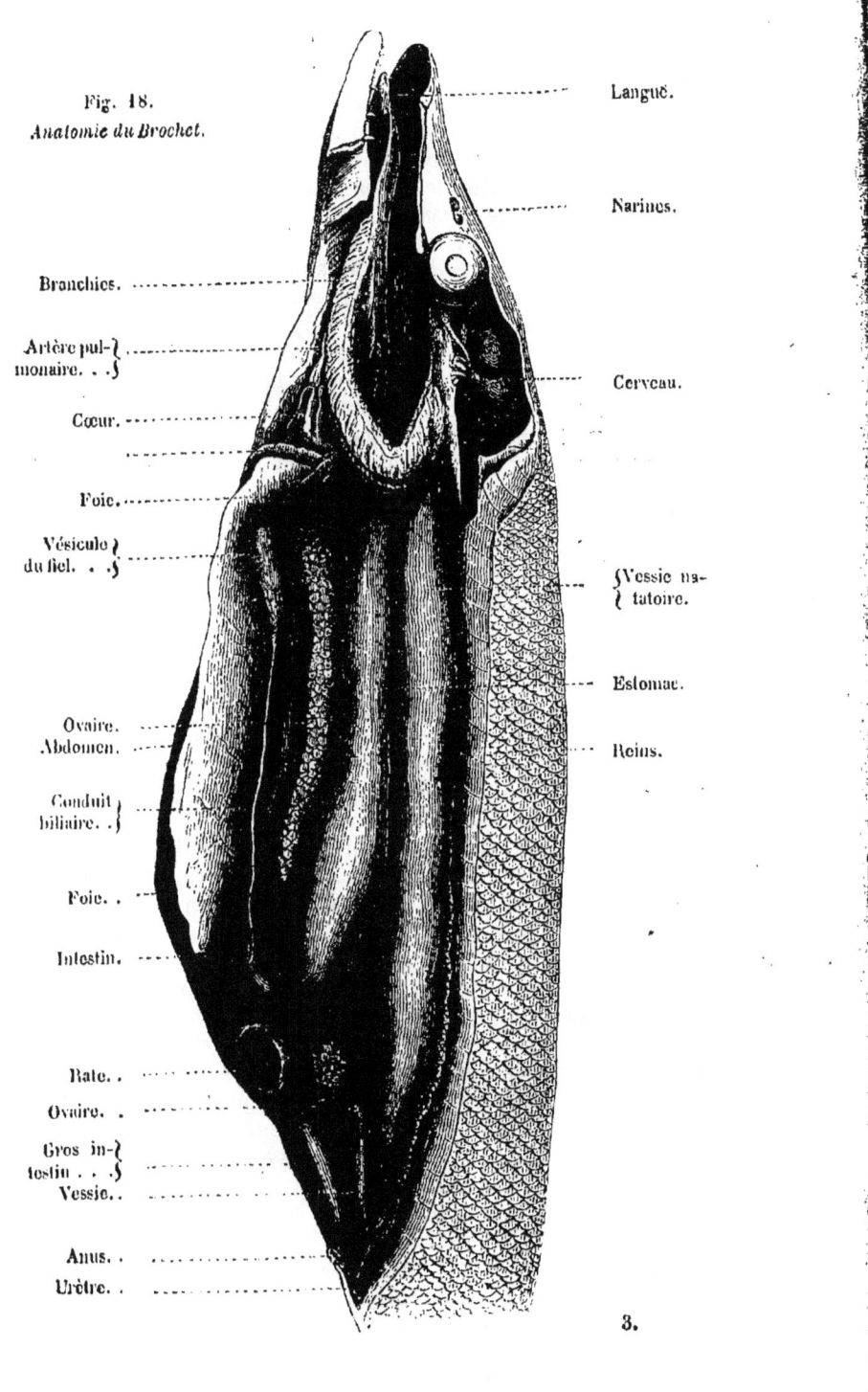

Fig. 18.
Anatomie du Brochet.

rant, prennent de l'oxygène à l'air et produisent du gaz acide carbonique; les plantes, au contraire, ont la faculté d'absorber l'acide carbonique qui se trouve répandu dans l'atmosphère, de le décomposer et de dégager l'oxygène ainsi séparé. Les animaux et les plantes exercent ainsi sur la composition de l'atmosphère des influences inverses : les premiers sont le siége d'une sorte de combustion, et les seconds revivifient l'air qui a été altéré et rendu impropre à l'entretien de la vie des animaux.

§ 9. Il est aussi à noter que les animaux ont besoin de séparer de leur sang diverses matières qui ne peuvent plus servir à la nutrition et qui doivent être rejetées au dehors; cette élimination a lieu en grande partie par un travail qui a beaucoup de ressemblance avec celui au moyen duquel se produisent la salive et la bile, mais qui a son siége dans d'autres organes. Ceux-ci constituent l'appareil urinaire dont les glandes nommées *reins* forment la partie essentielle.

§ 10. Les divers organes que nous venons de passer rapidement en revue concourent tous à la production de divers phénomènes de nutrition nécessaires à l'existence même de l'animal. Mais les facultés des animaux ne consistent pas seulement dans les fonctions de nutrition; ces êtres, comme chacun le sait, sont doués aussi de la sensibilité et du mouvement, propriétés dont les végétaux sont privés et qui constituent ce que les physiologistes appellent les *fonctions de la vie animale*. Or les instruments à l'aide desquels ces fonctions s'exercent sont non moins importants à connaître que ceux de la vie de nutrition, ou *vie végétative*, et par conséquent il est également nécessaire d'en présenter ici l'énumération, bien que l'étude réelle ne s'en fera que dans la seconde partie du cours.

§ 11. Les mouvements des animaux sont produits par des organes particuliers nommés *muscles*. Le tissu de ceux-ci constitue ce que l'on appelle vulgairement la *chair*, et pour peu que l'on examine avec quelque attention un morceau de viande de boucherie, il est facile de voir qu'il se compose de filaments ou *fibres* disposées parallèlement en faisceaux. Or ces fibres sont douées de la faculté de se contracter, c'est-à-dire de se raccourcir sous l'influence de la volonté et de quelques autres causes d'excitation. Il est également facile de comprendre que si un de ces muscles tient par une de ses extrémités à une partie qu'il ne peut déplacer, et est fixé par l'autre bout à une partie mobile, il déplacera celle-ci et l'entraînera vers la première chaque fois qu'il viendra à se contracter de la sorte. Et en effet, chez les quadrupèdes que nous avons choisis pour exemple, de même que chez l'homme, les oiseaux, les reptiles et les poissons, ces muscles se trouvent fixés en très grand nombre à des pièces dures et rigides, qui sont assemblées entre elles de façon à constituer une sorte de charpente intérieure, mais articulés de manière à pouvoir se prêter à ce déplacement. Les parties dures qui servent ainsi de leviers dans l'appareil du mouvement ne sont autre chose que les *os*, et leur ensemble constitue le *squelette intérieur* dont tous ces animaux sont pourvus.

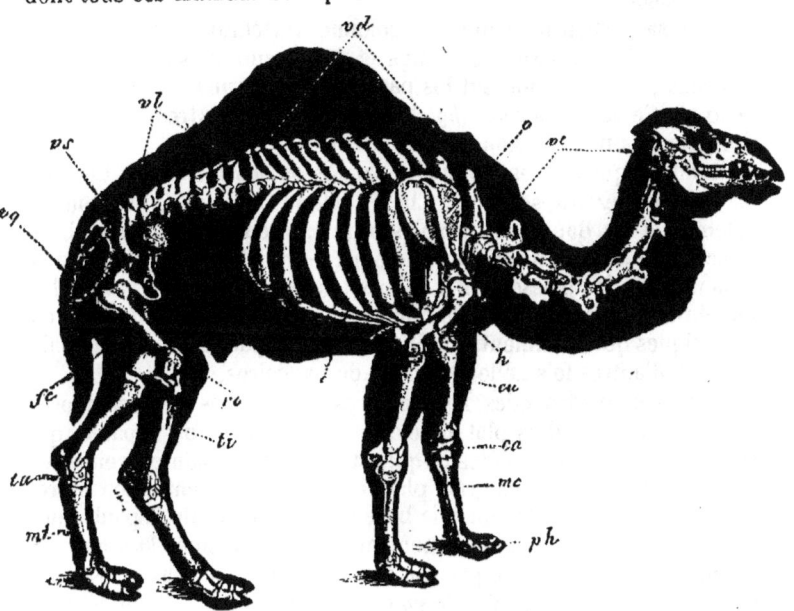

Fig. 19. *Squelette du Chameau* (1).

La portion la plus importante du squelette est la *colonne vertébrale*, sorte de tige osseuse qui s'étend tout le long de la ligne médiane du dos, et porte la tête à son extrémité antérieure. Elle se compose de beaucoup de petits os placés bout à bout et unis très solidement entre eux. On nomme ces os *vertèbres* (fig. 20), et il est à noter que chacun d'eux est percé d'avant en arrière par un grand trou, de façon que par leur réunion tous ces trous, venant à se correspondre, constituent un canal osseux qui sert à loger et à protéger un organe très important dont il sera bientôt question, savoir, la moelle épinière.

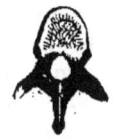

Fig. 20.

(1) Le squelette du chameau sur un fond noir représentant la silhouette de l'animal : — *vc*, vertèbres cervicales ; — *vd*, vertèbres dorsales ; — *vl*, vertèbres lombaires ; — *vs*, sacrum ; — *vq*, vertèbres de la queue ; — *c*, côtes ; — *o*, omoplate ; — *h*, humérus ; — *cu*, cubitus ; — *ca*, carpe ; — *mc*, métacarpe ; — *ph*, phalanges ; — *fé*, fémur ; — *ro*, rotule ; — *ti*, tibia ; — *ta*, tarse ; — *mt*, métatarse.

La *tête* se compose de deux portions : le crâne et la face. Le *crâne* est une sorte de boîte osseuse formée par la réunion de plusieurs os plats et larges qui s'engrènent entre eux par les bords. La *face* est formée par les mâchoires et les os qui entourent les orbites et les fosses nasales.

Dans sa portion moyenne, la colonne vertébrale porte aussi de chaque côté une série d'os longs et étroits qui ressemblent à des cerceaux, et qui garnissent les parois de la poitrine ou cavité thoracique. Ce sont les *côtes* (fig. 21), qui par leur extrémité opposée s'unissent à un os médian nommé *sternum*.

Enfin le squelette est complété par les os des membres. Ceux-ci manquent chez les serpents. Chez quelques animaux, tels que les baleines et les dauphins, il n'existe qu'une seule paire de membres attachés au thorax ; mais chez l'homme, les quadrupèdes, les oiseaux et la plupart des poissons, il y a deux paires de membres, savoir, les membres postérieurs ou abdominaux, et les membres antérieurs ou thoraciques qui, prennent tantôt la forme de pattes, tantôt celle de bras, et d'autres fois celle d'ailes ou de nageoires.

Chez les quadrupèdes les membres thoraciques sont composés d'abord d'un grand os plat appelé *omoplate*, ou os de l'épaule, qui est appliqué contre les côtes et qui est en général maintenu en place par la *clavicule*, petit os grêle placé en arc-boutant entre son extrémité externe et le sternum à la base du cou. A l'os de l'épaule succède un os long et irrégulièrement cylindrique, nommé *humérus*, ou os du bras, qui s'articule par son extrémité inférieure avec les deux os de l'avant-bras, savoir, le *radius* et le *cubitus*. Enfin ceux-ci portent à leur tour les os qui forment la main de l'homme et les pieds de devant des quadrupèdes ; leur nombre est considérable, et on les distingue en *os du carpe*, ou os du poignet ; en *os du métatarse* et en *phalanges*, ou os des doigts.

Les membres abdominaux ressemblent beaucoup par leur structure aux membres thoraciques. Les os des hanches, ou *os iliaques*, y tiennent lieu des os de l'épaule ; mais au lieu d'être simplement appliqués contre les os du tronc, comme ces derniers, ils sont très solidement fixés à la colonne vertébrale d'une part, et unis entre eux d'autre part, de façon à former à la partie postérieure de l'abdomen une sorte de ceinture appelée le *bassin*. L'os de la cuisse, ou *fémur*, ressemble beaucoup à l'humérus, et les os de l'avant-bras sont représentés par le *tibia* et le *péroné* ; enfin les os du *tarse*, les os du *métatarse* et les *phalanges* y constituent le pied, comme nous avons vu les os du carpe, les os du métacarpe et les phalanges constituer la main.

Ces os sont pour la plupart articulés entre eux à l'aide de surfaces lisses emboîtées les unes dans les autres et maintenues en contact à l'aide de *ligaments*. Enfin les muscles y sont en général fixés au moyen

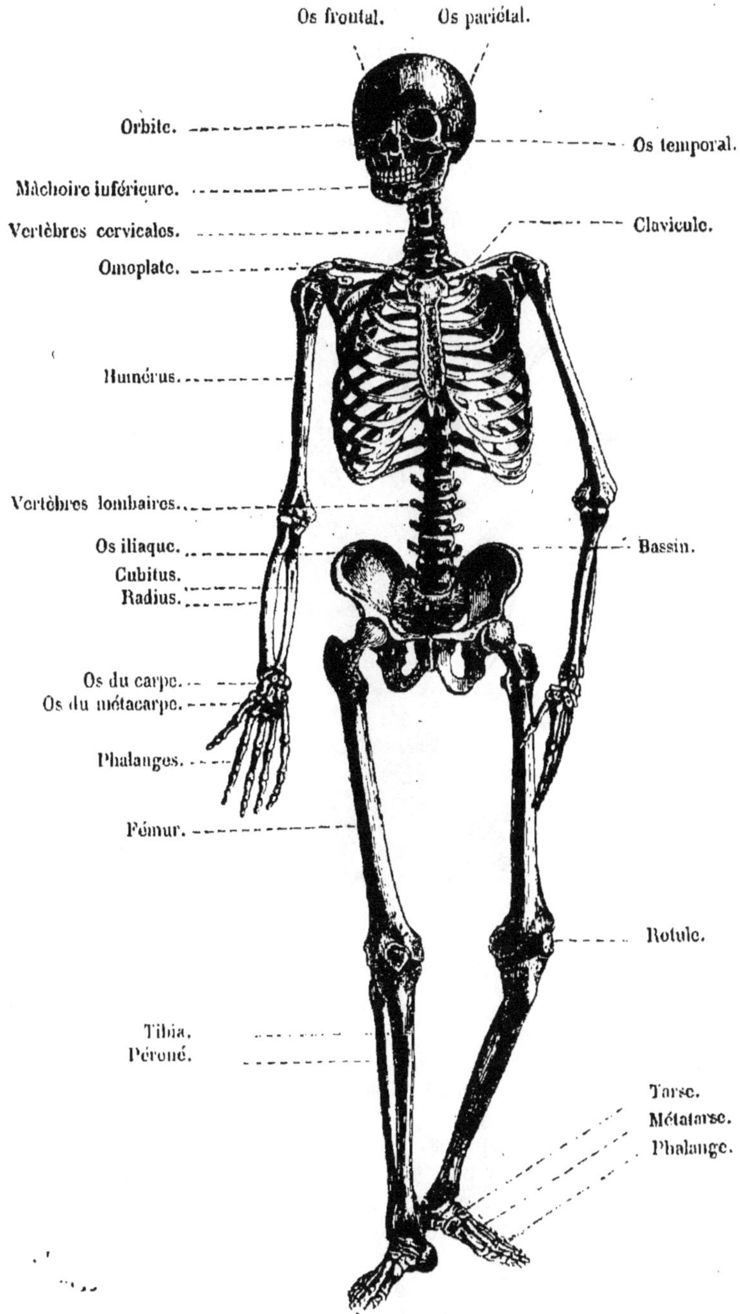

Fig. 21. Squelette de l'homme.

34   ZOOLOGIE.

de *tendons*, sortes de cordes d'un blanc nacré et très résistantes, que l'on désigne souvent à tort dans le langage vulgaire sous le nom de *nerfs*.

§ 12. Chez d'autres animaux, tels que les insectes et les écrevisses ou les langoustes (fig. 22), il n'y a pas de squelette intérieur

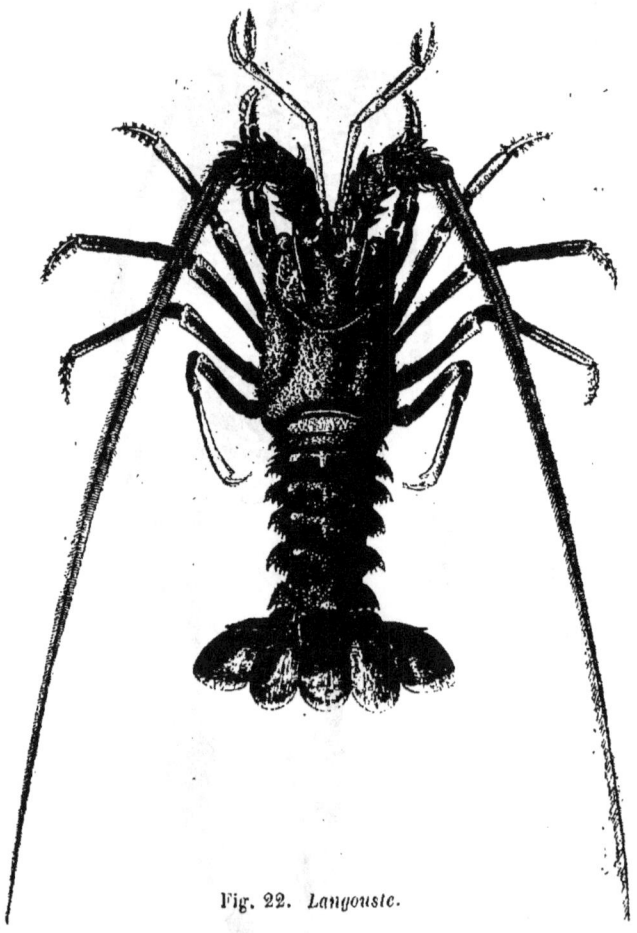

Fig. 22. *Langouste.*

comme chez les quadrupèdes, les oiseaux ou les poissons, et cet appareil est remplacé par une sorte d'armure ou de *squelette extérieur* qui n'est pas formé par des os, mais par la solidification de la peau. On désigne souvent cette enveloppe sous le nom de *squelette tégumentaire*: tantôt il est de consistance cornée (chez le hanneton, par exemple); d'autres fois, d'une dureté pierreuse, ainsi que cela se voit chez la langouste et le homard.

STRUCTURE DES ANIMAUX.

§ 13. Les muscles qui agissent dans la locomotion sont mis en action par l'influence de la volonté, et cette influence leur est transmise par les nerfs proprement dits, qui sont en même temps les organes de la sensibilité. Ces *nerfs* sont des cordons mous et blanchâtres qui se ramifient dans la peau, dans les muscles et dans presque toutes les autres parties du corps, et qui par leur extrémité opposée vont se rendre, soit au cerveau, soit à la moelle épinière, qui est en quelque sorte un prolongement dorsal de ce dernier organe.

Les nerfs, le cerveau, la moelle épinière et les autres parties d'une structure analogue, constituent ce que les anatomistes appellent le *système nerveux* (fig. 24). C'est par l'intermédiaire du *cerveau* que la volonté se manifeste et que les sensations sont perçues. Cet organe est logé dans le crâne, et la moelle épinière qui en part pour se continuer tout le long du dos est renfermée dans le canal osseux que forme la colonne vertébrale. Toutes les parties sensibles du corps sont ainsi en connexion avec le cerveau, et si le nerf qui se rend à une d'elles venait à être coupé ou détruit, cette partie serait aussitôt *paralysée*, c'est-à-dire privée de la faculté de sentir et de se mouvoir sous l'empire de la volonté.

Chez les insectes, les crabes, le ver de terre, le colimaçon, l'huître et la plupart des animaux mêmes les plus simples, on trouve aussi des nerfs et un organe qui ressemble plus ou moins au cerveau. La conformation du système nerveux, il est vrai, varie beaucoup chez ces êtres plus ou moins dégradés, mais presque toujours on peut reconnaître l'existence de ce système dans l'économie animale, tandis que les végétaux ne présentent jamais rien d'analogue.

Ainsi de même que la sensibilité est un des caractères physiologiques les plus remarquables de l'animalité, l'existence d'un système nerveux est un caractère anatomique dont la présence suffit toujours pour indiquer la nature animale de l'être chez lequel on l'observe, pour prouver que c'est un animal et non une plante.

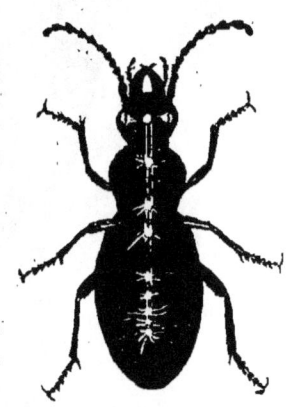

Fig. 23.
Système nerveux d'un insecte.

§ 14. Nous savons tous, par l'observation des facultés dont nous sommes doués, que les objets extérieurs peuvent, à raison de leurs propriétés diverses, exciter en nous des sensations de plusieurs sortes, et que ces sensations de nature différente nous arrivent par l'intermédiaire d'organes spéciaux auxquels on donne le nom d'*organes des sens*. Peut-être même est-il inutile de rappeler ici que les

ZOOLOGIE.

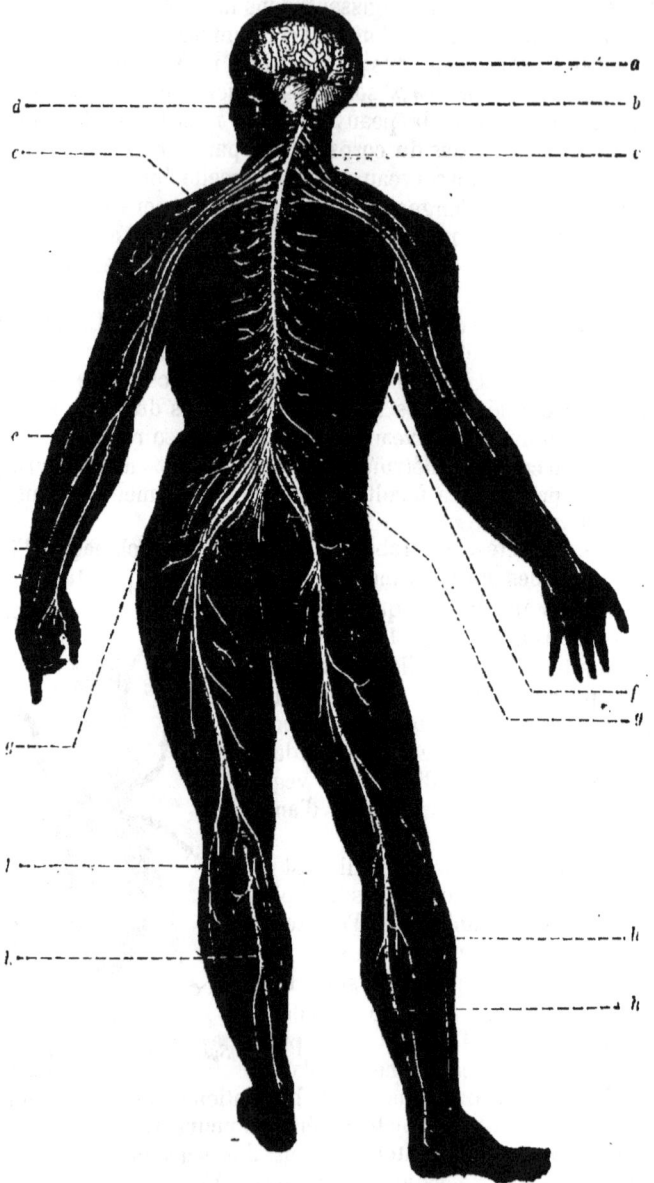

Fig. 24. *Système nerveux.*

(1) *a*, cerveau; — *b*, cervelet; — *c*, moelle épinière; — *d*, nerfs de la face; — *e*, nerfs du bras; — *f*, nerfs des parois de la poitrine; — *g*, nerfs des membres inférieurs; — *h*, nerfs de la jambe.

sens sont au nombre de cinq : que par le sens du toucher nous sentons les corps étrangers qui, en contact avec nos organes, résistent plus ou moins à la pression ; par le sens du goût, nous sentons les saveurs ; par l'odorat, nous sentons les odeurs; par l'ouïe, les sons, et par la vue, la lumière ainsi que l'image des corps placés à distance.

Le *toucher* s'exerce par la *peau* ou tunique externe du corps qui est formée de deux parties principales : une couche externe nommée *épiderme*, qui est insensible, et une couche profonde nommée *derme*. C'est dans cette dernière que les nerfs doués de la sensibilité tactile se distribuent, et le toucher est d'autant plus délicat, que sa surface est mieux disposée pour s'appliquer contre les corps étrangers et les palper. Les cheveux, les poils, les ongles, les cornes, les plumes et les écailles sont des dépendances du système épidermique, et sont insensibles comme l'épiderme.

La coquille de l'huître et du colimaçon est aussi une dépendance de la peau qui se produit et s'accroît à peu près de la même manière que les ongles ou les écailles, mais qui se développe de façon à recouvrir la totalité ou la plus grande partie du corps.

Le sens du *goût* s'exerce par les divers points de la surface de la membrane muqueuse, dont la bouche est tapissée, et plus particulièrement sur le dos de la langue.

Le sens de l'*odorat* a son siége dans les fosses nasales, cavités qui communiquent au dehors par les narines, et débouchent en arrière dans le pharynx. Une membrane muqueuse particulière, nommée *membrane pituitaire*, en revêt les parois, et c'est le contact des particules odorantes charriées par l'air sur la surface de cette membrane qui produit l'olfaction.

Le sens de l'*ouïe* a pour instrument un appareil très compliqué logé de chaque côté de la tête ; les physiologistes le désignent sous le nom d'*oreille*, mais la partie saillante que l'on nomme ainsi dans le langage ordinaire n'en forme qu'une portion peu importante. En effet, ce dernier organe, qui a en général la forme d'un cornet, n'existe que chez un petit nombre d'animaux, tels que le chien, le lapin, le cheval, l'homme, etc., et manque chez les oiseaux, les reptiles, les poissons, etc., sans que ceux-ci soient privés de la faculté d'entendre les sons. Les parties les plus essentielles de l'appareil auditif sont situées plus profondément, et consistent dans le tympan, une cavité nommée caisse et une poche nommée vestibule qui est remplie d'un liquide aqueux dans lequel vient se terminer un nerf particulier.

Les yeux sont, comme chacun le sait, les organes de la *vue*. Ils sont logés dans des cavités de la face nommées orbites, et protégés en avant par les paupières, sortes de voiles mobiles dont le nombre est tantôt de deux, tantôt de trois. Des muscles particuliers fixés au

4

globe de l'œil par un de leurs bouts, et aux parois de l'orbite par l'autre, font varier la direction de ces organes, et chez l'homme, de même que chez la plupart des animaux qui lui ressemblent le plus par la structure de leur corps, il existe aussi un appareil glandulaire chargé de produire les larmes, liquide qui a principalement pour usage de lubrifier la surface des yeux et d'y maintenir le degré d'humidité nécessaire à l'exercice de leurs fonctions. Quant à la structure des yeux et au mécanisme de la vision, nous ne pouvons en aborder aujourd'hui l'étude, et ce sera dans la seconde partie du cours que nous en traiterons.

§ 15. Pour terminer cette énumération des organes de la vie animale ou vie de relation, il ne nous reste plus qu'à faire mention de l'appareil de la *voix*. Chez l'homme et les quadrupèdes la production des sons a lieu dans un organe nommé *larynx*, qui est situé à la partie supérieure de la trachée, derrière la base de la langue (fig. 13).

Chez les oiseaux il existe un autre organe vocal ou larynx à la partie inférieure de la trachée, et chez les insectes les sons sont en général produits par le frottement des ailes ou de quelques autres parties du corps les unes contre les autres

Les divers organes que nous venons de passer en revue constituent par leur réunion le corps tout entier ; on les trouve tous non seulement chez le singe, le chien, le lapin ou le cheval que nous avons choisis comme exemples, mais aussi chez l'homme et chez beaucoup d'autres animaux. Il ne faudrait pas cependant croire que tous existent nécessairement dans l'économie animale, car plusieurs de ces parties manquent chez un grand nombre d'animaux dont l'organisation est en quelque sorte dégradée : l'huître, par exemple, n'a ni membres pour la locomotion, ni des yeux, ni des organes de l'audition ou l'odorat, et l'actine ou l'anémone de mer, dont il a déjà été question plusieurs fois, est d'une structure bien plus simple encore.

IIIᵉ LEÇON.

PROGRAMME OFFICIEL.

CLASSIFICATION GÉNÉRALE DU RÈGNE ANIMAL. — SA DIVISION EN QUATRE PRINCIPAUX GROUPES OU EMBRANCHEMENTS.
DIVISION DES ANIMAUX VERTÉBRÉS EN CLASSES.

§ 16. Lorsqu'on fixe l'attention sur les animaux qui habitent les champs et les bois, qui voltigent dans l'air et qui peuplent les eaux, on est tout de suite frappé de leur nombre immense, et lorsqu'on visite une de ces grandes galeries zoologiques où l'on réunit des exemples de chaque sorte d'animaux, la collection du jardin des plantes à Paris, par exemple, on voit que ce nombre doit être bien plus grand qu'on ne pouvait se l'imaginer d'abord, car la plupart de ces êtres ne sont connus que des naturalistes, et le vulgaire en ignore l'existence. Il est donc facile de comprendre que pour étudier tous ces êtres, pour les reconnaître et pour apprendre à les nommer, il soit nécessaire de les *classer méthodiquement*, c'est-à-dire de les diviser entre eux suivant les différences qu'ils offrent dans leur nature ; de réunir en un certain nombre de groupes ceux qui se ressemblent à certains égards ; enfin d'assigner à chacun des groupes ainsi formé un nom propre et d'indiquer les caractères ou signes à l'aide desquels on pourra reconnaître les individus qui y appartiennent, et les distinguer de ceux dont se composent tous les autres groupes.

Le premier degré dans ce mode de groupement consiste dans la réunion de tous les individus qui proviennent d'une même souche, qui descendent des mêmes parents, et qui sont pour ainsi dire des copies d'une seule et même conception zoologique du Créateur. Chacune de ces divisions du règne animal constitue ce que les zoologistes appellent une *espèce*. Il n'a pas été donné à l'homme de constater dans tous les cas cette filiation directe, mais toutes les fois que des individus dont l'origine nous est inconnue se ressemblent entre eux autant que nous voyons les descendants d'un animal se ressembler mutuellement et ressembler à leurs parents, nous devons l'admettre. Ainsi les chevaux, malgré les différences de taille et de couleur qu'ils peuvent offrir, ont tous entre eux ce degré de ressemblance intime, et nous sommes nécessairement conduits par le raisonnement aussi bien que par l'observation à les considérer comme de même nature, comme autant de reproductions d'un seul et même type organique, comme ayant une origine commune. Ce sont par conséquent autant d'individus d'une même *espèce*, et le zoologiste, pour se former une idée suffisante de tous, pourra se contenter d'en étudier un seul ; car chaque individu est un représentant fidèle du groupe tout entier. Pour connaître tout ce qui est important à noter dans l'histoire des animaux, il n'est donc pas nécessaire de s'occuper des individus en particulier, mais des espèces, et dans le langage zoologique tous les individus de la même espèce doivent être désignés sous le même nom. Ainsi les mots *cheval*, *zèbre*, *âne*, *mouton*, *bœuf*, *buffle*, *girafe*, sont des noms qui appartiennent chacun en commun à tous les individus des diverses espèces dont un cheval quelconque, un zèbre quelconque, ou une girafe quelconque, nous représentent l'image, et les différences qui peuvent exister entre les divers individus d'une même espèce n'ont en général pas assez d'importance pour que le zoologiste ait à s'en occuper.

Quelquefois une *espèce* diffère considérablement de toutes les autres ; mais tout le monde a dû remarquer qu'en général il existe plusieurs espèces qui se ressemblent beaucoup, qui ne se distinguent même entre elles que par des caractères d'une faible importance, et qui diffèrent beaucoup plus de tous les autres animaux qu'elles ne diffèrent entre elles : le cheval, l'âne et le zèbre sont dans ce cas ; il en est de même pour le chien, le loup et le chacal, ainsi que pour le lièvre et le lapin ; il semble y avoir une sorte de parenté entre les espèces qui se rapprochent ainsi, et dans les classifications naturelles du règne animal on les réunit en autant de groupes que l'on appelle des *genres*. Ainsi le cheval, l'âne et le zèbre sont trois espèces d'un même genre ; le chien, le loup et le chacal appartiennent aussi à un seul et même genre qui est bien distinct du précédent ; le lièvre et le lapin forment un troisième groupe du même rang en zoologie ; et l'on appelle aussi *genres* les groupes formés par les diverses espèces de cerfs, de chèvres, de bœufs, d'ours, de lézards, etc.

Dans la nomenclature zoologique on donne à toutes les espèces du même genre un nom commun, et l'on distingue ces espèces entre elles en ajoutant à ce nom commun des noms particuliers. Ainsi le mot *ours* est le nom du genre, et pour désigner les différentes espèces de ce groupe on joint à ce nom commun des noms particuliers ou spécifiques, on dit, par exemple, *ours brun*, *ours polaire*, *ours jongleur*, etc.

Il suffit aussi d'une observation superficielle de la nature pour s'apercevoir que certains genres ont à leur tour une sorte de parenté, et se ressemblent entre eux beaucoup plus qu'ils ne ressemblent au reste du règne animal. Par leur réunion ils constituent ainsi des groupes d'une importance plus grande que ceux dont il vient d'être question, et que l'on appelle des *tribus* et des *familles* naturelles. Ainsi les genres bœuf, chèvre, mouton, ont entre eux beaucoup d'analogie et appartiennent à une même famille zoologique qui est bien distincte de la famille qui renferme les chameaux et les lamas ; les genres chien, chat, hyène, se ressemblent entre

CLASSIFICATION DES ANIMAUX. 41

eux au même degré. Les familles se groupent entre elles d'après les mêmes principes, et constituent de la sorte des divisions que l'on appelle des *ordres* : l'ordre des ruminants, qui comprend à la fois la famille des chameaux, les cerfs, la girafe et les bœufs, est un de ces groupes, et ceux-ci se réunissent à leur tour en divisions d'une importance plus grande encore que l'on nomme des *classes*. La classe des oiseaux, la classe des poissons, la classe des insectes, sont des groupes de cette nature et sont bien connus du vulgaire ainsi que du zoologiste.

Enfin les classes, à leur tour, se massent naturellement en groupes immenses que l'on appelle des *embranchements*.

Si, au lieu de prendre pour point de départ les individus et de nous élever successivement à des généralisations de plus en plus grandes, nous suivions une marche inverse, c'est-à-dire que nous divisions l'ensemble du règne animal en groupes, qui à leur tour seraient divisés et subdivisés jusqu'à ce que l'on arrive à la considération des individus, nous verrions donc le règne animal se composer d'un certain nombre d'embranchements, chaque embranchement se subdiviser en classes, et ainsi de suite, comme dans le tableau ci-joint.

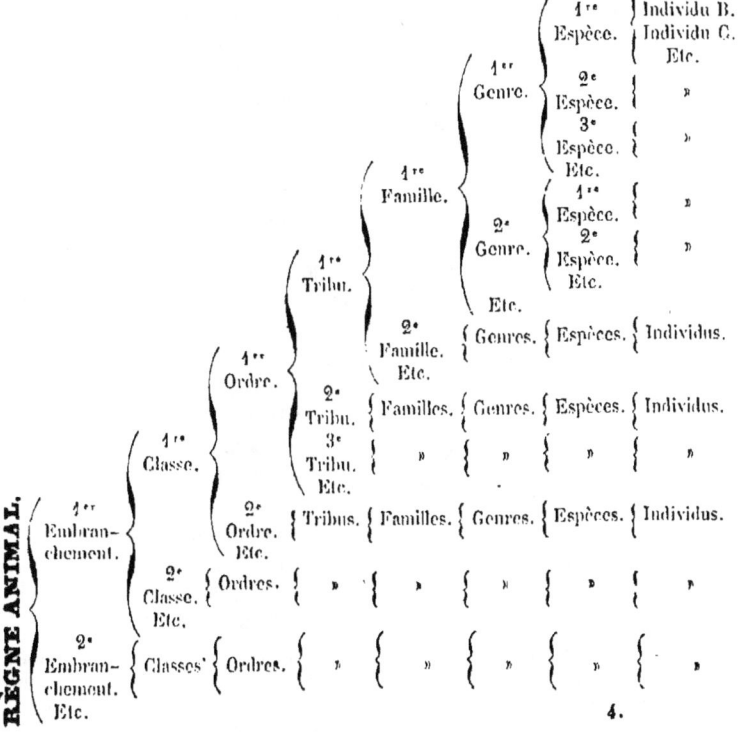

4.

ZOOLOGIE.

Dans la classification zoologique chacune de ces divisions porte un nom qui lui est propre, et se trouve définie à l'aide de caractères tirés du mode de conformation commun à tous les individus dont elle se compose.

Il en résulte que, lorsqu'on veut connaître le nom d'un animal à l'aide de ce système, il faut d'abord déterminer à quel embranchement du règne animal il appartient; puis à quelle classe, à quelle famille, à quel genre et à quelle espèce il se rapporte. A chacun de ces degrés on rétrécit de plus en plus le champ de la comparaison, et l'on n'a plus à s'occuper que des animaux dont se compose le groupe auquel on est arrivé. Du reste, pour bien faire comprendre le mécanisme de ce travail, nous ne pouvons mieux faire que de le mettre en pratique, et pour cela il nous faut indiquer la manière dont le règne animal se divise et se subdivise.

DE LA DIVISION DU RÈGNE ANIMAL EN EMBRANCHEMENTS.

§ 17. Si nous comparons entre eux un des quadrupèdes que nous avons pris comme exemple dans nos études précédentes, le chien ou le lapin, l'écrevisse, le colimaçon et l'actinie ou l'anémone de mer, cet animal singulier (*fig.* 1) qui ressemble à une plante et qui est au nombre des êtres auxquels on a donné pour cette raison le nom de *zoophytes*, nous apercevons dans leur conformation des différences très grandes; ils ont en commun les caractères de l'animalité, et ils possèdent tous les principaux instruments physiologiques nécessaires à l'exercice des fonctions les plus importantes; mais ils semblent néanmoins avoir été construits d'après des plans différents, et ils représentent en quelque sorte quatre formes de l'animalité.

Ainsi le chien a le corps soutenu par une charpente intérieure qui en détermine la forme générale et qui constitue une des parties les plus importantes de l'appareil de la locomotion : c'est le squelette, autour duquel sont disposés les muscles, et le tout est revêtu extérieurement par une peau molle et flexible.

Chez l'écrevisse, au contraire, il n'y a point de squelette intérieur, mais la peau a acquis par places une dureté très grande et constitue de la sorte une espèce d'armure solide qui remplit les mêmes usages que ce squelette intérieur, qui est composée aussi de pièces mobiles et articulées les unes avec les autres,

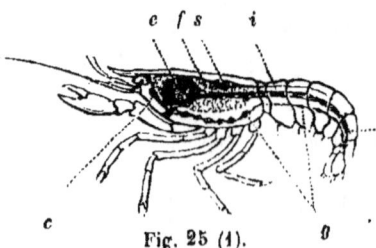

Fig. 25 (1).

(1) Coupe verticale du corps d'une écrevisse : — *e*, estomac, au-dessous duquel se voient l'œsophage et la bouche; — *i*, intestin; — *f*, foie; — *s*, cœur; — *c*, ganglions nerveux céphaliques situés au-devant et au-dessus de l'œsophage; — *g*, ganglions nerveux thoracique et abdominaux situés au-dessous du canal alimentaire.

mais qui, au lieu d'être recouverte par la chair, recouvre celle-ci, et mérite ainsi le nom de *squelette extérieur*.

Chez le colimaçon, il n'y a plus aucune trace d'un squelette intérieur, et le squelette extérieur de l'écrevisse manque également. Le corps est mou dans toutes ses parties, excepté là où se trouve l'espèce de gaîne ou de bouclier qui constitue la coquille, sorte d'armure tégumentaire qui sert à protéger les parties molles de l'organisme, comme le squelette extérieur de l'écrevisse, mais qui n'est point comme celui-ci un instrument de locomotion.

La forme générale diffère aussi beaucoup chez ces trois animaux.

Dans l'écrevisse, le corps est divisé en une série de tronçons placés bout à bout, et articulés ou soudés entre eux; les membres placés par paires, suivant la longueur du corps, sont nombreux, et le tube alimentaire s'ouvre aux deux extrémités du corps (*fig.* 25).

Chez le chien, le corps n'est pas divisé transversalement en tronçons, et les membres ne sont qu'au nombre de deux paires; mais ces organes locomoteurs sont du reste placés comme chez l'écrevisse, et le tube alimentaire présente aussi les caractères que nous venons de signaler chez cet animal.

Enfin, le colimaçon ne présente aussi aucun indice de division transversale du corps en tronçons, comme chez l'écrevisse, mais il diffère de celui-ci aussi bien que du chien par l'absence de membres locomoteurs comparables aux pattes de ces deux animaux, et par la disposition du canal alimentaire en forme d'anse, les deux orifices de ce tube étant de la sorte fort rapprochés.

Enfin, chez le chien, l'écrevisse et le colimaçon, le corps, considéré dans son ensemble, présente deux moitiés latérales semblables entre elles; la plupart des formes se répètent à droite et à gauche d'une manière symétrique et les organes sont groupés de la sorte des deux côtés d'une ligne médiane et longitudinale, mais le dessus et le dessous du corps ne se ressemblent pas, et l'on y distingue un côté dorsal et un côté ventral.

Chez l'actinie ou l'anémone de mer (*fig.* 1), au contraire, les diverses parties du corps sont groupées circulairement ou en rayons autour du centre; les appendices ne sont pas disposés par paires, et il n'y a pas de distinction entre le côté dorsal et le côté ventral, ou entre ceux-ci et les parties latérales.

Lorsque nous étudierons l'anatomie et la physiologie des animaux, nous verrons que ces différences dans la conformation générale du corps coïncident avec des différences plus importantes encore dans la structure intérieure de l'organisme, et notamment avec des particularités dans la disposition du système nerveux, appareil dont dépend l'exercice des fonctions de la vie animale. Le chien, l'écrevisse, le colimaçon et l'actinie sont par conséquent des animaux de quatre sortes bien distinctes.

Or, si nous comparions maintenant tous les autres animaux à ces quatre types, nous verrions que chacun ressemble par les principaux traits de leur organisation à l'un de ceux-ci.

L'oiseau, par exemple, présente tous les caractères généraux que nous venons d'indiquer, en partant du chien, et aucun de ceux qui se distinguent de ce dernier, l'écrevisse, le colimaçon ou l'actinie. Il en est de même du lézard, de la grenouille, de la carpe et de tous

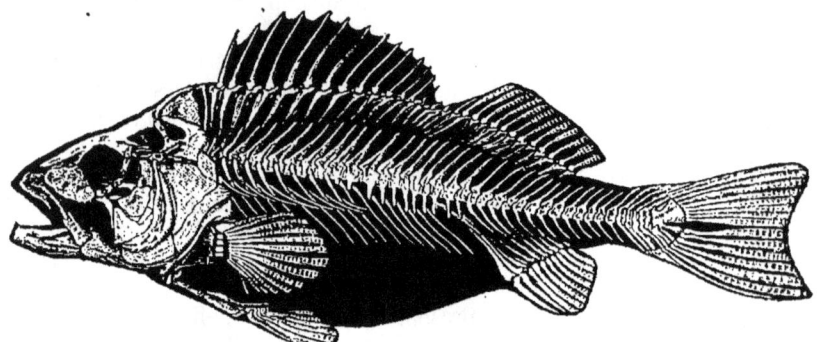

Fig. 26. *Squelette de Perche.*

les poissons, animaux chez lesquels le corps est toujours pourvu d'un squelette intérieur (fig. 26).

L'écrevisse, à son tour, a évidemment une grande ressemblance avec les cloportes, les crabes, les scorpions, les millepieds, les arai-

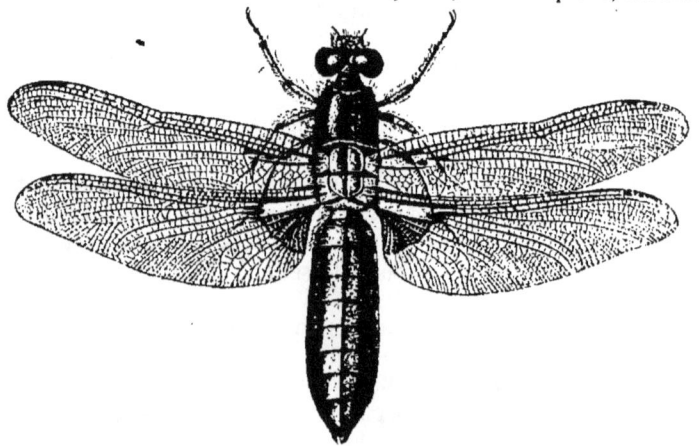

Fig. 27. *Libellule déprimée.*

gnées et les insectes, qui tous ont comme elle le corps garni d'une sorte de squelette extérieur, et composé d'une série de tronçons ; le

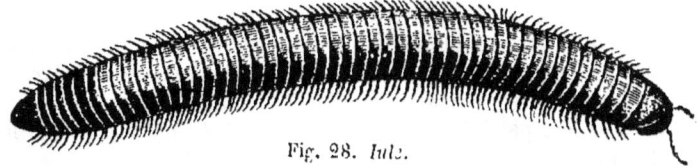

Fig. 28. *Iule.*

ver de terre, quoique ayant une peau molle et n'ayant pour organes de locomotion que des soies grêles, ressemble aussi à l'écrevisse par le mode de division de son corps en une série de tronçons ou d'anneaux.

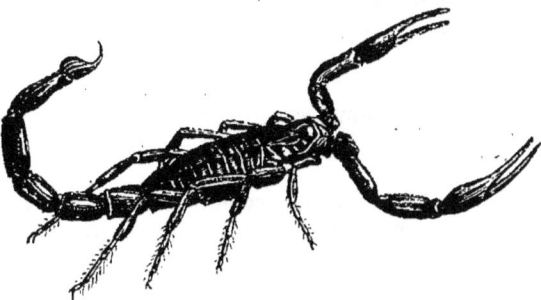

Fig. 29. *Scorpion.*

D'autre part, l'huître et une foule d'animaux marins dont nous indiquerons plus tard les noms et les caractères sont conformés à peu près comme le colimaçon quant aux traits les plus importants de leur organisation, et sont évidemment de la même nature.

Fig. 30. *Lymnée des étangs.*

Enfin l'étoile de mer (*fig.* 8), les polypes de corail et beaucoup d'autres zoophytes (*fig.* 3, 4, etc.) présentent la structure radiaire que nous avons signalée en parlant de l'actinie, et au premier coup d'œil se distinguent de la sorte de tous les animaux à corps bilatéral dont il vient d'être question.

Il y a donc dans le mode de constitution des animaux quatre formes principales ; ces êtres sont de quatre sortes : les uns se rapprochent plus ou moins de la nature du chien ou du lapin, d'autres se rapprochent de la nature de l'écrevisse, d'autres se rapprochent à divers degrés aussi de la nature du colimaçon, et d'autres encore participent plus ou moins à la nature particulière de l'actinie.

Il en résulte que, pour classer les animaux d'après les principes de la méthode naturelle, il faut d'abord diviser le règne animal en quatre groupes distincts ou divisions principales.

C'est ce qui a été fait par un des zoologistes les plus illustres des temps modernes, George Cuvier, et de nos jours cette manière de classer les animaux est adoptée par presque tous les auteurs.

Les groupes ainsi formés constituent les grandes divisions dont nous avons déjà fait mention sous le nom d'*embranchement du règne animal*.

L'un de ces embranchements comprend les animaux à squelette intérieur (fig. 31), et comme les vertèbres constituent la partie la plus importante de ce squelette, on a donné à cette division le nom d'*embranchement des vertébrés*.

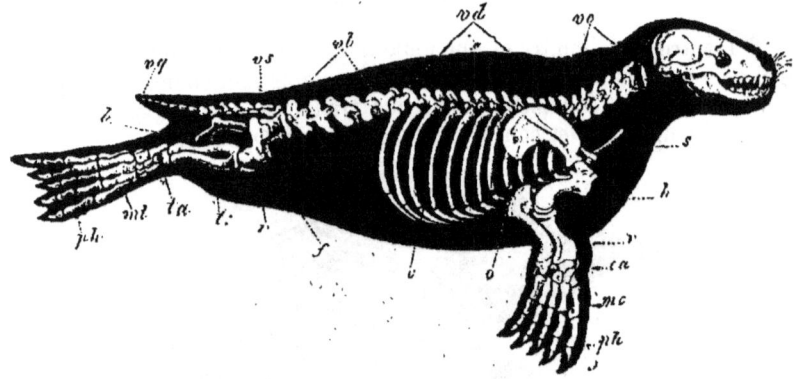

Fig. 31. Squelette du Phoque (1).

Un autre de ces groupes se compose des animaux dont le corps est divisé en une série de tronçons, ainsi que nous l'avons vu chez l'écrevisse, et dont la peau constitue ordinairement un squelette

(1) Les os sont indiqués par les mêmes lettres que dans la figure 19, p. 34.

EMBRANCHEMENTS DU RÈGNE ANIMAL. 47

extérieur (*fig.* 32). On lui a donné le nom d'*embranchement des entomozoaires* ou des *animaux annelés*.

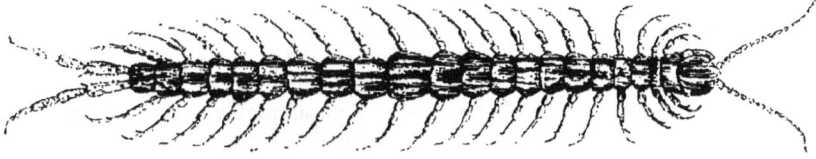

Fig. 32. *Scolopendre*.

Le troisième embranchement se compose des animaux à coquille
et des autres animaux qui, de même que tous les premiers, sont
conformés suivant le plan fondamental dont le colimaçon et l'huître
nous offrent des exemples (*fig.* 30 et 33) : on l'appelle *embranchement
des malacozoaires* ou *des mollusques*.

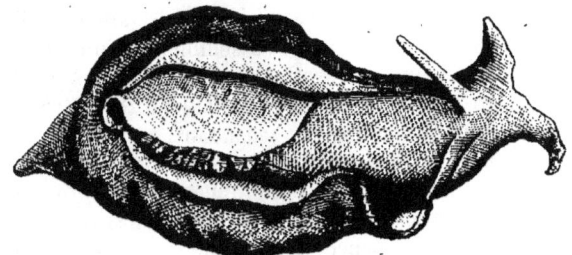

Fig. 33. *Mollusque* (genre Aplysie).

Enfin le quatrième et dernier embranchement du règne animal
est celui des *zoophytes*, ou animaux qui ressemblent à des plantes et
qui ont une structure radiaire. Ce sont de tous les animaux ceux
dont l'organisation est la plus dégradée et les facultés les plus
bornées (*fig.* 1, 2, 3, 4, 5, 8, 9, 10 et 34).

Fig. 34. *Zoophyte* (genre Vérétille).

DE L'EMBRANCHEMENT DES ANIMAUX VERTÉBRÉS ET DE LA DIVISION DE CE GROUPE EN CLASSES.

§ 18. Tous les animaux de cet embranchement sont conformés d'après le même plan fondamental et se distinguent du reste de la création zoologique par l'existence d'un squelette intérieur plus ou moins complet et par plusieurs autres caractères anatomiques dont il sera question dans la seconde partie de ce cours, ainsi que par certaines particularités dans la forme générale; mais, malgré cette ressemblance dans ce qui est le plus essentiel, ils diffèrent beaucoup entre eux par la manière dont les grandes fonctions physiologiques s'exercent dans leur organisme et par la conformation de leur corps.

Pour se former une idée nette de ces différences, il suffit de comparer entre eux le chien ou le lapin, dont l'étude nous a déjà occupés, le coq ou le pigeon, le lézard, la grenouille et la carpe, ou tout autre de nos poissons les plus communs. Nous reconnaissons ainsi qu'il existe cinq sortes d'animaux vertébrés, et comme tous les autres animaux du même embranchement ressemblent à l'un de ces types par l'ensemble de leur organisation, nous en devons conclure que cette première grande division du règne animal doit être subdivisée en cinq groupes d'une importance secondaire ou *classes*.

Le chien, le lapin et tous les animaux de la même classe sont pourvus de mamelles, c'est-à-dire d'organes aptes à produire du lait et destinés à servir ainsi à l'alimentation des jeunes pendant un certain temps après la naissance. Ces organes n'existent ni chez le pigeon, le lézard, la grenouille et la carpe, ni chez aucun des animaux vertébrés qui ressemblent à ceux-ci par leur mode de constitution. Tous les animaux des autres embranchements sont également dépourvus de mamelles, et par conséquent le seul fait de la présence de ces organes dans l'économie animale suffit pour caractériser les divers membres du groupe naturel, dont le chien est un des exemples les plus communs. C'est à raison de cette circonstance qu'on donne à la division ainsi composée le nom de *classe des mammifères*.

Mais les mammifères ou animaux à mamelles ne se ressemblent pas seulement par ce caractère. Toutes les grandes fonctions s'exercent à peu près de la même manière chez tous ces êtres, et malgré les différences de forme qu'ils peuvent offrir, ils sont, sous le rapport de leur constitution physique, de même nature. Ainsi tous respirent l'air atmosphérique au moyen de poumons; tous produisent assez de chaleur pour que la température de leur corps soit à peu près constante, et ils sont appelés pour cette raison des *animaux à sang chaud*; chez tous le sang circule de la même manière, et le cœur présente la même structure; enfin ils naissent vivants, et ce sont les seuls animaux vertébrés dont la peau soit garnie de poils.

Chez le coq ou le pigeon, de même que chez tous les oiseaux, la respiration est également aérienne et s'effectue à l'aide de poumons, mais l'air inspiré par l'animal ne pénètre pas seulement dans ces organes, et se rend aussi dans de grandes poches membraneuses situées dans diverses parties du corps. Les oiseaux sont aussi des animaux à sang chaud, et leur appareil circulatoire ressemble à celui des mammifères; mais ils diffèrent essentiellement de ceux-ci par l'absence de mamelles, par leur mode de naissance et par la nature de leurs téguments : effectivement, au lieu d'être vivipares, ils sont ovipares, et au lieu d'avoir la peau garnie de poils, ils sont recouverts de plumes.

Le lézard respire également l'air atmosphérique à l'aide de pou-

Fig. 35. *Lézard vert piqueté.*

mons, à peu près comme les mammifères; il est ovipare comme les oiseaux, et de même que ces derniers, il est dépourvu de mamelles; mais il diffère de ceux-ci aussi bien que des mammifères par la conformation de son cœur et par la manière dont son sang circule, caractères dont nous comprendrons mieux l'importance lorsque nous aurons étudié la physiologie. Enfin, c'est un animal à sang froid, c'est-à-dire qui ne produit pas assez de chaleur pour avoir une température constante, et sa peau ne présente ni poils ni plumes, mais est recouverte d'écailles.

Fig. 36. *Vipère aspic.*

Les crocodiles, les tortues, les serpents, ainsi que beaucoup d'autres animaux vertébrés, ressemblent aux lézards par les carac-

50 ZOOLOGIE.

tères que nous venons d'indiquer, et ils constituent un groupe naturel que l'on appelle la *classe des reptiles*.

La grenouille (*fig. 38*) ressemble beaucoup aux reptiles lorsqu'elle est arrivée à l'âge adulte; mais dans les premiers temps de la vie elle ressemble tout à fait aux poissons, et au lieu de respirer l'air atmosphérique au moyen de poumons, elle respire alors dans l'eau à l'aide d'organes particuliers appelés branchies. En grandissant elle acquiert des poumons; elle subit donc dans le jeune âge des métamorphoses, et on l'appelle *têtard* lorsqu'elle a la forme transitoire qui la fait ressembler aux poissons (*fig. 37*). Il est aussi à noter que la grenouille, de même que les reptiles,

Fig. 37.

Fig. 38.

est un animal à sang froid et qu'elle est ovipare; mais elle n'a le corps recouvert ni de poils, ni de plumes, ni d'écailles comme les divers animaux dont il vient d'être question, et sa peau est complètement nue. Le crapaud et plusieurs autres animaux présentent également ces caractères, et constituent avec la grenouille une quatrième classe de vertébrés que l'on nomme la *classe des batraciens* ou *des amphibiens*.

Fig. 39. *Crapaud*.

Enfin la carpe se distingue facilement de tous les précédents par son mode de respiration; à l'état adulte, de même que dans le jeune âge, elle respire dans l'eau au moyen de branchies, et elle n'a jamais de poumons. Du reste, c'est un animal ovipare et à sang froid comme les reptiles et les amphibiens; sa peau est garnie d'écailles comme chez les premiers; enfin

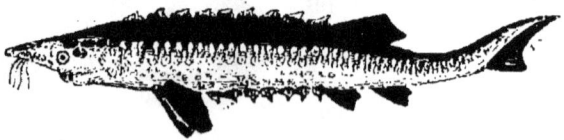
Fig. 40. *Esturgeon*.

son appareil circulatoire est plus simple, et son cœur ne se compose que d'un seul ventricule et d'une seule oreillette. Tous les *poissons* se ressemblent par la manière dont les grandes fonctions

ANIMAUX VERTÉBRÉS.

physiologiques s'exercent, et ils constituent la cinquième et dernière classe de l'embranchement des animaux vertébrés.

En résumé, nous voyons donc que le groupe des animaux vertébrés se compose de cinq groupes secondaires, savoir :
La classe des mammifères ;
La classe des oiseaux ;
La classe des reptiles ;
La classe des amphibiens ou batraciens ;
Et la classe des poissons.

Dans la plupart des cas, la forme extérieure de ces animaux suffit pour faire reconnaître à quelle classe ils appartiennent, mais cette forme peut varier sans que la nature essentielle de l'être vienne à changer ; et parmi les mammifères, par exemple, il y a des animaux qui ont à peu près la forme des poissons, sans cependant en avoir aucun des caractères physiologiques les plus importants. Les marsouins (fig. 41), les dauphins et les baleines sont dans ce cas ; par tous les points les plus essentiels de leur structure et par tous les actes vitaux qui s'accomplissent dans leur économie, ils ne diffèrent pas des mammifères ordinaires, tels que le chien ou le cheval, mais étant constitués pour nager au lieu d'être constitués pour marcher sur la terre, ils ont une forme extérieure différente.

Fig. 41. Marsouin.

Il en résulte que le naturaliste ne doit pas attacher une très grande valeur à la forme extérieure des animaux, mais dans la plupart des cas cependant il peut se servir utilement des caractères ainsi fournis pour déterminer la classe à laquelle un animal vertébré se rapporte.

En effet, la forme générale du corps est surtout en rapport avec le mode de locomotion que l'animal est destiné à exercer : or les mammifères sont en général organisés pour la marche ou la course ; les oiseaux pour le vol, les reptiles et les amphibiens pour ramper sur le sol, et les poissons pour nager ; par conséquent, les mammifères ont d'ordinaire des pattes allongées et bien constituées, les oiseaux ont des ailes, les reptiles des pattes trop courtes pour que leur corps ne traîne pas à terre, et les poissons des nageoires. Mais il est des poissons aussi bien que des reptiles qui sont complétement privés de membres, et chez les reptiles, ainsi que chez les mammifères, les pattes peuvent être remplacées par des espèces d'ailes, comme cela se voit chez les chauves-souris, ou par des sortes de nageoires; par conséquent, les différences dans les organes de la

Fig. 42. *Chauve-Souris* (l'Oreillard commun).

locomotion ne sont pas nécessairement liées à des différences dans la nature fondamentale de ces animaux, et si l'on classait les vertébrés d'après les caractères tirés de ces organes, on comprendrait dans le même groupe des êtres qui diffèrent entre eux par tous les traits les plus importants de leur structure, et l'on réunirait dans une même division des animaux qui au fond sont aussi dissemblables entre eux que le peuvent être deux espèces appartenant à un même embranchement du règne animal.

Les différences que nous avons signalées dans la structure des téguments coïncident avec des différences physiologiques plus importantes. Ainsi les animaux à sang chaud, c'est-à-dire ceux qui ont une chaleur propre, sont les seuls parmi les vertébrés dont la peau soit garnie de ces prolongements épidermiques qui constituent les poils et les plumes, et l'utilité de l'espèce de vêtement constitué de la sorte est facile à comprendre, puisque ces animaux ont besoin de conserver leur chaleur intérieure. Les animaux à sang froid dont la température intérieure suit celle de l'atmosphère ou de l'eau dont ils sont entourés, n'éprouvent aucun besoin de ce genre, et chez aucun d'entre eux on ne trouve ni poils ni plumes; la peau n'est recouverte que d'écailles ou se trouve complétement à nu. Il en résulte que l'existence de poils ou de plumes chez un animal vertébré suffit pour indiquer que celui-ci n'est ni un reptile, ni un amphibien, ni un poisson, mais bien un mammifère ou un oiseau, et comme nous l'avons déjà dit, les plumes n'existent que chez les oiseaux, et il n'y a que les mammifères qui aient la peau couverte de poils. Dans la plupart des cas, à première vue, on peut donc reconnaître si un animal appartient ou non à l'une ou à l'autre des deux classes que nous venons de nommer; et quelques naturalistes ont même proposé d'appeler les mammifères des *pilifères*, et les oiseaux des *pennifères*; mais dans certains cas ces caractères extérieurs peuvent venir à manquer, car il est des mammifères dont la peau est complétement nue comme celle d'un amphibien: la baleine, par exemple.

IVᵉ LEÇON.

PROGRAMME OFFICIEL.

DIVISION DES MAMMIFÈRES EN ORDRES ; EXEMPLES DE QUELQUES FAMILLES OU GENRES D'ANIMAUX INDIGÈNES REMARQUABLES.

§ 19. Les animaux à mamelles, avons-nous dit, ou les Mammifères, pour nous servir ici du nom qui leur est propre, se ressemblent tous entre eux par les caractères les plus importants de leur structure et par la manière dont ils exercent les principales fonctions de la vie, telles que la circulation et la respiration ; mais il suffit de comparer entre eux un chien, un singe, une chauve-souris, un lapin, un cheval et un bœuf, pour voir qu'ils offrent néanmoins des différences considérables, et si, au lieu de s'en tenir à l'examen de ces animaux que nous avons chaque jour sous les yeux, nous passions en revue les espèces exotiques dont les voyageurs ont enrichi nos musées, nous ne tarderions pas à reconnaître que ces différences peuvent être même plus grandes et plus variées. Ainsi la baleine, le marsouin et les dauphins sont des mammifères au même titre que le chien ou le cheval ; mais ce ne sont pas des quadrupèdes comme ceux-ci : ils n'ont qu'une seule paire de membres qui sont constitués en manière de nageoires, et la forme générale de ces êtres rappelle tout à fait celle du poisson (fig. 40). D'autres mammifères qui habitent la Nouvelle-Hollande et quelques parties de l'Amérique, les environs de Cayenne, par exemple, tout en ayant à peu près la forme de nos quadrupèdes ordinaires, en diffèrent par des particularités physiologiques et anatomiques plus grandes encore ; enfin l'homme est aussi un mammifère, et cependant il ne saurait être considéré comme appartenant à l'une quelconque des familles zoologiques dont les espèces que nous venons de citer font partie.

Il en résulte que dans une classification naturelle des animaux la classe des mammifères doit être subdivisée en un certain nombre de groupes de la valeur de ceux que nous avons appelés *ordres*. Nous allons faire connaître ces divisions ; mais afin d'en faciliter l'étude, nous nous occuperons d'abord de l'histoire particulière des principales espèces qui appartiennent à chacune d'elles, et qui sont les plus propres à en donner une idée nette.

§ 20. Commençons par l'histoire naturelle de l'espèce que chacun de nous connaît déjà le mieux, savoir : le Chien.

Ce quadrupède, comme on le sait, est carnassier et chasseur.

Nous avons déjà dit que la conformation des dents des mammifères est toujours en rapport avec le régime de ces animaux; nous devons donc nous attendre à trouver le système dentaire du chien approprié

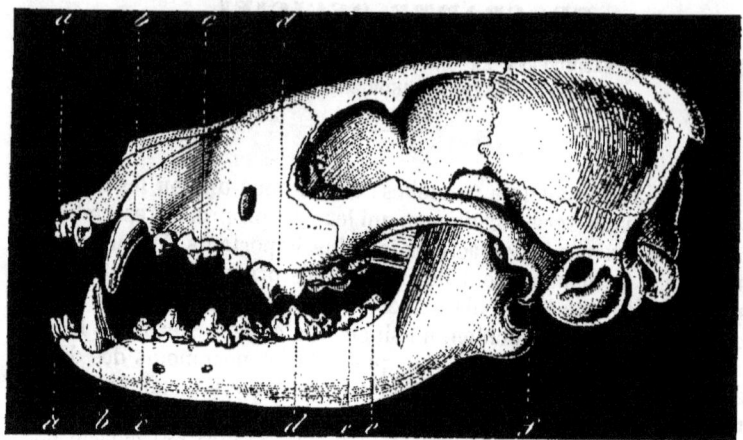

Fig. 43. *Tête de Chien* (1).

à ce genre de vie, et effectivement c'est ce qu'il est facile de voir à la première inspection de la bouche de cet animal. Chacune de ses mâchoires est armée de dents puissantes qui sont solidement implantées dans leurs alvéoles et qui sont de trois sortes. Celles qui occupent le devant de la bouche sont petites et tranchantes : on les appelle des *dents incisives*, et ainsi que leur nom l'indique, elles servent à couper et à détacher des fragments de chairs assez petits pour être introduits dans la bouche de l'animal. De chaque côté de ces dents incisives on remarque une grosse dent pointue dont le chien se sert principalement pour déchirer sa proie; on la désigne sous le nom de *dent canine*, parce qu'elle est mieux caractérisée chez cet animal que chez la plupart des autres mammifères. Enfin sur les côtés et plus en arrière se trouvent les dents dites *molaires*, qui servent à l'animal pour mâcher ses aliments, et qui sont garnies d'une crête tranchante et dentelée; celles des deux mâchoires se rencontrent comme les lames d'une paire de ciseaux, et il est à remarquer que la mâchoire inférieure du chien s'articule au crâne de façon à pouvoir s'abaisser et s'élever sans dévier ni à droite ni à gauche, de manière que le bord tranchant de ces dents saisit toujours parfaitement bien les corps qu'elles doivent serrer et couper. Une de ces

(1) *a, a*, les dents incisives; — *b, b*, les dents canines; — *c, c*, les fausses molaires; — *d, d*, les grosses molaires dites dents carnassières; — *e, e*, les grosses molaires dites dents tuberculeuses; — *f*, articulation de la mâchoire inférieure avec le crâne.

dents molaires plus grosse et plus tranchante que les autres se fait remarquer de chaque côté aux deux mâchoires, et porte le nom de *dent carnassière*, parce qu'elle sert plus que toutes les autres à la mastication de la chair, dont ce carnassier fait sa principale nourriture ; et plus en arrière on aperçoit d'autres dents qui, à raison de leur forme, sont appelées *dents tuberculeuses*, et qui servent à l'animal lorsqu'il veut mâcher de l'herbe. Enfin il est aussi à noter que les dents molaires qui suivent immédiatement les canines et qui précèdent les grosses molaires sont plus petites et moins bien caractérisées que les autres ; aussi les désigne-t-on souvent sous le nom de *fausses molaires*.

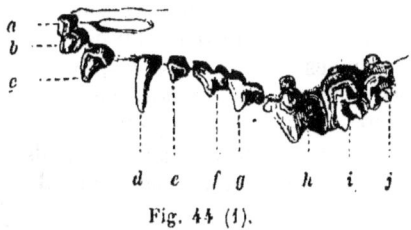

Fig. 44 (1).

Le chien, avons-nous dit, est non seulement un animal carnivore, mais aussi un animal chasseur, et par conséquent ses membres doivent être adaptés spécialement à la course. En effet, ses pattes sont très allongées, ce qui est favorable à la rapidité des mouvements, et elles sont grêles vers le haut, ce qui en augmente la légèreté. Ce mode de conformation dépend principalement de la disposition du pied ; la cuisse et la jambe ne présentent rien de remarquable ; mais le pied, grêle et allongé, est étendu comme un prolongement de la jambe et ne pose à terre que par son extrémité, c'est-à-dire par les doigts ou orteils. C'est à raison de cette disposition que les zoologistes appellent le chien un animal *digitigrade*, et il est aussi à remarquer que ses doigts ne servant guère à d'autres usages qu'à la locomotion, ils n'ont pas besoin de beaucoup de flexibilité et sont en conséquence très courts ; ils sont garnis d'ongles propres à gratter la terre, mais qui, ne pouvant se redresser pendant la marche, s'émoussent promptement à la pointe ; enfin le nombre des doigts est de cinq aux pattes antérieures comme à la main de l'homme, mais aux pattes postérieures on n'en compte que quatre.

Le temps dont nous pouvons disposer dans cette leçon ne nous permet pas de nous étendre sur l'histoire des mœurs du chien, ni de faire connaître les nombreuses variétés qui sont désignées sous les noms de dogue, mâtin, chien de berger, lévrier, braque, barbet, etc., etc. Nous nous bornerons à dire que la plupart des naturalistes considèrent toutes ces variétés comme ayant été déterminées par les conditions diverses dans lesquelles la domesticité a placé ces

---

(1) Dents de la mâchoire supérieure du chien, vues du côté interne : — *a, b, c*, dents incisives ; — *d*, dent canine ; — *e, f, g*, fausses molaires ; — *h*, dent carnassière ; — *i, j*, dents tuberculeuses.

animaux, et comme étant toutes descendues d'une seule et même souche que l'on suppose n'avoir différé que peu du chien de berger ; mais de nos jours le chien ne se trouve nulle part à l'état primitif, et les chiens sauvages qu'on rencontre dans quelques pays sont des descendants de quelques chiens domestiques redevenus libres.

Ajoutons que la durée de la vie de ces animaux est de quinze à vingt ans ; qu'ils naissent par portées de trois à six individus ; que pendant les premiers jours de leur existence ils ont les yeux fermés ; que leur croissance ne s'achève qu'après la seconde année ; qu'ils vivent en troupes et qu'ils habitent presque tous les points du globe.

Le *Loup commun* est un animal qui ressemble extrêmement au chien, mais il en diffère par ses instincts et par quelques particularités de forme. Il habite presque toutes les parties de l'Europe ainsi que le nord de l'Asie et de l'Amérique.

Fig. 45. *Loup commun.*

Le *Chacal*, qui est très commun en Algérie et jusqu'en Asie, a aussi avec le chien une étroite parenté zoologique. Enfin on rencontre dans d'autres régions du globe des animaux qui ressemblent également aux trois espèces dont il vient d'être question, mais qui en diffèrent cependant assez pour ne pouvoir être confondus avec aucune d'entre elles : tels sont le *Loup rouge* du Mexique et le *Loup des prairies* de l'Amérique septentrionale.

Le *Renard* (*fig.* 46) est également conformé à peu près de la même manière, mais il s'en distingue au premier abord par sa peau plus touffue et son museau plus pointu ; il présente aussi quelques légères différences dans la forme des dents incisives supérieures, et il est à remarquer que la pupille de ses yeux, au lieu de conserver toujours une forme circulaire comme chez le chien et le loup, prend en se contractant pendant le jour la forme d'une fente verticale. Cette disposition peut, au premier abord, paraître insignifiante, mais elle indique que le renard est un animal beaucoup plus nocturne que ne le sont le chien ni le loup. Effectivement, ainsi que nous l'expliquerons quand nous étudierons la physiologie de la vue, la pupille

Fig. 46. Renard.

est une ouverture qui a la propriété de s'agrandir lorsque la lumière que l'œil reçoit est faible, et de se resserrer sous l'influence d'une lumière vive de façon à adapter l'organe visuel aux diverses circonstances dans lesquelles il se trouve. Il en résulte que chez les animaux qui chassent principalement la nuit, et qui cependant ne sont pas éblouis par la clarté du jour, la pupille doit être susceptible de s'agrandir et de se contracter alternativement beaucoup plus que chez les animaux diurnes. Or une pupille qui étant dilatée devient circulaire, et qui étant contractée se réduit à une simple fente, présente des variations de grandeur beaucoup plus considérables que ne saurait le faire une pupille toujours ronde, et le renard est en effet un animal essentiellement nocturne; pendant le jour il dort dans un terrier qu'il se creuse dans le sol. Il vit solitaire et ne se nourrit ordinairement que de proie vivante ; enfin il se trouve dans toutes les parties de l'Europe et en Asie.

L'*Isatis*, ou renard bleu, est une espèce plus petite que le renard ordinaire, qui se trouve principalement en Sibérie, et fournit une fourrure très estimée. Une troisième espèce appelée le *Renard argenté*, dont la fourrure est encore plus précieuse, habite les mêmes contrées; et l'on connaît plusieurs autres espèces dont les unes sont propres à l'Amérique, d'autres à l'Afrique ou à l'Asie.

Ces divers animaux ont en commun les caractères de structure que nous avons signalés il y a quelques instants en parlant du chien domestique, et ils forment parmi les mammifères un groupe bien distinct, ou *genre*, auquel les zoologistes appliquent d'une manière générale le nom latin du chien. Le genre *Canis* se compose donc du chien proprement dit ou chien domestique (*Canis familiaris*, en langage zoologique), du loup ou *Canis lupus*, du chacal ou *Canis aureus*, du renard ou *Canis vulpes*, de l'isatis ou *Canis lagopus*, etc., et nous fournit un excellent exemple de ce que les zoologistes entendent par les mots *groupe naturel*, car il est facile de voir que tous les membres de ce groupe sont en effet des êtres dont la nature ne diffère que peu.

§ 24. Il est non moins facile de comprendre que le *Chat domestique* est un animal d'une autre sorte; qu'il diffère beaucoup plus du chien, du loup et du renard qu'aucun de ceux-ci ne diffèrent entre eux, et que par conséquent il ne peut appartenir au même genre zoologique. Ainsi que chacun le sait, c'est un quadrupède carnivore et essentiellement chasseur, ainsi que le sont toutes les espèces du genre *Canis*; comme tel il est également digitigrade, et ses mâchoires sont armées de dents incisives, canines et molaires,

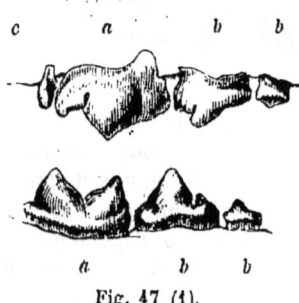

Fig. 47 (1).

dont la conformation est analogue à celle des mêmes organes chez les chiens; mais c'est un animal plus carnassier encore, et la structure de son appareil masticateur est en harmonie avec ses instincts. Ainsi on ne trouve qu'une seule paire de petites dents tuberculeuses (*c*) en arrière des grosses dents tranchantes, dites dents carnassières de la mâchoire supérieure (*a*), et les mâchoires elles-mêmes, ayant besoin de plus de force, sont plus courtes, de façon que les dents canines ne sont séparées des dents carnassières que par deux paires de fausses molaires en haut et en bas (*b, b*), tandis que chez les chiens on en compte à chaque mâchoire trois paires.

Le chat se sert aussi de ses pattes pour saisir et déchirer sa proie, et par conséquent il a besoin de conserver toujours ses ongles bien pointus. Aussi la nature, pour pourvoir à ce besoin, a-t-elle introduit dans la structure de la patte du chat une disposition qui

Fig. 48.

n'existe pas dans celle du chien: non seulement les ongles sont crochus et aigus, mais les phalanges qui les portent sont articulées de manière à se renverser en haut et en arrière chaque fois que le pied pose à terre, et alors les griffes se relèvent et se cachent sous les poils; pendant la marche ces armes ne frottent donc pas contre le sol, et au lieu de s'émous-

---

(1) Dents molaires d'un chat; — *a, a*, carnassières; — *b, b*, fausses molaires; — *c*, tuberculeuse de la mâchoire supérieure.

ser comme les ongles du chien, elles conservent leur extrémité acérée.

Mais tous ces caractères, qui distinguent notre chat ordinaire ou chat domestique des animaux du genre *Canis*, se retrouvent également chez le tigre, la panthère, le léopard, le lion et plusieurs autres carnassiers. Or il suffit de comparer entre eux ces derniers pour voir que sous tous les autres rapports ils ont avec le chat une

Fig. 49. *Panthère.*

ressemblance non moins grande que celle qui existe entre le chien, le loup et le renard, et par conséquent pour reconnaître qu'ils forment dans la nature un groupe analogue, c'est-à-dire un *genre*. Ils diffèrent entre eux par la taille, le pelage, quelques variations dans les proportions du corps et quelques particularités de mœurs; mais tout ce qui est important dans l'organisation ou dans la manière de vivre de l'un d'entre eux se retrouve chez tous, et ils semblent avoir entre eux une sorte de parenté : aussi fournissent-ils un excellent exemple de ces groupes naturels qui comprennent plusieurs espèces distinctes, quoique alliées, auxquelles les zoologistes donnent un nom commun.

La division zoologique qui est ainsi constituée, et qui a pour représentant le plus commun le chat ordinaire, est appelée le genre *Felis* ou genre Chat. On ne trouve aujourd'hui en Europe que deux espèces de ce groupe : le chat ordinaire et le lynx; le tigre, le guépard, etc., appartiennent exclusivement à l'Asie; d'autres espèces, telles que le lion, la panthère et le léopard, sont communes à l'Asie et à l'Afrique ; enfin il en est aussi qui habitent l'Amérique : le jaguar, le cougouar et l'oncelot, par exemple (1).

(1) Le temps consacré à l'étude de la zoologie dans l'enseignement classique ne permet pas au professeur de s'arrêter sur les détails de l'histoire naturelle de tous ces animaux ; mais il sera néanmoins utile d'en donner ici un aperçu.

Le CHAT COMMUN vit à l'état sauvage dans quelques forêts de l'Europe ; il est alors d'un tiers plus grand que nos chats domestiques, et son pelage n'offre pas toutes les variations de couleur que l'on remarque chez ces derniers ; il est d'un gris brun avec des ondes transversales plus foncées en dessus, d'un gris blanc en dessous, avec les pattes fauves en dedans, et la queue d'abord annelée, puis noirâtre. Les mœurs de cet animal sont trop généralement connues pour que nous ayons besoin d'en traiter ici, et nous ajouterons seulement qu'il vit douze à quinze ans, que ses petits naissent par portées de cinq ou six, les yeux fermés et ne les ouvrent que le neuvième jour ; et qu'il acquiert tout son développement en dix-huit mois. La domesticité du chat remonte à des temps très reculés. Les Grecs de l'antiquité ne connaissaient que peu ces animaux ; mais ils étaient communs chez les Égyptiens. Aujourd'hui ils sont répandus en Amérique et dans l'Inde aussi bien qu'en Afrique et dans toutes les parties de l'Europe.

On donne le nom de *Lynx* ou *Loup cervier* à une autre espèce de chat, remarquable par le pinceau de poils qui surmonte ses oreilles ; son pelage est roux, tacheté de roux brun ; il est indigène de l'Europe tempérée, et du temps des Romains il était assez commun en France, mais il a presque entièrement disparu des contrées peuplées ; on le trouve encore dans les Pyrénées, les montagnes du royaume de Naples et en Afrique. Il grimpe sur les arbres les plus élevés des forêts, et s'y tient caché entre les branches pour épier sa proie. Il commet des dégâts considérables parmi les troupeaux, et détruit un grand nombre de lièvres et de bêtes fauves ; sa vue est tellement perçante, que les anciens lui attribuaient la faculté de voir à travers les pierres des murs : cela est évidemment faux, mais il paraît qu'il distingue sa proie à une distance beaucoup plus grande que la plupart des carnivores.

Le *Lion* est le plus fort et le plus courageux des animaux de proie. Il se distingue de toutes les autres espèces du genre *Felis* par sa couleur fauve uniforme, le flocon de poils qui termine sa queue et la crinière qui en général revêt la tête, le cou et les épaules du mâle, mais qui manque chez la femelle. Les chats tiennent ordinairement la tête basse, et ont dans les yeux et dans l'allure quelque chose qui semble indiquer la perfidie ; le lion, au contraire, tient la tête haute, et est remarquable par la majesté de son regard et la noblesse de sa démarche : aussi a-t-il une réputation de générosité et d'élévation bien différente de celle des autres animaux du même genre ; cependant son caractère et ses mœurs sont essentiellement les mêmes. A moins qu'une faim violente ne le pousse, ce n'est pas à force ouverte, mais par surprise, qu'il attaque sa proie. En général il se met en embuscade sur les bords des ruisseaux, où les animaux viennent boire, s'y cache parmi les roseaux ou les longues herbes de la rive, et, saisissant le moment favorable, s'élance comme la foudre sur sa victime ; il peut franchir d'un seul saut une dizaine de mètres et continuer pendant quelques instants à s'élancer ainsi par bonds, de manière à surpasser en vitesse le meilleur cheval ; mais il ne pourrait soutenir longtemps de tels efforts, et il arrive rarement qu'il le tente : s'il ne parvient pas à saisir sa proie après un petit nombre de sauts, il renonce ordinairement à sa poursuite. Quant à l'homme, le lion ne l'attaque que rarement, à moins qu'il ne soit provoqué par lui, ou qu'il ne remarque dans sa contenance quelque signe de frayeur ; mais, s'il est affamé ou s'il a déjà goûté de la chair humaine, il en est autrement : dans le pays des Bosjesmans, au sud de l'Afrique, par exemple, où les malheureux indigènes n'ont, pour se défendre, que des flèches de roseaux, il regarde l'homme comme un adversaire peu dangereux, et, lorsqu'il a réussi à enlever quelque habitant d'un campement, il ne manque pas de revenir toutes les nuits, pour se procurer quelque autre victime humaine. Ces visites nocturnes finissent quelquefois par devenir tellement à charge aux Bosjesmans, qu'on les a vus abandonner leurs habitations, pour aller s'établir ailleurs : heureux encore si, pendant leur retraite, ce terrible ennemi ne se met pas à leur poursuite et ne parvient pas à les dévorer les uns après les

MAMMIFÈRES. 61

§ 22. Les Hyènes sont des animaux carnassiers comme tous les précédents, mais n'appartiennent ni au genre *Canis* ni au genre *Felis*, et constituent un troisième groupe zoologique. Par la forme générale de leur corps elles ressemblent un peu aux chiens, mais s'en distinguent au premier coup d'œil par la position oblique de leur dos et leur démarche bizarre; leur train de derrière étant beaucoup plus bas que celui de devant. De même que chez les chats, elles n'ont pas de dent tuberculeuse derrière la grosse molaire carnassière de

Fig. 50. *Hyène*.

autres. Pour écarter ces animaux pendant la nuit, les voyageurs allument un feu vif; mais ce n'est pas toujours un moyen sûr de les éloigner. Les bœufs et les chevaux les sentent de fort loin, et témoignent aussitôt leur frayeur extrême, en se serrant les uns contre les autres et en poussant des cris lamentables. Les chiens éprouvent aussi de leur présence le plus grand effroi, mais ils gardent le silence. Le rugissement du lion est un cri prolongé et retentissant, qui se fait entendre à une distance considérable, mais qui n'est pas chez lui un signe de colère. Ces animaux rugissent en général après avoir mangé ou quand le temps est à l'orage, et lorsqu'un d'entre eux s'est mis à rugir, il est imité par tous ceux qui l'entendent, par les femelles comme par les mâles. La force du lion est prodigieuse : il traîne sans peine à une grande distance les plus gros bœufs, et des personnes dignes de foi assurent avoir poursuivi à cheval, pendant dix lieues, la trace d'un lion qui emportait à la hâte une génisse de deux ans.

La durée de la vie de ces animaux paraît être d'environ quarante ans : ils naissent les yeux ouverts, au nombre de deux ou trois par portée. Les mâles et les femelles se ressemblent d'abord extrêmement, et ce n'est qu'à la troisième année, que la crinière commence à pousser aux premiers : ils ne paraissent arriver à l'état adulte qu'à l'âge de quatre ou cinq ans. Ainsi que la chatte, la lionne a le plus grand soin de ses petits et aime à les cacher à tous les regards. Pendant l'allaitement et pendant toute la durée de l'espèce d'éducation qu'elle donne à ses lionceaux, elle est bien plus farouche et plus redoutable que dans toute autre circonstance. Le moment du repas est aussi un de ceux où tous carnassiers deviennent le plus féroces. Ces animaux si terribles peuvent cependant être soumis à l'empire de l'homme et se plaire dans la société de quelque autre animal de prédilection ; ceux que l'on retient en captivité s'attachent à leur gardien, et l'on en a vu d'une docilité extrême. L'art des apprivoiser et de les dompter a été porté très loin chez les anciens.

Autrefois ils étaient bien plus répandus qu'ils ne le sont aujourd'hui. Du temps d'Hérodote et d'Aristote, on en trouvait dans la Thrace et dans la Macédoine, où il n'en existe plus de nos jours ; ils étaient communs dans l'Asie Mineure, et, à en juger par le nombre de ceux que les Romains montraient dans leurs cirques, il fallait qu'en Afrique, d'où ce peuple les tirait, leur multitude fût immense. Aujourd'hui ces animaux sont confinés dans les déserts de l'Afrique et y sont même devenus assez rares.

Le *Tigre royal* ou *Tigre d'Orient* est un animal plus redoutable encore que le lion, qu'il égale en taille et en force, mais qu'il dépasse en férocité. Son poil est ras, fauve en dessus, blanc en dessous, et rayé irrégulièrement en travers de noir. Il habite les Indes, et l'on ne saurait peindre en couleurs trop fortes les ravages qu'il occasionne et l'effroi qu'il inspire. Il éventre un bœuf d'un coup de griffe, et l'emporte dans sa gueule presque en fuyant ; excepté l'éléphant, aucun animal ne peut lui résister, et souvent il s'attaque à l'homme.

Le *Tigre d'Amérique*, ou *Jaguar*, que les fourreurs appellent la grande panthère, est

6

62　　　　　　　ZOOLOGIE.

la mâchoire inférieure, et n'en portent de chaque côté qu'une seule très petite, en arrière de la grosse molaire tranchante (ou dent carnassière) de la mâchoire supérieure. Il est aussi à noter que les hyènes n'ont que quatre doigts à tous les pieds, et que leurs ongles, courts et propres à fouir la terre, ne se relèvent pas comme ceux des chats (1).

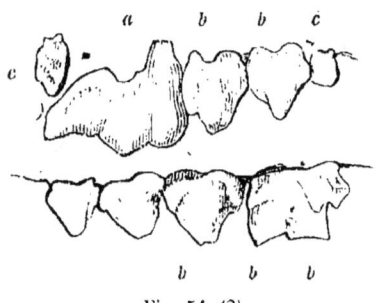

Fig. 51 (2).

§ 23. On trouve dans le midi de la France, en Algérie et dans quelques autres parties de l'Afrique et de l'Asie, des carnassiers qui ressemblent aussi beaucoup aux chats, mais qui en diffèrent par l'armature de leur bouche ainsi que par plusieurs autres caractères, et qui con-

presque aussi grand que le tigre d'Orient et presque aussi dangereux. On l'a vu emporter un cheval et traverser à la nage avec cette proie une rivière large et profonde; il attaque les hommes et n'est pas effrayé par le feu. C'est un animal plutôt nocturne que diurne ; il habite les grandes forêts, se cache dans les cavernes et se montre d'une défiance extrême. On le distingue à son pelage d'un fauve vif en dessus, marqué le long des flancs de quatre rangées de taches noires en forme d'yeux, c'est-à-dire d'anneaux plus ou moins complets avec un point noir au centre.

La *Panthère* (fig. 49) est moins grande que les espèces précédentes et plus commune. Elle est répandue dans toute l'Afrique et dans les parties chaudes de l'Asie, ainsi que dans l'archipel Indien. Elle est remarquable par son beau pelage, fauve en dessus, blanc en dessous, et orné sur chaque flanc de six ou sept rangées de taches noires en forme de roses, c'est-à-dire formées de l'assemblage de cinq ou six petites taches simples. Ses mœurs se rapprochent beaucoup de celles des chats; en effet la panthère attaque les petits quadrupèdes et grimpe sur les arbres, pour y poursuivre sa proie ou pour fuir le danger.

Le *Léopard* ressemble beaucoup à la panthère, mais les taches dont ses flancs sont ornés sont plus petites, et l'on en compte dix rangées au lieu de cinq ou six. Il habite l'Afrique et peut-être aussi l'Asie. Jusqu'en ces derniers temps, on le confondait avec l'espèce précédente.

Une autre espèce, également remarquable par sa grande taille, mais qui n'attaque guère que les petits animaux, est le *Couguar*, appelé par quelques auteurs le *Lion d'Amérique*. Son pelage est d'un fauve roux presque uniforme.

Enfin on range aussi dans le genre des chats un animal qui a beaucoup de ressemblance avec les tigres et les léopards, mais qui diffère de toutes les autres espèces du même groupe par ses ongles peu rétractiles : c'est le *Guépard* ou *Tigre chasseur* des Indes. Il est de la taille du léopard, mais plus haut sur jambes, plus élancé ; sa tête est plus ronde, et son pelage fauve est semé de petites taches noires uniformes. Il s'apprivoise très facilement et se laisse dresser pour la chasse.

(1) Les hyènes sont des animaux nocturnes qui habitent d'ordinaire les cavernes et qui sont d'une voracité extrême ; mais elles ne méritent pas la réputation de férocité qu'on leur a faite, car elles ne s'attaquent que rarement à des animaux vivants, et se repaissent de cadavres. Elles ont le pelage rude, peu fourni et composé de longs poils qui forment une crinière sur le dos. L'*Hyène commune* se trouve dans diverses parties de l'Asie et de l'Afrique, en Algérie, par exemple.

(2) Dents molaires de l'hyène : — *a*, carnassière ; — *b, b, b*, les trois fausses molaires de chaque mâchoire ; — *c*, la tuberculeuse unique placée derrière chaque dent carnassière à la mâchoire supérieure.

stituent un groupe distinct voisin des genres chien et hyènes. Ce sont les genettes, les civettes et les mangoustes. On a donné le nom de genre *Viverra* ou Civettes à la division zoologique ainsi formée (1).

§ 24. Les petits quadrupèdes que l'on connaît sous les noms de putois, furet, belette (*fig.* 54) et martre sont des carnassiers digitigrades comme tous les précédents ; mais ils s'en distinguent facilement par la forme allongée de leur corps et la brièveté de leurs pattes, ainsi que par la disposition de leurs dents molaires. Effectivement, ils ont comme les chats et les hyènes une seule dent tuberculeuse en arrière de la carnassière de chaque côté à la mâchoire supérieure, ce qui les sépare nettement des chiens et civettes, où l'on trouve deux de ces dents : mais leur dentition diffère de celle des chats par l'existence d'une de ces mêmes dents en arrière de la carnassière à la mâchoire inférieure (*fig.* 53).

Fig. 52. *Civette.*

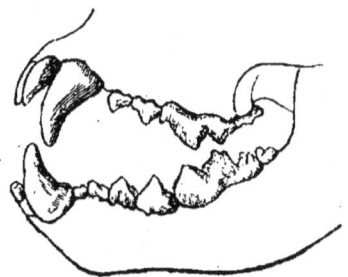

Fig. 53.

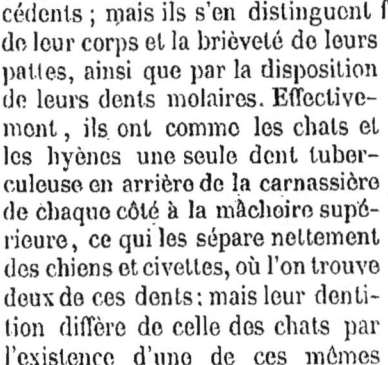

Fig. 54. *Belette.*

Les zoologistes étendent le nom générique de Putois au groupe

(1) Ces animaux établissent à quelques égards le passage entre le genre des chiens et celui des chats ; car, de même que chez ces derniers, leur langue est hérissée de papilles aiguës et rudes, et leurs ongles se redressent plus ou moins dans la marche ; leurs dents fausses molaires sont en même nombre que chez les chiens, mais ils ont une tuberculeuse de moins à la mâchoire inférieure. Un autre caractère commun à ces animaux, est d'avoir près de l'anus une poche plus ou moins profonde où s'amasse une matière onctueuse et souvent odorante qui est sécrétée par une glande particulière, et qui était autrefois un article important dans le commerce de la parfumerie. La *Civette* (*fig.* 52), animal qui a donné son nom à ce genre, habite les parties les plus chaudes de l'Afrique. Son corps est d'un gris brun, rayé de noir, et est surmonté d'une espèce de crinière dont les poils peuvent se redresser.

formé par les putois communs, le furet, la belette, l'hermine et plusieurs autres espèces recherchées pour leur fourrure (1).

Les GENETTES (*Genetta*) ressemblent beaucoup aux civettes; mais leur pupille, au lieu de demeurer ronde pendant le jour, prend, en se rétrécissant, la forme d'une fente verticale; leurs ongles se retirent entièrement entre les doigts comme dans les chats, et leur poche se réduit à un enfoncement léger, dans lequel l'excrétion, quoique répandant une odeur bien manifeste, est très faible.

La *Genette commune*, qui a à peu près la grandeur et la figure de la fouine, mais qui a le museau plus effilé, la queue plus longue et le pelage gris, taché de brun ou de noir, se trouve depuis la France méridionale jusqu'au cap de Bonne-Espérance : c'est un animal nocturne qui se tient le long des ruisseaux, et qui est recherché pour sa fourrure.

On donne le nom de MANGOUSTES (*Herpestes*) à des espèces de civettes dont la poche est volumineuse, simple, et présente l'ouverture anale percée dans sa profondeur, et dont les doigts sont à demi palmés. Une espèce de ce genre, la *Mangouste d'Égypte*, était célèbre chez les anciens sous le nom d'*Ichneumon*. Cet animal, qui est d'un naturel doux et timide, rend des services réels au pays qu'il habite, en détruisant les souris, les petits reptiles et surtout les œufs des crocodiles, et il était jadis l'objet d'un culte religieux ; mais ce qu'on dit les anciens, qu'il se jette dans le corps des crocodiles, pour le mettre à mort, est entièrement fabuleux.

(1) Le *Putois commun* se trouve dans toute l'Europe, et atteint une taille plus grande que toutes les autres espèces du même genre. Son corps est long d'environ un pied, et sa queue de six pouces. On le distingue à son pelage brun en dessus, fauve sur les côtés et jaunâtre sous le ventre, et à son museau blanc. Il vit près de nos habitations, et il est la terreur des poulaillers et des garennes. Lorsqu'il se glisse dans une basse-cour, il met tout à mort, et, après avoir apaisé sa faim, emporte peu à peu ce qu'il a tué ; il poursuit les lapins dans leur terrier, et grimpe sur les arbres pour chasser les oiseaux et dévorer leurs œufs : aussi est-il à la campagne un voisin très inquiétant, et cherche-t-on toujours à le détruire ; mais sa défiance le fait aisément échapper aux pièges qu'on lui tend. En hiver, les putois s'établissent sous les toits et dans les parties les plus reculées des granges ; en été, ils se retirent dans des terriers de lapins, des fentes de roche ou des troncs d'arbres creux, d'où ils ne sortent guère que la nuit. Les petits naissent dans cette saison et quittent leur mère vers l'automne. L'odeur qu'ils répandent est très infecte : c'est même de là que vient leur nom ; mais néanmoins on emploie leur fourrure, qui est douce et chaude. Nos marchands de pelleteries en tirent des Pyrénées, des Vosges, de l'Auvergne, etc., et en exportent même pour l'Angleterre et l'Allemagne.

Le *Furet* ressemble extrêmement au putois, et est considéré par quelques naturalistes comme n'en étant qu'une variété. Nous ne le connaissons guère qu'à l'état de domesticité : il est originaire d'Afrique, d'où il a été apporté en Espagne : c'est de là, en effet, qu'il nous vient. Les nuances de son pelage varient beaucoup et sa taille est un peu moindre que celle du putois. Son instinct en fait l'ennemi mortel des lapins. Dès qu'il aperçoit un de ces animaux, il s'élance sur lui, le saisit à la gorge ou au nez, et lui suce le sang : aussi, comme chacun le sait, est-il fréquemment employé pour la chasse de ces animaux. Il est assez facile à apprivoiser, et peut être nourri avec du pain, du lait, des œufs, auxquels on joint de temps en temps de la viande. Il ne s'éveille guère que pour manger, et cette tendance au sommeil force les chasseurs à museler cet animal avant que de le lâcher dans les trous des lapins ; en effet, si le furet avait sa complète liberté, il se jetterait aussitôt sur sa proie, et, après en avoir sucé le sang, il s'endormirait au fond du terrier. Pour le faire sortir, on enfumerait le terrier ; mais ce moyen ne réussissant pas toujours, on risquerait de perdre l'animal, tandis qu'étant muselé, il ne peut tuer le lapin dans sa retraite souterraine ; il l'oblige seulement à en sortir et à se jeter dans les filets tendus à cet effet.

La *Belette* (*fig*. 54), dont le corps d'un roux uniforme n'est long que d'environ six pouces. Cette petite espèce de putois est commune dans les parties tempérées de l'ancien monde. Ses mœurs sont à peu près les mêmes que celles du putois commun, et, quoique faible, elle est tout autant à craindre ; car elle s'introduit plus facilement dans les basses-

MAMMIFÈRES. 65

La fouine, la martre et la zibeline constituent un genre particulier (1) très voisin du genre putois, mais qui s'en distingue facilement par l'existence d'une fausse molaire de plus au-devant de chaque carnassière, c'est-à-dire trois en haut et quatre en bas.

Enfin les LOUTRES ont le corps de même forme, mais plus allongé que les putois et les martres, auxquels elles ressemblent aussi beaucoup par leur appareil dentaire ; mais elles en diffèrent en ce qu'elles

Fig. 55. *Loutre commune.*

ont les pattes palmées et la queue aplatie horizontalement : caractères qui sont en rapport avec leurs mœurs, car ce sont des ani-

cours : elle n'attaque, il est vrai, que rarement les coqs, qui la repoussent à coups de bec ; mais elle y détruit les poussins et les jeunes poules.

L'*Hermine* est un peu plus grande que la belette. Cette espèce se trouve dans les parties tempérées des deux continents, mais n'est abondante que dans les pays froids. En été, elle est rousse et est connue alors sous le nom de *roselet* ; mais son pelage d'hiver est d'un blanc d'autant plus pur, que le climat est plus rigoureux. Le bout de sa queue reste toujours noir. Ses mœurs sont à peu près les mêmes que celles de la belette, si ce n'est qu'elle fuit le voisinage des habitations et recherche les contrées rocailleuses. Sa fourrure d'hiver est l'objet d'un commerce très important. Dans les pays tempérés, elle est peu recherchée, parce qu'elle conserve toujours une teinte jaunâtre ; mais dans le nord et dans la Sibérie surtout, on lui fait une chasse active.

Le *Vison* est une espèce de putois qui vit en Amérique, près du bord des rivières, et qui fournit aussi une fourrure assez belle.

(1) Le genre MARTRE ou *Mustela*.

La *Martre commune*, longue d'environ dix-huit pouces (la queue non comprise), est généralement d'un brun lustré avec une tache d'un jaune clair sous la gorge : elle habite les forêts et fuit le voisinage des lieux habités. Sa nourriture consiste principalement en petits oiseaux et en œufs, qu'elle va dénicher jusque sur les branches les plus élevées des arbres.

La *Fouine*, un peu moins grande que la martre commune et avec le dessous du cou blanc plutôt que jaune, en diffère surtout par ses mœurs. Elle se tient à la portée des habitations, où elle pénètre souvent et où elle fait de grands ravages ; car elle a les habitudes sanguinaires des putois. Elle est assez commune dans presque toutes les parties de l'Europe et se trouve aussi dans quelques contrées de l'Asie. Sa fourrure est moins douce et moins brillante que celle de la martre commune.

La *Zibeline*, célèbre pour sa magnifique fourrure, appartient également au genre martre, et ressemble même beaucoup à la martre commune ; son pelage est généralement d'un brun lustré, noirâtre en hiver et moins foncé en été, avec quelques taches grises à la tête. Un caractère qui distingue cette espèce des précédentes et qui est en rapport avec ses habitudes, c'est d'avoir du poil jusque sous les doigts. En effet, la zibeline habite les parties les plus froides de l'Asie et abonde surtout dans les montagnes de ce pays glacé, que le froid rend presque inhabitable. C'est en hiver que sa fourrure est la plus

6.

maux aquatiques qui nagent très bien et se nourrissent principalement de poissons (1).

§ 25. Tous les carnassiers dont nous venons de parler se ressemblent par la manière dont ils marchent et dont leur pied est conformé; ainsi que nous l'avons déjà vu, ils ne posent que sur les doigts et ont toujours le talon fort relevé. Ils ont aussi beaucoup d'autres traits de ressemblance, et ils forment un groupe naturel que les zoologistes appellent la TRIBU DES DIGITIGRADES.

§ 26. Les Ours sont aussi des carnassiers, mais au lieu d'être

Fig. 56. *Ours brun.*

digitigrades, ils sont *plantigrades*, c'est-à-dire que dans la marche la plante de leurs pieds pose à terre dans toute son étendue. Cette

belle : aussi la chasse s'en fait-elle dans cette saison et est-elle une des plus pénibles et des plus périlleuses.

(1) Il est également à noter que le nombre de leurs fausses molaires est de trois en bas comme en haut; leur tête est comprimée, et leur corps est encore plus allongé que celui des putois et des martres. Toutes ont le pelage d'un brun plus ou moins foncé en dessus et plus clair en dessous, surtout à la gorge, qui est même quelquefois blanchâtre. Ces animaux nagent et plongent avec une facilité extrême : la plupart fréquentent les eaux douces, mais il en est aussi qui habitent le rivage de la mer. C'est pendant la nuit qu'ils chassent ; le jour, ils restent cachés dans des réduits qu'ils se pratiquent entre les rochers ou sous quelque racine. Le pelage des loutres est très épais et assez doux ; les poils soyeux qui en garnissent la superficie sont longs, doux, luisants et plus épais vers la pointe qu'à la base. Le duvet placé au-dessous de ceux-ci est épais et d'une extrême douceur : aussi ces fourrures sont-elles très estimées ; mais on ne les emploie qu'après les avoir dépouillées de leur jar ou poils roides.

On connaît un grand nombre d'espèces de loutres, qui ne diffèrent que peu entre elles, surtout quant à leur pelage. La *Loutre d'Europe*, dont le corps est long de plus de deux pieds, et la queue d'environ un pied, vit au bord des étangs et des fleuves (voyez *fig.* 55, p. 65). Sa fourrure est d'un grand usage pour la fabrication des casquettes et autres coiffures.

disposition leur donne des allures beaucoup plus lourdes. Il est aussi à noter que ce sont de tous les carnassiers ceux dont le régime est le moins exclusivement carnassier ; ils mangent des fruits, des racines, etc., et leurs dents molaires sont effectivement presque entièrement tuberculeuses (1).

(1) Les Ours (*Ursus*) sont tous des animaux de grande taille, à corps trapu, à membres épais, à queue très courte. Leurs allures sont lourdes ; mais ils ont beaucoup d'intelligence et sont doués d'une force prodigieuse. Leur régime varie avec les circonstances : ils s'accommodent aussi bien d'aliments végétaux que de la chair des animaux ; mais, dans la plupart des cas, ils sont frugivores et recherchent de préférence les fruits, les racines succulentes et les jeunes pousses des arbres : ils aiment le miel avec une sorte de passion, et, pour s'en emparer, ils s'exposent à la piqûre des abeilles de toute une ruche. Ce n'est guère que lorsque la faim les presse, qu'ils attaquent les animaux. La conformation de leurs membres, peu favorable à la course, leur permet de se tenir facilement redressés sur les pattes de derrière, et de grimper avec agilité sur les arbres, dont ils peuvent embrasser le tronc et les branches. Quelques uns sont aussi très bons nageurs, et ils doivent en partie cette faculté à la quantité de graisse dont leur corps est ordinairement chargé. Leur odorat est extrêmement fin et leurs narines sont entourées d'un mufle très mobile.

Ces animaux aiment la retraite et la solitude ; la plupart d'entre eux habitent les forêts les plus sauvages et établissent leur demeure au milieu des rochers, dans quelque caverne, ou bien dans des antres, qu'ils creusent avec leurs ongles forts et crochus. On les voit même se construire avec des branches et des feuillages des cabanes dont l'intérieur est soigneusement garni de mousse ; mais il en est qui vivent toujours au milieu des glaces des mers polaires. En hiver, ils s'engourdissent plus ou moins profondément, et, lorsque le froid est vif, ils tombent dans une léthargie complète. Pendant toute la durée de ce sommeil hibernal, ils ne prennent pas de nourriture, mais paraissent vivre aux dépens de la graisse dont ils étaient surchargés à la fin de l'automne : aussi, lorsqu'ils sortent de leur retraite, sont-ils d'une maigreur extrême.

La fourrure de ces animaux est épaisse et se compose de poils brillants et très longs : aussi est-elle recherchée et forme-t-elle un objet important de commerce. C'est en hiver et dans les pays les plus froids qu'elle est la plus belle et la mieux fournie, et par conséquent c'est aussi en hiver qu'on fait aux ours la chasse la plus active.

On trouve des ours dans toutes les parties du monde et sous toutes les latitudes, excepté dans l'Afrique méridionale et dans l'Australasie, et l'on en distingue plusieurs espèces.

L'*Ours brun* d'Europe est assez commun dans les Alpes, et se rencontre dans les grandes forêts de l'Europe et d'une partie de l'Asie. On remarque, il est vrai, quelque différence dans le pelage de ceux des Alpes, des Pyrénées, de la Norwége et de la Sibérie ; mais ce ne sont probablement que des variétés d'une seule espèce. Tout ce que nous avons dit sur les habitudes des ours en général est applicable à celui-ci. Il niche quelquefois très haut dans les arbres et vit toujours solitaire. Il n'attaque l'homme que lorsqu'il est provoqué, et est alors fort dangereux ; il cherche à écraser son ennemi avec ses pattes, ou à l'étouffer entre ses bras et le déchire avec ses ongles, mais ne se sert que peu de ses dents. C'est en leur sautant sur le dos qu'il attaque les quadrupèdes, et il paraît que les chevaux et les taureaux ne sont pas toujours en sûreté devant lui. Les petits naissent en hiver, et la durée de la vie de ces animaux est au moins de quarante à cinquante ans. Dans le jeune âge, leur chair est bonne à manger, et leurs pattes sont fort estimées. On parvient facilement à dresser ces animaux à certains exercices, et l'on en promène souvent dans nos villes, pour exciter la curiosité publique.

L'*Ours maritime* ou *Ours blanc de la mer Glaciale* diffère beaucoup des espèces précédentes par sa forme et par ses mœurs. Il est entièrement blanc et plus allongé que les ours ordinaires ; sa taille est aussi plus considérable, car on en voit dont la longueur est de six à sept pieds, et les voyageurs assurent en avoir rencontré de plus grands encore. Il habite les terres qui avoisinent le cercle polaire et la mer Glaciale, et il vient quelquefois, porté sur des glaçons flottants, jusque sur les côtes de l'Islande et de la Norwége. Des

§ 27. Les BLAIREAUX sont aussi des carnassiers plantigrades. Ils ont les jambes très courtes, les ongles des pieds de devant allongés et propres à fouir, et les poils du corps très longs (1).

§ 28. La tribu des digitigrades, c'est-à-dire le groupe formé par les genres chien, chat, hyène, putois, martre, etc., et la tribu des plantigrades, se ressemblent par les caractères généraux de l'organisation et par les mœurs, tandis qu'ils diffèrent sous beaucoup de rapports des autres mammifères. Par conséquent le zoologiste, dans la classification naturelle de tous ces animaux, doit en former un groupe distinct.

Ce groupe est désigné sous le nom d'ORDRE DES CARNIVORES.

Les animaux dont nous venons de parler ne sont pas les seuls qui appartiennent à cet ordre, mais ce sont ceux qu'il nous importe le plus de connaître, et si nous résumons les principaux caractères à l'aide desquels il est facile de les distinguer, nous verrons qu'on peut les classer de la manière suivante :

ORDRE DES CARNIVORES.
- TRIBU DES DIGITIGRADES. Ayant le talon relevé pendant la marche.
  - Une seule dent tuberculeuse derrière la carnassière à chaque mâchoire.
    - Deux fausses molaires en haut et trois en bas de chaque côté. } Genre PUTOIS.
    - Trois fausses molaires en haut et quatre en bas. } Genre MARTRE.
    - Trois fausses molaires à chaque mâchoire. } Genre LOUTRE.
  - Une seule dent tuberculeuse en arrière de la carnassière supérieure; point de tuberculeuse à la mâchoire inférieure.
    - Deux fausses molaires devant chaque carnassière. } Genre CHAT.
    - Trois fausses molaires. } Genre HYÈNE.
  - Deux tuberculeuses en arrière de la carnassière de la mâchoire supérieure.
    - Une seule tuberculeuse en arrière des carnassières à la mâchoire inférieure. } Genre CIVETTE.
    - Deux tuberculeuses en bas comme en haut. } Genre CHIEN.
- TRIBU DES PLANTIGRADES. Posant sur le talon aussi bien que sur les doigts pendant la marche.
  - Une grosse dent tuberculeuse en arrière de la carnassière d'en haut qui est à peine tranchante. } Genre BLAIREAU.
  - Trois dents tuberculeuses en arrière de la carnassière qui est à peine tranchante. } Genre OURS.

récits exagérés de sa voracité l'ont rendu fort célèbre, mais c'est principalement aux circonstances où il se trouvait qu'on doit attribuer son régime exclusivement animal : en effet, dans les régions glacées qu'il habite, il ne trouve ni fruits ni bourgeons et ne peut vivre que de chasse ; mais, lorsqu'on le tient en captivité, on le voit s'habituer facilement à une nourriture végétale semblable à celle des autres ours. Il nage et plonge avec une étonnante facilité et poursuit les poissons, les phoques et les jeunes cétacés. Au lieu d'être solitaire comme les autres espèces de ce genre, les ours blancs se réunissent quelquefois en troupes nombreuses.

(1) Le *Blaireau d'Europe*, qui est de la taille d'un chien de médiocre grandeur, présente dans son pelage une particularité remarquable. Presque toujours la face dorsale

MAMMIFÈRES.

§ 29. Si l'on compare aux animaux de l'ordre des carnivores un hérisson ou une musaraigne, on remarquera que chez tous ces mammifères les pattes sont conformées à peu près de la même manière, que leurs doigts sont également garnis au-dessus d'ongles étroits, et qu'ils ont tous la bouche armée des trois sortes de dents que nous avons désignées sous les noms d'incisives, canines et molaires; mais on remarquera aussi que chez le hérisson et la musaraigne, de même que chez la taupe, les molaires, au lieu d'être tranchantes comme des lames de ciseaux, sont larges et hérissées de pointes coniques (*fig.* 57). Or la structure des dents est toujours en rapport avec le régime des animaux, et par conséquent nous devons supposer que ces mammi-

Fig. 57.

fères ne vivent pas à la manière des carnivores dont l'étude vient de nous occuper. Et, en effet, au lieu de se nourrir de chair comme les chats et les putois, ils se nourrissent d'insectes. Ils diffèrent aussi des carnivores par d'autres caractères anatomiques sur lesquels nous n'avons pas à nous arrêter ici, et ils constituent dans la classe des mammifères un groupe particulier auquel on a donné le nom d'ORDRE DES INSECTIVORES.

Les HÉRISSONS se font remarquer par l'armature de leur corps qui, en dessus et sur le côté, est hérissé de fortes épines solidement im-

Fig. 58. *Hérisson.*

plantées dans la peau. Ils ont la faculté de se rouler en boule, de

du corps des mammifères est d'une couleur plus foncée que la face ventrale. Le blaireau, au contraire, est grisâtre en dessus et noir en dessous : c'est un animal solitaire qui passe la plus grande partie de sa vie au fond d'un terrier oblique, tortueux et à une seule ouverture, qu'il se creuse facilement à l'aide de ses ongles très forts, et qu'il a soin d'en-

façon à se cacher entièrement au milieu de ces piquants, ce qui leur permet de résister aux attaques de la plupart de leurs ennemis. En été on les trouve dans les haies ou sous des pierres, mais ils ne sortent guère que la nuit, et pendant l'hiver ils sont cachés dans des trous où ils demeurent plongés dans une lithargie profonde. Le *Hérisson d'Europe* est assez commun en France.

Fig. 59.

Les Musaraignes (*Sorex*) sont de très petits animaux (*fig.* 59) dont l'aspect rappelle, en général, celui des souris, et qui doivent leur nom à cette ressemblance et à leur habitude de fouir (*Mus araneus*). Leur museau a la forme d'un cône allongé ; leur corps est couvert d'un pelage doux et épais ; leurs pattes courtes, pourvues de cinq doigts armés d'ongles crochus, sont conformées pour la marche (1).

Les Taupes appartiennent également à l'ordre des insectivores et ressemblent beaucoup aux précédents par la conformation de leurs dents ; mais elles se font remarquer par la brièveté et l'élargissement

tretenir dans un état de propreté extrême. Il habite les parties tempérées de l'Europe et de l'Asie ; mais il est devenu très rare en France à cause de la chasse active qu'on lui a faite. Pour s'en emparer, on lui tend des pièges, ou bien on le fait poursuivre par un basset, qui pénètre dans son gîte, l'accule et donne ainsi le moyen de le prendre avec des pinces, en ouvrant le terrier par-dessus. Pour se défendre, il se couche sur le dos et se sert avec avantage de ses ongles aussi bien que de ses dents. La fourrure des blaireaux est épaisse, rude et peu brillante. Les rouliers s'en servent pour couvrir le collier de leurs chevaux, et les poils de la queue de cet animal sont employés pour la fabrication des pinceaux et des brosses à barbe.

(1) Les musaraignes vivent dans des trous, dont elles ne sortent guère que le soir, et se nourrissent de vers et d'insectes. Elles se trouvent dans toutes les parties du monde, et l'on en connaît un nombre considérable d'espèces. La plus répandue en Europe est la *Musaraigne commune* ou *Musette*, qui se trouve dans les bois et dans les prairies. Elle se tient habituellement cachée dans des troncs d'arbres, sous des feuilles ou dans des trous, et en hiver se réfugie souvent dans les écuries et les granges, où l'odeur forte qu'elle répand la fait découvrir. Cette odeur n'empêche pas les chiens et les chats de tuer les musettes, mais leur fait refuser d'en manger la chair. Il existe dans les campagnes un préjugé assez répandu, relativement à ces petits animaux : c'est d'en croire la morsure venimeuse et d'y attribuer une maladie souvent mortelle, qui se développe quelquefois avec une grande rapidité chez les chevaux et les mulets ; mais des observations nombreuses prouvent que les musaraignes ne sont pour rien dans l'apparition de cette affection qui est désignée, par les vétérinaires, sous le nom de *charbon*.

Le *Carrelet* est une autre espèce de musaraigne qui vit à peu près dans les mêmes lieux que la précédente, et qui doit son nom à la forme de sa queue quadrilatère et terminée tout à coup par une pointe fine.

La *Musaraigne d'eau* se trouve également en France ; elle fréquente de préférence le bord des ruisseaux ; elle est un peu plus grande que la musette, et nage avec facilité au moyen d'une disposition particulière de ses pieds, qui sont bordés de poils roides.

MAMMIFÈRES.   71

de leurs pattes antérieures (1). Elles vivent en terre et se nourrissent d'insectes; leur forme est trapue et leur pelage remarquable par son aspect velouté.

Fig. 60. *Taupe*.

§ 30. Les CHAUVES-SOURIS sont pour la plupart des animaux qui se nourrissent d'insectes comme les musaraignes et le hérisson, et qui ont également les dents molaires hérissées de pointes coniques ou de tubercules (*fig.* 61), mais elles en diffèrent ainsi que des carnassiers par la structure singulière de leurs membres. Effectivement elles sont pourvues d'ailes et douées de la faculté de voler, sans cependant être

(1) A l'aide de ces organes, les taupes se creusent, dans le sol, avec une rapidité extrême et avec un art admirable, de longues galeries ayant de nombreuses issues rangées autour du gîte principal. De distance en distance elles forment une espèce de soupirail connu sous le nom de *taupinière* et servant à rejeter au dehors les déblais qui obstruaient le passage, et elles ont soin de pratiquer entre les diverses galeries principales de nombreuses communications. C'est surtout en poursuivant des larves d'insectes dont ces animaux font leur nourriture qu'ils creusent de la sorte de nouveaux souterrains, et, suivant que la saison ou la nature du terrain porte leur proie à s'enfoncer profondément dans le sol ou à se rapprocher de la surface, on les voit se frayer des routes dans des couches différentes. Leur demeure ne communique jamais directement avec l'air extérieur; et, s'ils sortent de leurs galeries, ce n'est que pour choisir un point convenable pour recommencer de nouveaux travaux. En effet, leur train de derrière est très faible, et sur la terre ils se meuvent aussi péniblement qu'ils le font avec facilité en dessous; la vitesse avec laquelle ils fouissent est quelquefois si grande qu'ils semblent en quelque sorte nager dans la terre. Ces animaux, comme on le voit, sont destinés à vivre dans une obscurité profonde; aussi leurs yeux sont-ils réduits à un état de petitesse extrême et ne paraissent-ils pouvoir distinguer que la lumière de l'obscurité.

La *Taupe commune* de nos campagnes (*fig.* 60), qui est ordinairement d'un beau noir, est répandue dans toutes les contrées fertiles de l'Europe. En général, on la poursuit avec acharnement comme nuisant beaucoup à l'agriculture; les taupinières formées par les déblais provenant des travaux souterrains de ces animaux sont, en effet, incommodes dans les prairies, dont l'herbe doit être fauchée aussi ras que possible, et déparent les jardins d'agrément; mais cependant nous sommes portés à croire que les taupes sont plutôt utiles que nuisibles, car elles détruisent un grand nombre de larves d'insectes, et ces larves elles-mêmes font souvent de grands ravages en rongeant les racines des plantes.

72 ZOOLOGIE.

de la nature des oiseaux ; elles ont tous les caractères essentiels de la classe des mammifères, et leurs ailes ne sont en réalité que de grands

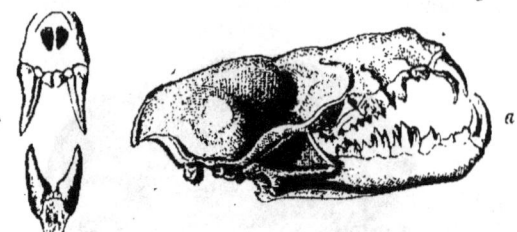

Fig. 61. *Tête et dents* (1).

replis de la peau soutenus et mis en mouvement par les pattes antérieures dont les doigts sont excessivement allongés (*fig.* 62). Il est

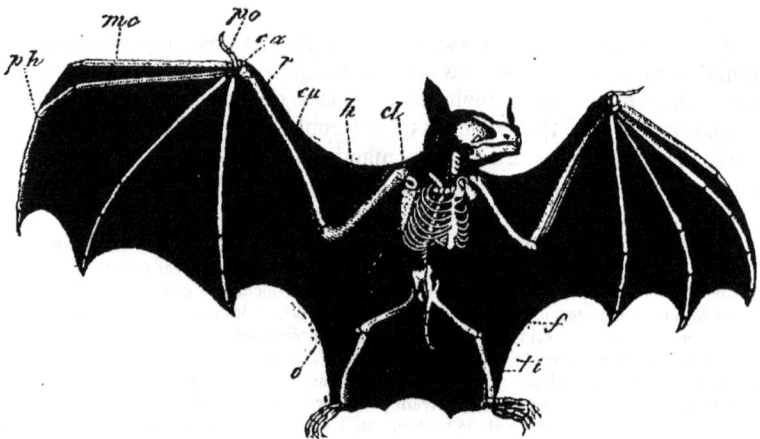

Fig. 62. *Squelette de Chauve-Souris* (2).

d'ailleurs à noter que lorsque ces organes sont reployés (*fig.* 64), les chauves-souris s'en servent pour la marche comme si c'étaient des pattes ordinaires.

Ces animaux, et quelques autres mammifères dont les organes du vol sont moins développés, forment un groupe particulier que l'on appelle l'ordre des Chéiroptères. La plupart d'entre eux se nourrissent d'insectes et ont le système dentaire conformé de la même manière que dans l'ordre des insectivores.

(1) *a*, la tête d'une chauve-souris, grossie et vue de profil ; — *b*, la même, de face.
(2) Les lettres de renvoi de cette figure ont la même signification que celles de la figure 19, page 31.

§ 34. D'autres mammifères, qui vivent de proie comme les loutres, ont des habitudes beaucoup plus aquatiques; et leurs pattes, au lieu d'être conformées pour la marche, sont transformées en nageoires.

Les Phoques sont dans ce cas : ce sont des animaux marins qui se nourrissent de poissons et qui ne viennent à terre que pour se reposer sur a plage.

Fig. 63. *Oreillard* (marchant à terre).

Ils constituent un groupe particulier auquel on a donné le nom d'ordre des Amphibies.

Fig. 64. *Phoque* (Calocéphale marbré).

§ 32. Chez tous les mammifères dont il vient d'être question, savoir : les carnivores, les insectivores, les chéiroptères et les amphibies, les membres sont conformés pour la locomotion seulement, et le

Fig. 65. *Sajou à gorge blanche*.

pouce ne peut pas s'opposer aux autres doigts en manière de pince, comme cela se voit à la main de l'homme.

Mais chez les Singes il en est autrement : le pouce est opposable aux autres doigts, ce qui permet à ces animaux de se servir de leurs pattes comme nous le faisons de nos mains pour saisir les objets. Cette disposition existe aux membres postérieurs aussi bien qu'aux membres antérieurs, et a valu au groupe zoologique formé par ces animaux et quelques autres dont la structure est analogue le nom d'ordre des Quadrumanes.

Les singes et les autres quadrumanes sont des animaux essentiellement frugivores ; aussi leurs dents molaires, au lieu d'être

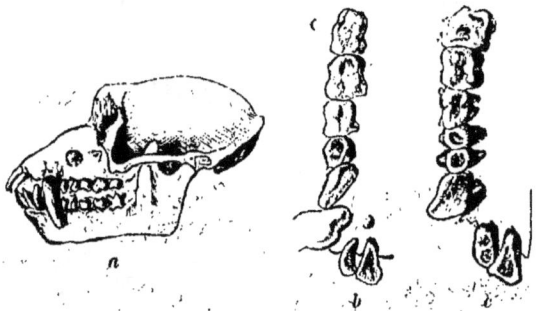

Fig. 66. *Tête et dents d'un Macaque* (1).

tranchantes comme celles des carnassiers ou hérissées de pointes comme celles des insectivores, sont-elles terminées par une surface large et simplement bosselée à peu près comme chez l'homme.

Ce sont des animaux de moyenne ou de petite taille, dont le crâne est presque toujours arrondi, le museau médiocrement prolongé, le cou court, le corps svelte et les membres grêles et longs. Ils sont couverts d'un poil assez serré, long et soyeux ; néanmoins leur ressemblance avec l'homme est quelquefois extrême, et il en est qui,

Fig. 67. *Singe cynocéphale.*

(1) *a*, tête osseuse ; — *c*, dents de la mâchoire supérieure ; — *b*, dents de la mâchoire inférieure par leur surface triturante. Chez la plupart des singes les canines sont très développées.

MAMMIFÈRES. 75

dans le jeune âge, n'ont pas la ligne faciale notablement plus oblique que beaucoup de nègres ; mais par les progrès de l'âge, leur museau devient toujours beaucoup plus saillant, et chez quelques singes cette partie de la face se développe au point de ressembler à celle d'un chien (*fig.* 67). Les gestes et les allures de ces animaux ont souvent beaucoup d'analogie avec les nôtres : plusieurs se tiennent facilement dans une position presque verticale, surtout lorsqu'ils peuvent s'aider d'un bâton comme nous nous servons d'une canne, et l'on en voit qui marchent de la sorte, mais ce n'est jamais d'une manière aussi sûre que l'homme ; ils sont au contraire admirablement bien organisés pour grimper de branche en branche. La longueur et la flexibilité de leurs membres, l'existence d'une main à l'extrémité de tous ces organes, la grande énergie de leur système musculaire, leur permettent de déployer alors une agilité étonnante, et la nature a en outre pourvu plusieurs de ces animaux d'une longue queue préhensile (*fig.* 65), qui leur sert comme une cinquième main pour se suspendre aux branches, se balancer dans les airs, et prendre leur élan lorsqu'ils veulent sauter d'un arbre à un autre.

Fig. 68. *Chimpanzé.*

Les singes sont propres aux pays chauds ; une seule espèce vit sauvage en Europe, sur les rochers de Gibraltar, et, chose très remarquable, ceux du nouveau monde ont tous des caractères qui les distinguent de ceux de l'ancien continent.

On donne aussi le nom de *quadrumanes* à quelques autres mammifères dont l'organisation est très analogue à celle des singes : les ouistitis (*fig.* 69) et les makis (*fig.* 70), par exemple.

§ 33. Dans la classification zoologique l'homme prend place dans la classe des mammifères, mais il n'appartient à aucun des groupes dont nous venons de parler, et forme à lui seul un ordre particulier que l'on appelle l'ORDRE DES BIMANES, parce que les mains ne sont qu'au nombre de deux, les membres inférieurs étant organisés pour la locomotion seulement.

§ 34. En étudiant la conformation du chien et des autres carnassiers, nous avons vu que la bouche de ces animaux est armée de trois

76 ZOOLOGIE.

sortes de dents : des incisives, des canines et des molaires. Nous

Fig. 69. *Ouistiti à pinceau.*

avons vu aussi qu'il en est de même chez les insectivores, les quadrumanes, etc. L'homme présente également ce caractère zoolo-

Fig. 70.

Maki à front blanc avec son petit.

gique ; mais si nous examinons maintenant la tête d'un lapin, nous

MAMMIFÈRES.

trouverons qu'il n'en est plus de même. Le devant de la bouche est occupé par de grandes dents incisives, et sur les côtés on voit des dents molaires, mais il n'y a pas de canines, et l'espace occupé d'ordinaire par ces dernières dents est vide. Le système dentaire de ces animaux est par conséquent incomplet.

Ce caractère organique se retrouve aussi chez l'écureuil, le rat, la marmotte et beaucoup d'autres animaux qui se nourrissent de matières végétales plus ou moins dures, et qui forment un groupe naturel de même importance zoologique que les divers ordres dont il vient d'être question. On lui a donné le nom d'ORDRE DES RONGEURS, à raison de la manière dont ces animaux mangent, en détachant des corps qu'ils attaquent de petites parcelles à l'aide de leurs grandes dents incisives, arquées et terminées par un bord tranchant.

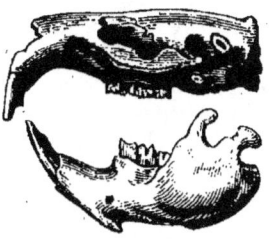

Fig. 71. *Tête de Rongeur.*

Les rongeurs sont presque tous des animaux de petite taille, et en général leurs pattes postérieures sont beaucoup plus longues que

Fig. 72. *Gerboise.*

les antérieures, de façon qu'ils sautent plutôt qu'ils ne marchent. Le lapin nous offre un exemple de cette disposition, mais elle est portée beaucoup plus loin chez quelques autres espèces du même ordre. Ainsi on trouve assez abondamment en Algérie un petit rongeur appelé *Gerboise*, qui ne pose presque jamais ses pattes de devant à

7.

terre et ne se sert que de ses pattes postérieures pour se tenir et se mouvoir.

§ 35. Le lapin, que nous avons choisi comme exemple des animaux de l'ordre des rongeurs, ne diffère que très peu du lièvre commun, et forme avec ce petit mammifère et quelques autres espèces exotiques un groupe générique auquel les zoologistes appliquent le nom de Lièvre (*lepus*). Ce sont, comme chacun le sait, des animaux de petite taille, à pelage doux et épais, à queue très courte et à grandes oreilles; il est aussi à noter qu'ils ont la lèvre supérieure complétement fendue au milieu, et que derrière les deux grandes incisives de la mâchoire supérieure on trouve deux petites incisives rudimentaires (*fig. 73*), disposition qui ne se voit pas chez les autres rongeurs.

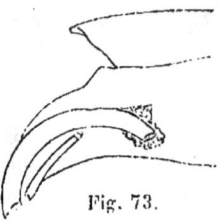

Fig. 73.

§ 36. Les Écureuils sont de petits rongeurs qui se reconnaissent du premier coup d'œil à leur grande queue touffue, dont les poils simulent une sorte de large plume. Ils vivent sur les arbres, y grimpent avec une agilité extrême, et s'y construisent une sorte de bauge, pour s'y reposer et pour y loger leurs petits. Leurs mouvements sont gracieux, et ils se familiarisent assez promptement avec l'homme, mais sans montrer d'attachement pour les personnes qui les soignent (1).

Fig. 74. *Écureuil commun.*

§ 37. Les Rats, les souris, les mulots et les surmulots sont aussi des rongeurs, mais se distinguent facilement des précédents par leur queue longue et écailleuse. Ils forment un genre particulier qui est

(1) L'*Écureuil commun* est le plus joli petit quadrupède de nos bois; il est répandu dans les parties froides et tempérées de l'ancien monde. Son pelage varie suivant les climats: en France, en Allemagne, etc., il est toujours d'un roux plus ou moins vif en dessus et blanc en dessous; mais, dans le Nord, il devient en hiver d'un beau gris bleuâtre, et donne alors la fourrure connue sous le nom de *petit-gris*, quand on ne prend que le dos, et de *vair*, quand on y laisse le blanc du ventre. Ses mœurs sont assez curieuses. Pendant une partie de la journée, il reste caché dans un nid sphérique, qu'il construit avec beaucoup d'art dans les parties les plus élevées des plus grands arbres, et qu'il recouvre

caractérisé également par la conformation de leurs dents. Ils se nourrissent principalement de graines et de racines, mais mangent aussi des matières animales. Ils ont les dents incisives beaucoup plus pointues que les autres rongeurs (1).

§ 38. Dans nos campagnes on confond souvent avec les rats d'autres petits rongeurs qui en diffèrent par leur queue velue ainsi que par la structure de leurs dents molaires, et qui constituent le genre CAMPAGNOL (ou *Arvicola*). Tels sont

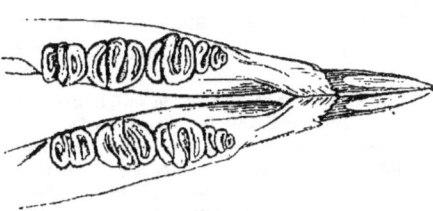

75. *Mâchoire inférieure d'un Rat.*

Fig. 76. *Campagnol ordinaire.*

le *Campagnol ordinaire* que l'on appelle aussi le *Petit rat des champs*, et que dans quelques provinces on nomme aussi, mais à tort, *Mulot*;

d'une espèce de toit conique, destiné à empêcher la pluie d'y pénétrer. Cette bauge, faite de mousse et de brins de bois flexibles, est tenue avec une propreté remarquable ; jamais l'écureuil n'y fait d'ordure. Vers le soir, ces animaux sortent de leurs retraites, et prennent leurs ébats. On les voit alors sauter de branche en branche avec une grâce et une agilité extrêmes, et en étalant leur queue sur leurs corps, en manière de parachute. Ils ne s'engourdissent pas en hiver, et ont l'instinct d'amasser, pendant l'été, les provisions nécessaires à leur subsistance pendant la saison froide. Ils se nourrissent de noisettes, de glands, d'amandes, etc., et ont une grande propension à cacher en tout temps les aliments qui leur restent. Le tronc d'un arbre creux devient ordinairement leur magasin : ils font plusieurs réserves dans des cachettes différentes, et ils savent très bien les reconnaître, même sous la neige, qu'ils écartent avec leurs pattes.

(1) Parmi les animaux du genre des rats qui aujourd'hui hantent en si grand nombre nos demeures, il n'en est qu'un qui paraisse être originaire de l'Europe, et qui ait été connu des anciens : c'est la *souris*. Ce petit animal se trouve quelquefois dans les bois ; mais en général il vit dans une sorte d'intimité avec l'homme, dont il partage les habitations : il a même suivi les Européens partout où ils se sont établis. C'est principalement dans les vieilles maisons que les souris fixent leur domicile ; elles se cachent dans des galeries longues et plus ou moins compliquées, qu'elles creusent dans les planchers et les vieilles murailles, dont le plâtre se désagrège facilement, et elles causent souvent de grands dommages, en rongeant le linge, les livres et tout ce qu'elles peuvent atteindre. Elles se nourrissent de substances végétales aussi bien que de matières animales ; mais

le *Campagnol aquatique*, ou *Rat d'eau*, et le *Campagnol fouisseur*, ou *Schermans* de l'Alsace (1).

§ 39. On désigne sous le nom de Hamsters, de petits rongeurs qui ressemblent encore davantage aux rats par leur structure inté-

ce sont les corps gras, tels que le suif, le lard et le savon, qu'elles dévorent avec le plus d'ardeur. Elles pullulent beaucoup; les femelles font chaque année plusieurs portées composées chacune de six à huit petits. C'est dans les pays chauds qu'elles se multiplient le plus. Il paraît que nulle part elles ne sont aussi incommodes qu'en Égypte; mais on les rencontre jusqu'en Islande et en Sibérie. Elles supportent très bien les hivers les plus rigoureux et ne s'engourdissent pas comme les loirs et les marmottes.

Le *Rat domestique*, ou *Rat noir*, n'était pas connu des anciens, et paraît n'avoir pénétré en Europe que dans le moyen âge. Quelques naturalistes célèbres pensent qu'il est originaire de l'Amérique; mais on ne sait rien de positif à cet égard. Son pelage est ordinairement d'un cendré noirâtre. Jadis il était très commun dans nos villes; mais une autre espèce de rat plus grand et plus fort, que le commerce maritime des Anglais nous a apporté des grandes Indes, est venu le détruire en grande partie, et le reléguer dans les granges et les habitations rurales, où il devient un véritable fléau par les dommages qu'il occasionne, en rongeant le linge, le cuir des harnais, le lard, le grain; en un mot, tout ce qui lui tombe sous la dent. Du reste il se multiplie bien moins que la souris; car la femelle ne fait, chaque année, qu'une seule portée, composée de cinq ou six petits.

L'espèce exotique qui a dépossédé ainsi le rat noir de ses anciens domaines est le *Surmulot*, dont le corps a ordinairement neuf pouces de long, et dont la queue est proportionnellement plus courte que celle du rat noir. Son pelage est en général d'un brun roussâtre, et les anneaux écailleux dont sa queue est garnie sont au nombre d'environ deux cents, tandis que, dans l'espèce précédente, on n'en compte qu'environ cent cinquante. Ce grand rat, aujourd'hui très multiplié en Europe, a été d'abord transporté de l'Inde et de la Perse en Angleterre vers l'année 1730; son existence n'a été signalée en France qu'en 1750; en 1766, il n'était pas encore parvenu en Russie et en Sibérie; mais, peu de temps après, on l'a vu arriver de l'occident sur les bords du Volga, et, à une époque encore plus récente, il a été transporté en Amérique et dans les autres colonies européennes, où il a prodigieusement pullulé.

Les surmulots sont très carnassiers; ceux, en petit nombre, qui habitent la campagne, attaquent les jeunes animaux, et ceux qui infestent les villes se nourrissent principalement de charognes. A Paris, ils sont très communs dans les égouts situés près des marchés et des abattoirs, etc.

Le *Mulot*, qui ressemble au surmulot par ses couleurs, mais dont la taille est inférieure à celle du rat commun, ne fréquente pas les habitations de l'homme, comme les trois espèces précédentes, et établit sa demeure dans les forêts; il est quelquefois très nuisible aux agriculteurs en dévastant les champs de blé.

(1) Le *Campagnol ordinaire* est de la taille d'une souris, jaune-brun en dessus, blanc sale en dessous. Cet animal, trop bien connu dans les campagnes par les nombreux ravages qu'il y cause, habite toutes les parties de l'Europe, et choisit de préférence les jardins et les champs, où il peut trouver facilement des grains : il n'entre pas dans les maisons ni même dans les granges, mais se creuse une demeure souterraine peu profonde, composée de plusieurs cellules en communication entre elles, et ayant diverses issues. En hiver, il se retire dans les bois. Les femelles mettent bas, au printemps ou en automne, de six à dix petits par portée, et, lorsque les circonstances sont favorables à la multiplication de ces animaux, ils pullulent au point de devenir un véritable fléau. Ces animaux, qu'on voit quelquefois couvrir par légions innombrables de vastes étendues de terrains, sont d'une voracité extrême : ils détruisent la semence que l'on met en terre et celle qui vient de mûrir. Aussitôt que le blé est près d'être recueilli, ils le coupent par la racine, vident l'épi, mangent une partie du grain, emportent le reste et continuent ainsi jusqu'à ce qu'ils aient tout moissonné. Quand ils envahissent un champ de céréales,

rieure, mais qui ont la queue courte et velue. Une espèce de ce genre se trouve en Alsace, mais est surtout commune en Allemagne et dans

Fig. 77. *Hamster.*

l'Europe orientale, où il nuit beaucoup à l'agriculture en dévastant les champs de blé.

§ 40. Les Loirs ont aussi beaucoup de ressemblance avec les

Fig. 78. *Lérot.*

rats, mais leur queue est touffue et ils ont quatre dents molaires au lieu de trois. Ce sont de petits animaux nocturnes qui grimpent aux

ils en deviennent les maîtres : on n'a aucun moyen de s'opposer à leurs ravages, et l'on ne peut travailler utilement à leur destruction qu'à l'époque des labours et des semis. C'est lorsque l'été est sec qu'ils sont le plus à craindre ; heureusement qu'ils ont des ennemis redoutables, et que les pluies de l'automne et surtout la fonte des neiges les détruisent en nombre très considérable. Les oiseaux de proie leur font une chasse active, et les renards, les chats, les fouines et les belettes leur font une guerre perpétuelle. On peut aussi dresser des chiens à en faire la chasse, et les cultivateurs soigneux font suivre la charrue, au second labour d'automne, par des enfants qui, avec un faisceau de baguettes, tuent tous ceux que le soc amène au jour ; mais ces causes de destruction ne suffisent pas toujours, et, pour se débarrasser de ces animaux voraces, on empoisonne quelquefois tout le champ qu'on veut préserver, en faisant tremper des grains de blé dans une décoction de noix vomique, d'euphorbe, etc.

Le *Rat d'eau*, ou *Campagnol amphibie*, est d'un gris brun foncé et un peu plus grand que le rat commun, auquel il ressemble beaucoup ; il habite le bord des eaux et creuse des trous peu profonds, parallèles au sol et à plusieurs ouvertures. Sa nourriture consiste

82   ZOOLOGIE.

arbres avec agilité, se nourrissent principalement de fruits, et passent l'hiver en léthargie (1).

§ 44. Les MARMOTTES ne diffèrent que peu des loirs par leur structure, mais s'en distinguent facilement par leur forme trapue et leur démarche lourde, ainsi que par le nombre de leurs dents (2).

Fig. 79. Marmotte.

Le temps nous manquerait pour parler ici de tous les genres de l'ordre des rongeurs, et nous nous bornerons à ajouter que c'est encore à

principalement en racines de plantes aquatiques. Quand il est surpris, il court se jeter à l'eau, mais il nage et plonge mal.

On nomme *Campagnol économe*, ou *Campagnol des prés*, une autre espèce du même genre qui habite toute la Sibérie, et qui paraît se trouver aussi dans la Suisse et le midi de la France, dans les champs où l'on récolte des pommes de terre. Ce rongeur est remarquable par l'art avec lequel il construit sa demeure souterraine et par les émigrations éloignées qu'il fait en troupes nombreuses dans diverses parties du nord de l'Asie.

(1) L'espèce que l'on désigne généralement sous le nom de *Loir* aux environs de Paris n'est pas le loir proprement dit, mais le *Lérot* (fig. 78). Son pelage est d'un gris brun en dessus, blanc en dessous, et sa queue n'est touffue que vers le bout. Ce petit animal est très commun dans toutes les parties tempérées de l'Europe, et occasionne de grands dégâts dans nos vergers, car il a l'habitude de courir sur les espaliers et d'entamer les meilleurs fruits au moment où ils commencent à mûrir. Il attaque de préférence les pêches.

Le *Loir*, qui est beaucoup plus grand, d'un blanc roussâtre en dessus et à queue touffue dès la base, se trouve dans les forêts du midi de l'Europe.

Enfin le *Muscardin*, qui est aussi une espèce du genre loir, est plus petit que le lérot, et son pelage est d'une couleur cannelle en dessus; il se tient sur la lisière des bois et se construit un nid sur les branches basses des arbres.

(2) Une espèce de ce genre, la *Marmotte des Alpes*, est connue de tout le monde; car les petits Savoyards qui viennent dans nos villes mendier leur existence en promènent souvent dans nos rues. Cet animal est à peu près de la taille d'un lapin, et son pelage est d'un gris roussâtre avec des teintes cendrées vers la tête. Il habite les Alpes à une hauteur très considérable; son terrier se trouve en général immédiatement au-dessous des neiges perpétuelles; et c'est là que les montagnards vont le chercher pendant l'hiver, lorsqu'il est endormi et roulé dans son lit de foin. En général, on trouve

ce groupe qu'appartiennent le Cochon d'Inde, si connu sur nos mar-

Fig. 80. *Porc-épic.*

chés; le Porc-épic, remarquable par la puissante armature de son dos,

Fig. 81. *Chinchilla.*

le Chinchilla, petit rongeur de l'Amérique du Sud, dont la fourrure

plusieurs marmottes dans le même terrier qu'elles ont soin de bien garnir de foin, et dont elles bouchent l'entrée avec de la terre à l'approche de la saison froide; elles vivent en société et ne s'éloignent jamais beaucoup de leur retraite : on assure que, lorsque la troupe est dehors, elles placent toujours au sommet d'un rocher voisin une sentinelle qui, par un sifflement aigu, avertit ses compagnes de l'approche de quelque danger. Leur peau est employée comme fourrure de bas prix, et les montagnards mangent leur chair.

est d'une beauté remarquable; et le Castor, célèbre pour son industrie et son instinct architectural (1).

Fig. 82. *Castor*.

§ 42. Chez d'autres mammifères le système dentaire est encore plus incomplet que chez les rongeurs : il n'y a point de dents sur le devant de la bouche, les incisives n'existant jamais; souvent les canines manquent aussi, et quelquefois il n'y a pas même de dents molaires. Ces animaux constituent un huitième ordre que l'on désigne sous le nom d'Édentés.

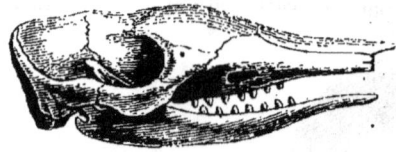

Fig. 83.

Il n'en existe pas en France, et comme exemple de ce groupe nous nous bornerons à citer les Tatous, qui habitent l'Amérique et qui

---

(1) Les *Castors* se distinguent de tous les autres rongeurs par leur grande queue aplatie horizontalement, de forme presque ovalaire et couverte d'écailles. Ce sont d'assez grands animaux, dont la vie est tout aquatique; leurs pieds et leur queue les aident également bien à nager; ils vivent principalement d'écorces et d'autres matières dures, et ils se servent de leurs fortes dents incisives pour couper toutes sortes d'arbres.

Le *Castor du Canada* est, de tous les quadrupèdes, celui qui met le plus d'industrie à la fabrication de sa demeure, à laquelle il travaille en société, dans les lieux les plus solitaires du nord de l'Amérique.

Ces animaux se trouvent toujours dans le voisinage des fleuves et des lacs; l'été ils se retirent dans des terriers qu'ils se creusent sur le rivage; mais, pendant l'hiver, ils habitent dans des huttes construites avec le plus grand soin sur le bord ou au milieu des eaux. En général, ils choisissent des eaux qui soient assez profondes pour ne pas geler jusqu'au fond, et, autant qu'ils le peuvent, des eaux courantes, parce qu'ils coupent le bois nécessaire à leurs constructions au-dessus du point où ils travaillent, et alors le courant

sont remarquables par l'espèce de cuirasse dont leur corps est armé; les Pangolins, qui se trouvent en Afrique et qui ont le corps

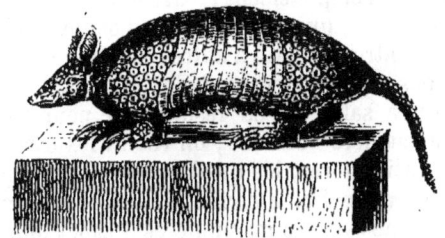

Fig. 84. *Tatou cabassou.*

garni de grandes écailles; enfin l'Aï ou Paresseux, qui se trouve dans l'Amérique du Sud, et vit constamment accroché aux branches des arbres dont il mange les feuilles.

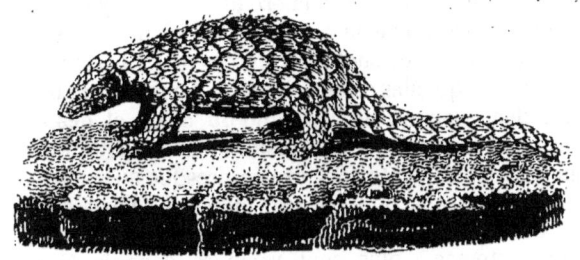

Fig. 85. *Pangolin.*

§ 43. Chez tous les mammifères dont nous nous sommes occupé jusqu'ici, les ongles ne recouvrent que la face supérieure de l'extrémité des doigts, ce qui permet à ces derniers organes de servir au toucher; mais si nous comparons à la patte d'un de ces animaux le

l'amène où ils veulent. Si l'eau est dormante, ils commencent immédiatement leur bâtisse; mais si l'eau est courante, ils forment d'abord une digue en talus pour soutenir l'eau à une égale hauteur. Cette digue est formée de branches entrelacées les unes dans les autres, dont les intervalles sont remplis de pierres et de limon, et crépis ensuite d'un enduit épais et solide; elle a ordinairement 3 mètres et demi ou 4 mètres d'épaisseur à sa base, et elle est quelquefois d'une étendue très considérable. Au bout de quelques années, elle se couvre ordinairement de végétation et se change en une véritable haie. Les huttes se construisent contre la digue de la même manière qu'elle, mais avec moins de solidité; chacune sert à deux ou trois familles et a deux étages: le supérieur, à sec, pour les animaux; l'inférieur, sous l'eau, pour les provisions d'écorces dont ils se nourrissent. Il n'y a que cet étage qui soit ouvert au dehors, et la porte donne sous l'eau sans avoir de communication avec la terre. Les travaux des castors ne se poursuivent que la nuit, mais

pied d'un cheval ou d'un bœuf, nous verrons que chez ceux-ci il n'en est plus de même, et le *sabot*, qui n'est autre chose qu'un ongle très développé, entoure complétement l'extrémité du membre.

Or, les mammifères qui sont pourvus d'ongles ordinaires se ressemblent aussi entre eux par d'autres caractères importants dont nous ne pourrons nous occuper que plus tard, et diffèrent beaucoup des mammifères à sabot. Il en résulte que, pour classer tous ces animaux d'une manière naturelle, on réunit les carnivores, les insectivores, les chéiroptères, les quadrumanes, les rongeurs, etc., en un grand groupe auquel on a donné le nom de division des Unguiculés, et l'on a formé avec les mammifères à sabot une autre division sous le nom de Mammifères ongulés.

§ 44. Parmi les animaux mammifères ongulés (c'est-à-dire ceux dont l'extrémité des doigts est entourée d'un ongle très grand en forme de coiffe et appelé *sabot*), le bœuf et le cheval sont les deux animaux qui nous intéressent le plus. Ils sont l'un et l'autre herbivores ; mais pour peu que l'on observe leurs habitudes, on remarque des différences considérables dans la manière dont ils mangent. Le cheval, comme chacun le sait, mâche ses aliments avant de les avaler, et une fois que ces matières sont descendues dans l'estomac, elles y restent jusqu'à ce qu'elles soient digérées. Sous ce rapport le cheval ne présente donc rien qui le distingue du chien et des autres animaux dont nous avons déjà fait l'histoire. Mais pour le bœuf il en est autrement : les aliments sont avalés presque aussitôt leur entrée dans la bouche et sans que l'animal ait eu le temps de les broyer entre ses dents ; ils restent ainsi pendant un certain temps dans un premier estomac, puis sont ramenés dans la bouche pour être mâchés à loisir, et c'est seulement après avoir subi cette opération qu'ils descendent dans l'estomac, chargé d'en effectuer la digestion.

On donne le nom de *rumination* à cette régurgitation des aliments, et lorsque nous étudierons la physiologie de la digestion, nous verrons qu'elle n'a lieu que chez les animaux qui sont pourvus de quatre estomacs disposés d'une manière particulière.

Or, le bœuf n'est pas le seul animal qui rumine ; le mouton, la chèvre, les cerfs, la girafe, le chameau et plusieurs autres mammifères ongulés font de même, et se ressemblent aussi par la conformation de leur appareil digestif. Ces animaux ont aussi entre eux

---

ils se font avec une rapidité étonnante. Lorsque la saison des neiges approche, ces animaux se rassemblent en grand nombre et se mettent à réparer les huttes qu'ils avaient abandonnées au printemps, ou à en construire d'autres.

Le voisinage de l'homme empêche les castors de se réunir ainsi et de bâtir ; les castors solitaires qu'on trouve dans les terriers le long du Rhône, du Danube ou de quelques autres fleuves d'Europe, ne se construisent jamais de huttes, mais paraissent cependant être de la même espèce que le castor du Canada.

MAMMIFÈRES. 87

beaucoup d'analogie sous plusieurs autres rapports, et ils constituent un groupe très naturel qui, dans nos classifications zoologiques, porte le nom d'ORDRE DES RUMINANTS.

§ 45. Notre Bœuf domestique, qui, suivant l'âge et le sexe, porte les noms de *Veau*, de *Vache* et de *Taureau*, est si bien connu de chacun d'entre nous, qu'il serait inutile d'en décrire ici les formes ; mais il est nécessaire d'arrêter un instant notre attention sur la structure des cornes dont son front est armé. Ces organes, de forme conique, et recourbés en dehors et en avant comme un croissant, sont composés d'un axe osseux qui naît de l'os du front et d'un revêtement extérieur, ou gaîne de nature cornée, dont la substance a beaucoup d'analogie avec celle dont sont formés les ongles et les sabots. A mesure que l'animal grandit, ses cornes s'allongent sans changer notablement de forme, et, à l'aide du prolongement de l'os du front qui en occupe l'intérieur, elles restent toujours solidement fixées au crâne.

Fig. 86. *Bison.*

Le *Buffle*, qui paraît être originaire de l'Inde, mais qui se trouve aujourd'hui dans le midi de l'Europe aussi bien que dans une grande

Fig. 87. *Buffle.*   Fig. 88. *Bœuf musqué.*

partie de l'Asie et de l'Afrique, est un animal du même genre que notre bœuf domestique, mais qui s'en distingue par la forme des cornes et par quelques autres particularités. Il en est encore de même du *Bison*, du *Bœuf musqué* d'Amérique et de plusieurs autres mammifères exotiques, qui forment avec les deux espèces que nous venons de nommer un petit groupe zoologique que les naturalistes appellent le genre Bœuf (1).

Fig. 89.

§ 46. Les Moutons, quoique bien distincts des bœufs par la forme de leur corps et la petitesse de leur taille, sont des animaux qui leur ressemblent cependant beaucoup par tous les points les plus importants de leur organisation. Ce sont aussi des *ruminants* dont le front est armé de cornes à axe osseux et à étui corné; mais la direction de ces cornes est différente, et il est aussi à noter

(1) Le *Bœuf domestique* ne se trouve plus à l'état sauvage, et se distingue des autres espèces du même genre par plusieurs caractères, tels qu'un front plat plus long que large, des cornes rondes placées aux deux extrémités de la ligne saillante qui sépare le front de l'occiput, et les quatre mamelles placées par paires. Aussi vigoureux que docile, le bœuf est d'une grande utilité pour l'économie domestique et pour l'agriculture, soit comme bête de trait, soit à raison des produits qu'il nous fournit. Sa chair, qui est très succulente, constitue un de nos aliments les plus sains et les plus nourrissants. Sa peau, bouillie, donne de la colle forte; tannée, elle se change en *cuir*; les poils servent de bourre; les cornes sont employées par les tabletiers pour faire des peignes, des écritoires et autres ustensiles. On brûle sa graisse; on fait d'excellents engrais avec son sang, dont on se sert aussi dans plusieurs arts chimiques, entre autres dans les raffineries de sucre et d'huile de poisson. La membrane qui couvre les intestins, lorsqu'elle est séchée, forme ce qu'on nomme la *baudruche*, et est employée pour recouvrir les aérostats et battre l'or en feuilles très minces; enfin le lait de la vache donne la crème, le fromage et le beurre. Il y a des bœufs dans toutes les parties du monde; mais ces animaux sont originaires de l'Europe et de l'Asie.

On donne le nom d'*Aurochs* à une autre espèce de bœuf qui appartient également à l'Europe. Il se distingue de notre bœuf domestique par son front bombé, plus large que haut, par l'attache de ses cornes au-dessous de la crête occipitale, par une sorte de laine crépue qui couvre la tête et le cou du mâle, et qui forme une barbe courte sous la gorge, enfin par une paire de côtes de plus. Il habitait autrefois toute l'Europe tempérée, mais aujourd'hui sa race est presque détruite, et l'on n'en trouve plus que quelques individus réfugiés dans les grandes forêts marécageuses de la Lithuanie, des Krapacks et du Caucase.

Le *Buffle* (fig. 87) a les cornes marquées en avant par une arête longitudinale. Il a moins de docilité que le bœuf; mais il est plus robuste et plus facile à nourrir. Il aime à se vautrer dans la fange, et il est excellent nageur: il plonge parfois jusqu'à dix ou douze pieds de profondeur pour arracher avec ses cornes quelques plantes aquatiques qu'il mange en nageant.

Une troisième espèce, l'*Yack*, aussi nommé *Buffle à queue de cheval*, et *Vache grognante de la Tartarie*, est une espèce de petite taille, originaire du Thibet. Il porte sur le dos une longue crinière, et sa queue est garnie de poils longs comme ceux du cheval. C'est avec cette queue qu'on fait les étendards qui servent parmi les Turcs à distinguer les officiers supérieurs.

Le *Bœuf musqué* (fig. 88) habite les parties les plus septentrionales de l'Amérique, et grimpe sur les rochers presque aussi bien que les chèvres; il est remarquable par ses cornes, presque réunies à leur base au devant du front, et par l'odeur forte de musc qu'il répand.

Le *Bison* (fig. 86) d'Amérique ressemble beaucoup à l'aurochs, quoiqu'il ait les jambes et la queue plus courtes, le poil plus long, et quelques autres différences plus légères.

que le museau n'est pas, comme chez les bœufs, terminé par un large *mufle* (1). Ici les cornes, au lieu de se relever en forme de

Fig. 90. *Le Mouflon.*

croissant, sont d'abord recourbées en arrière, puis dirigées en bas et en avant en manière de spirale (2).

(1) On appelle *mufle* la portion de la peau de la face qui, chez les bœufs, est dépourvue de poils et continuellement lubrifiée par un liquide qui suinte des pores dont sa surface est parsemée.

(2) Le *Mouton domestique* paraît avoir eu pour origine une espèce qui se trouve encore aujourd'hui à l'état sauvage dans les régions montagneuses de l'Asie centrale, et qu'on nomme *Argali*. Le mâle a des cornes très grosses, triangulaires à leur base, arrondies aux angles, aplaties, en avant et striées en travers (*fig.* 89). Il est beaucoup plus grand que nos moutons et fort agile.

Le *Mouflon* (*fig.* 90), que l'on trouve en Europe, en Afrique et en Amérique, est aussi une espèce du genre mouton, et il diffère de l'argali en ce que sa taille ne devient jamais aussi grande. Sa femelle n'a que rarement des cornes, et lorsqu'elles existent, elles sont très petites. Il y a dans les mouflons des variétés qui sont noires en tout ou en partie, et d'autres plus ou moins blanches. Ces animaux vivent en troupes.

Le *Mouton domestique*, qui, dans sa jeunesse, porte le nom d'*Agneau*, et dont la femelle est appelée *Brebis*, est un animal trop connu pour qu'il soit nécessaire d'entrer dans de longs détails sur ses mœurs et sur ses caractères zoologiques. On l'élève en troupeaux nombreux pour en obtenir la toison dont les poils frisés se nomment *laine*. La graisse de ces animaux, blanche et cassante, sert à faire de la chandelle; c'est avec leurs intestins roulés et desséchés que sont fabriquées les cordes à boyaux pour les instruments de musique; enfin leurs excréments, qui donnent un engrais très puissant, contribuent à augmenter la fertilité des terres. Les brebis *Mérinos* qui se trouvent en Espagne sont remarquables par la finesse de leur laine. Autrefois leur exportation était défendue en Espagne; mais aujourd'hui on en élève en France et dans presque toutes les autres parties de l'Europe. Les premiers mérinos furent importés en 1776, d'après les ordres de Trudaine, intendant des finances; aujourd'hui nous en possédons environ 500,000, sans compter les métis.

La tonte des moutons se fait tous les ans vers le mois de mai, lorsqu'en écartant les mèches de la laine, on aperçoit la pointe d'une laine nouvelle. Quelquefois on lave la laine sur le dos de l'animal avant de la couper; plus souvent on la coupe telle qu'elle est, en-

§ 47. Les Chèvres constituent un troisième genre de ruminants à cornes revêtues d'un étui corné, et ne diffèrent guère du genre mouton que par la direction de leurs cornes (qui sont dressées

Fig. 91. *Tête de Chèvre.*   Fig. 92. *Tête de Gazelle.*

et simplement arquées en arrière), par la forme concave de leur chanfrein et par la barbe dont leur menton est ordinairement garni (1).

§ 48. Enfin il est aussi à noter que les Antilopes, dont une espèce, connue sous le nom de *Chamois* (2), habite les hautes montagnes de l'Europe, se placent à côté des chèvres, des moutons et des bœufs, dans la classification naturelle des mammifères. La *Gazelle* (fig. 92), qui se trouve en Algérie, est également une espèce du genre antilope.

preinte d'une sueur grasse, nommée *suint*, qui la préserve des teignes et autres insectes.
Il existe des différences très grandes entre les diverses variétés des moutons. La race la plus remarquable par la singularité de ses formes, est celle des *Moutons à large queue*, chez lesquels cet appendice est tellement gonflé par de la graisse, qu'il a souvent la forme d'une grosse loupe à un ou même à deux lobes : il en existe dans les parties tempérées de l'Asie, le midi de la Russie, dans la haute Égypte, etc. Des voyageurs dignes de foi assurent que, dans certaines contrées de l'Afrique orientale, il n'est pas rare de rencontrer de ces moutons attelés à une sorte de brouette, destinée uniquement à supporter le poids de leur queue, tant son volume devient énorme. Le *Mouton de Valachie* se distingue par ses cornes en spirale et dirigées en haut, comme celles de certaines antilopes, et chez le *Mouton d'Islande*, qui est répandu depuis la Norwège jusqu'au Groënland, le nombre de ces prolongements frontaux varie singulièrement : tantôt il n'est que de deux, mais d'autres fois il existe trois, quatre et quelquefois jusqu'à huit cornes.

(1) L'*Ægagre*, ou *Chèvre sauvage*, qui paraît être la souche de toutes les variétés de nos chèvres domestiques, habite en troupes sur les montagnes de la Perse, et peut-être même dans les Alpes.
Le *Bouquetin* est une autre espèce de chèvre sauvage qui habite le sommet des hautes montagnes de l'ancien monde.
La *Chèvre domestique* est très répandue dans toute l'Europe, car c'est un animal qui donne de grands profits, et n'est que d'un entretien peu coûteux. Il semble cependant se plaire mieux dans les montagnes et sur les rochers escarpés que dans les champs cultivés. Sa nourriture favorite consiste en bourgeons de jeunes arbres. Il est capable de supporter les plus fortes chaleurs ; l'orage ne l'effraie nullement, et les pluies ne l'incommodent point. Le lait de chèvre est gras, nourrissant et médicinal ; il se coagule moins sur l'estomac que celui de la vache, et par conséquent est d'une plus facile digestion.

(2) Le *Chamois* est de la taille d'une grande chèvre et a le pelage brun foncé. Son habitation est dans les parties les plus impraticables des grandes montagnes boisées de l'Europe. Il y vit par troupes de quinze à vingt, ou même davantage, et ne se montre

MAMMIFÈRES. 91

§ 49. Nous avons déjà dit que les Cerfs appartiennent, comme les animaux dont il vient d'être question, à l'ordre des ruminants. Ainsi

Fig. 93. *Cerf.*

que chacun le sait, ce sont aussi des mammifères dont la tête est garnie de cornes ; mais la structure de ces cornes, auxquelles on

Fig. 94. *Renne.*

donne le nom de *bois*, est différente. En effet, ces organes sont for-

guère que le matin et le soir. Sa timidité est extrême et son agilité encore plus grande : il bondit de rocher en rocher avec une force et une adresse admirables, et fuit l'homme dès qu'il l'aperçoit ; mais, lorsqu'il se trouve cerné par les chasseurs, il se jette sur eux et les renverse souvent dans les précipices, au bord desquels ils sont obligés de le suivre. Sa peau ferme et souple était jadis très employée pour les vêtements ; mais aujourd'hui qu'il est devenu rare, on la remplace par celle de mouton.

més, comme chez le bœuf ou l'antilope, par des prolongements des os du front, mais ces axes osseux ne sont pas recouverts d'un étui corné; et, après avoir été garnis par la peau seulement pendant un certain temps, ils s'en dépouillent et restent à nu. Il est aussi à noter que les bois des cerfs ne sont pas des cornes persistantes comme celles des divers ruminants dont il vient d'être question, mais tombent et se renouvellent périodiquement, et en général deviennent de plus en plus branchues à mesure que l'animal avance en âge.

Il existe un grand nombre d'espèces du genre cerf; celles qui habitent l'Europe sont : le *Cerf commun*, le *Daim*, le *Chevreuil* et le *Renne* (1).

Fig. 95. *Chevreuil.*

§ 50. La GIRAFE est un ruminant comme tous les précédents, mais sa tête n'est armée que de cornes très courtes qui restent tou-

(1) Le *Cerf commun* (fig. 93) a les bois ronds et le pelage d'un gris brun uniforme, en hiver; brun fauve avec une ligne noirâtre, et de chaque côté une rangée de petites taches fauve pâle le long de l'épine du dos, en été. Dans le premier âge il est fauve, tacheté de blanc, et est alors appelé *Faon*. A six mois environ, deux bosses, premiers vestiges du bois, commencent à se montrer sur l'os du front, et le jeune animal prend alors le nom de *Hère*. Mais ce n'est que pendant la seconde année que les bois se développent réellement : ils constituent alors une tige simple, et se nomment *dague*; l'année suivante, les

MAMMIFÈRES. 93

jours revêtues par la peau du front et recouvertes de poils. Cet animal est surtout remarquable par la longueur considérable de son cou, la

Fig. 96. *Girafe.*

hauteur de son train de devant et sa grande taille. Il habite les régions centrales de l'Afrique.

branches ou andouillers se forment sur la face antérieure de la tige principale ou merrain ; enfin à la quatrième année, les bois se couronnent d'une espèce d'empaumure garnie de pointes, dont le nombre augmente avec les années. C'est au printemps que la chute de ces cornes arrive, et c'est pendant l'été qu'elles repoussent. Les vieux cerfs mettent bas leurs bois, les premiers vers le mois de février, et les plus jeunes en mars, avril et même en mai. Tous se cachent alors dans les taillis, d'où ils ne sortent que lorsqu'ils ont déjà la tête armée d'un bois nouveau, qui n'est entièrement développé et durci que vers

§ 54. Enfin nous mentionnerons encore ici les *Chevrotains*, qui, par l'ensemble de leur organisation, ressemblent beaucoup à tous les ruminants à cornes, et surtout aux cerfs, mais qui sont dépour-

Fig. 97. *Chevrotain musc.*

vus de cornes et ont les dents canines très développées à la mâchoire supérieure. C'est une espèce de ce genre qui fournit la matière odorante employée en parfumerie sous le nom de *musc*. Elle habite les montagnes de l'Asie centrale.

le mois d'août ; alors commence la saison du rut, qui dure environ trois semaines, et qui est pour ces animaux un temps d'irritation et de fureur presque incroyable. Le cerf, d'ordinaire si paisible et si timide, devient alors dangereux, même pour les hommes, et ne dort plus, mange à peine et court en tous sens dans les forêts, qu'il fait retentir de sa voix forte et âpre. Après l'époque du rut, les cerfs sont d'une faiblesse extrême ; ils se retirent dans les lieux abondants pour se refaire ; pendant l'hiver les mâles et les femelles se réunissent en grandes troupes. La biche met bas en mai ou juin ; son faon la suit tout l'été, et si des chiens le poursuivent, elle se présente et se fait chasser elle-même pour le préserver du danger. Les anciens attribuaient à ces animaux une vie d'une longueur prodigieuse, mais dans le fait ils ne dépassent guère vingt ans.

Le cerf habite les forêts de toute l'Europe et de l'Asie tempérée. Sa chasse a été de tous les temps l'exercice favori des grands. Pour se soustraire à la poursuite des chiens, l'animal a recours à des ruses variées : tantôt il passe et repasse sur la voie, pour leur faire perdre la piste ; d'autres fois, pour leur donner le change, il se fait accompagner d'autres bêtes ou bien fait un grand saut de côté, se couche sur le ventre et laisse passer devant lui ses ennemis. Sa dernière ressource est en général de se plonger dans l'eau. Le cerf est alors aux abois, et quand les chiens l'atteignent, il ne cherche plus qu'à se défendre avec ses cornes, armes dangereuses pour ses adversaires, mais qui ne lui suffisent pas pour préserver sa vie de leurs attaques acharnées.

Le *Daim*, qui paraît être originaire de la Barbarie, mais qui est devenu commun dans tous les pays de l'Europe, diffère du précédent par la forme des bois, qui à leur base sont ronds et armés d'un andouiller pointu, mais sont aplatis et dentelés en dehors dans le reste de leur étendue. Ses mœurs sont analogues à celles du cerf commun. Sa taille est moindre, et son pelage, brun noirâtre en hiver, est fauve, tacheté de blanc en été.

§ 52. Tous les ruminants que nous venons de passer en revue ont le système dentaire composé de la même manière ; ils manquent d'incisives à la mâchoire inférieure et en ont quatre paires à la mâchoire supérieure ; les canines sont en général peu ou point développées, et les molaires au nombre de six de chaque côté et à chaque mâchoire.

D'autres ruminants n'ont que six incisives à la mâchoire inférieure au lieu de huit, et en présentent une paire à la mâchoire supérieure ; enfin on ne leur trouve en tout que vingt ou vingt-deux molaires au lieu de vingt-quatre. Ils présentent aussi des particularités dans la structure de leur pied, qui n'est pas fourchu comme chez les précédents, et n'est garni que de sabots très petits. Ces animaux constituent une petite tribu particulière dont les principaux représentants sont le chameau et le lama.

Les CHAMEAUX sont remarquables par l'existence d'une ou de deux grandes bosses placées sur le dos, et formées de graisse (fig. 49). Il est aussi à noter que leurs doigts sont réunis en dessous par une peau

Le *Chevreuil* (fig. 95) est le plus petit des cerfs d'Europe. Ses bois peu développés et ronds s'élèvent perpendiculairement au-dessus de la tête, et ne présentent que deux andouillers. Son pelage varie, mais est ordinairement d'un brun roux. Il se plaît dans les lieux élevés et vit par couples dans les forêts. Son bois tombe en automne et il entre en rut en novembre. La gestation est de cinq mois et demi, et la chevrette met bas au mois d'avril deux petits, l'un mâle et l'autre femelle, qui restent avec leurs parents jusqu'à ce qu'ils aient eux-mêmes une famille. La durée de la vie de ces animaux est de douze à quinze ans, et leur chair est très estimée.

Le *Renne* (fig. 94) diffère des autres cerfs en ce qu'il existe des bois chez la femelle aussi bien que chez le mâle. Ces appendices, divisés en plusieurs branches, sont d'abord grêles et pointus, mais finissent avec l'âge par se terminer en palmes élargies et dentelées. Sa taille est à peu près celle de notre cerf commun, mais il est plus trapu. Ses jambes sont plus grosses et plus courtes, et son poil, en partie laineux et brun en été, devient presque blanc en hiver. Il habite les contrées glaciales des deux continents, et rend aux peuples hyperboréens les services les plus grands. En effet, le renne est devenu pour eux un animal domestique qui leur sert comme bête de trait et de somme, qui leur fournit par son lait et sa chair une nourriture précieuse, et dont la peau est pour eux un vêtement chaud et solide. La nourriture de ces animaux consiste principalement en une espèce de lichen (appelé *lichen rangiferinus*), qui est presque la seule production végétale qui se développe pendant le long hiver des régions polaires ; et c'est principalement cette circonstance qui rend les rennes si utiles, car elle permet aux Lapons et aux Samoïèdes d'en élever des troupeaux nombreux. Le froid est en quelque sorte leur élément. Le climat de Saint-Pétersbourg leur est déjà insupportable par sa chaleur, et en Laponie même, on est obligé de les conduire dans les montagnes pendant l'été. Chaque renne donne par jour une livre de lait, qui sent un peu le suif, mais dont on fait du fromage dont les Lapons font leur principal aliment pendant leurs voyages. La chair d'un de ces animaux suffit à la nourriture de quatre personnes pendant une semaine. La peau de leur front, comme étant la plus solide, est employée pour faire des souliers, et celle des autres parties du corps pour faire des habits. Leurs tendons tiennent lieu de fil, et leur vessie de bouteille ; enfin les Samoïèdes font encore avec leur peau des voiles pour leurs bateaux. Employé comme bête de trait, le renne est d'une rapidité prodigieuse : il fait de six à sept myriamètres sans se reposer ; mais il n'est pas toujours docile, et lance quelquefois à son maître des coups de pied violents.

96 ZOOLOGIE.

forte et calleuse qui constitue une sorte de semelle très dure (1).

Enfin les Lamas ont beaucoup d'analogie avec les chameaux, mais sont dépourvus de bosse et ont les doigts libres. Ils habitent l'Amérique méridionale.

Fig. 98. *Lama.*

§ 53. En résumé, nous voyons donc que l'ordre des Ruminants se compose de deux tribus : les *Ruminants ordinaires* et les *Caméliens*.

La tribu des Ruminants ordinaires comprend plusieurs genres qu'on peut distinguer aux caractères indiqués dans le tableau suivant. La tribu des Caméliens ne se compose que de deux genres : les *Chameaux* et les *Lamas*.

(1) Ces animaux sont propres aux parties chaudes de l'ancien continent; ils sont célèbres par leur docilité, par la faculté de soutenir de longues routes, quoique pesamment chargés, et surtout par leur extrême sobriété. Les chameaux, sans lesquels peut-être les hommes n'eussent jamais pu traverser les vastes solitudes de sable que l'on rencontre en Asie et en Afrique, ont la faculté de passer plusieurs jours sans boire, ce qui tient probablement à de grands amas de cellules qui garnissent les côtés de leur panse, et dans lesquelles il s'accumule ou se produit beaucoup d'eau. Dans l'Arabie et dans d'autres contrées où l'on fait servir le chameau à différents usages, il est regardé comme le plus précieux des animaux. Son lait forme une partie considérable de la nourriture de ses maîtres ; ceux-ci s'habillent de son poil, qui tombe régulièrement tous les ans, et à l'approche de l'ennemi, ils peuvent, en montant sur son dos, fuir rapidement à de grandes distances.

Les deux espèces principales du genre chameau sont : le *Chameau de la Bactriane* ou à deux bosses, et le *Chameau d'Arabie* ou à une bosse, que l'on nomme le *Dromadaire*.

MAMMIFÈRES.

RÉSUMÉ DE LA CLASSIFICATION DES RUMINANTS.

				Genres.
RUMINANTS ayant la mâchoire inférieure armée de	Huit incisives : RUMINANTS ORDINAIRES.	Tête armée de cornes chez le mâle ou chez les deux sexes.	Cornes creuses ou à étui corné.	Bœuf. Mouton. Chèvre. Antilope.
			Cornes nues et caduques ou bois.	Cerf.
			Cornes velues et non caduques.	Girafe.
		Point de cornes.		Chevrotain.
	Six incisives : CAMÉLIENS.	Dos surmonté d'une ou de deux bosses.		Chameau.
		Dos sans bosse		Lama.

§ 54. Le cheval et les autres mammifères ongulés qui ne ruminent pas forment un groupe zoologique parfaitement distinct du précédent, auquel on a donné le nom de Pachydermes, parce que la plupart de ces animaux se font remarquer par l'épaisseur de leur peau.

§ 55. Le Cheval diffère de tous les quadrupèdes dont il a été question jusqu'ici dans cette leçon, par la conformation de son pied. Au lieu d'avoir deux ou plusieurs doigts séparés, ses pattes sont terminées par un doigt unique revêtu d'un sabot (*fig.* 99).

Fig. 99.

Cette disposition se rencontre aussi chez l'âne, le zèbre et quelques autres animaux, et a valu à ces mammifères le nom commun de Solipèdes. Ils se ressemblent du reste beaucoup entre eux par toutes les parties de leur organisation, et ne forment qu'un seul genre. Ils sont essentiellement herbivores et n'ont qu'un estomac simple. On leur trouve six incisives tranchantes à chaque mâchoire, et de chaque côté six molaires en haut comme en bas (*fig.* 100); les mâles ont de plus à la mâchoire supérieure, et quelquefois à toutes les deux, deux petites canines qui manquent presque toujours aux femelles. Entre ces canines et la première molaire est l'espace vide nommé *barre*, où l'on place le mors, au moyen duquel l'homme dompte et dirige ces animaux. Ils ont l'œil saillant, la prunelle en forme de carré long, l'oreille longue et mobile, les narines sans mufle, la langue douce, l'ouïe très fine; leur lèvre supérieure, fort mobile, est pour eux un instrument de préhension ; tout leur corps est couvert d'un poil bien fourni, avec une crinière sur le cou ; enfin leur queue est médiocre, mais souvent garnie de longs crins.

Le *Cheval* proprement dit se distingue des autres espèces de ce genre par la couleur uniforme de sa robe et par sa queue garnie de poils dès sa base. Il les dépasse aussi par sa taille ainsi que par la beauté de ses formes, et il est originaire des grandes plaines du centre de l'Asie; mais aujourd'hui il est répandu en nombre immense dans presque toutes les parties du monde, et il n'existe plus à l'état sauvage que dans les lieux où des chevaux domestiques ont recouvré la liberté, comme en Tartarie et en Amérique (2).

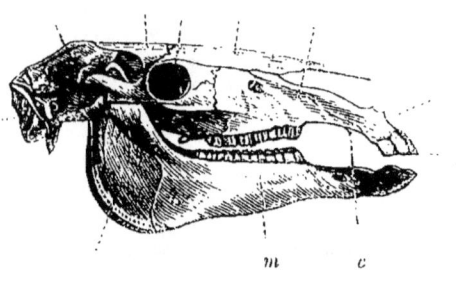

Fig. 100 (1).

(1) Tête de cheval : — *i*, dents incisives ; — *c*, canine rudimentaire ; — *m*, molaire.

(2) Le *Cheval* paraît originaire des grandes plaines de l'Asie centrale, et peut-être aussi de quelques contrées de l'Europe. Anciennement il ne se trouvait ni en Afrique, ni en Amérique, ni à la Nouvelle-Hollande; mais, devenu le compagnon de l'homme à la guerre, dans les voyages et dans les travaux de l'agriculture, du commerce et des arts, il a été transporté dans tous les pays où la civilisation a pénétré, et l'espèce entière a subi l'influence de la domesticité. Dans les vastes steppes de la Tartarie, berceau de leur race, on trouve encore des chevaux sauvages, que l'on appelle des *tarpans*; mais ces animaux n'ont pas conservé leurs caractères primitifs, car ils se mêlent continuellement à des individus échappés à la domesticité, et la plupart des zoologistes (peut-être sans preuves suffisantes) les regardent même comme descendants de chevaux domestiques redevenus libres. Quelques auteurs vont jusqu'à leur assigner pour origine ceux que leurs maîtres ont abandonnés, faute de fourrage, lors du siége d'Azoph, en 1658. Au premier abord cette opinion paraît bien hasardée; mais elle devient plus plausible, lorsqu'on voit ce qui s'est passé en Amérique.

Lors de la découverte du nouveau monde, il n'y existait aucun animal du genre des chevaux. Le cheval domestique a été importé dans ces contrées à une époque qui ne remonte guère au delà de trois siècles, et cependant on y trouve aujourd'hui des troupes immenses de chevaux sauvages. Ces animaux y ont repris des mœurs analogues à celles des tarpans de l'Asie, et leur nombre est bien plus considérable.

Les chevaux sauvages présentent bien moins de variations dans leurs couleurs que nos chevaux domestiques, mais cependant n'offrent pas l'uniformité qu'on rencontre chez les animaux restés complétement étrangers à l'influence de la domesticité. Ceux de l'Asie sont pour la plupart isabelle ou gris de souris, et ceux de l'Amérique bai châtain. Partout les individus noirs sont très rares, et l'on n'en voit pas de couleur pie. C'est toujours dans les pays de plaines que ces animaux habitent, et ils se réunissent constamment en familles composées d'un étalon et d'un nombre variable de juments et de poulains. En Asie, ces troupes d'une vingtaine d'individus restent isolées; il en est de même dans quelques parties de l'Amérique (la Colombie, par exemple), où les cantons qu'ils habitent sont resserrés et visités fréquemment par les hommes; mais, dans les vastes pampas du Paraguay, ces familles se réunissent à leur tour et forment des troupes dont le nombre est très considérable. Toutes ces troupes sont conduites par des chefs qui sont toujours à leur tête dans les voyages comme dans les combats, et qui doivent l'autorité dont ils sont revêtus à la supériorité de leur force et de leur courage.

L'importation de ces animaux dans le nouveau monde ne date guère que de trois siècles, et cependant les chevaux sauvages y sont en nombre immense. On les y rencontre quelquefois par troupes de plus de dix mille individus.

Le cheval peut vivre environ trente ans, mais, dans sa vieillesse, il perd presque toutes ses qualités précieuses. Avant l'âge de quatre ou cinq ans il ne peut être monté ni employé au trait ; on voit donc qu'il importe beaucoup de pouvoir distinguer avec certitude l'âge de ces animaux. Jusqu'à l'âge d'environ huit ans, on y parvient avec certitude à l'aide des changements successifs qui s'opèrent dans

Chaque troupe habite un canton particulier, qu'elle défend comme sa propriété contre toute invasion étrangère, et qu'elle n'abandonne que lorsqu'elle y est forcée par le manque de pâturages ou par quelque ennemi puissant. Ces troupes marchent en colonnes serrées, précédées de quelques éclaireurs, et lorsqu'un objet les inquiète, elles s'en approchent, les chefs en tête, et décrivent autour un ou plusieurs cercles, comme pour l'examiner. Si leurs guides reconnaissent quelque danger et donnent l'exemple de la fuite, tous ces chevaux sauvages les suivent sans hésitation ; et, lorsqu'ils ont à résister à l'attaque de quelques grands carnassiers, les seuls animaux qu'ils doivent craindre, ils se réunissent en groupes compactes, et se défendent courageusement par les morsures et des ruades. A la vue des chevaux en esclavage, ils poussent des hennissements longs et graves, et semblent les inviter à les suivre dans leur vie vagabonde. Souvent, si ces derniers ne sont pas bien gardés, l'instinct de la sociabilité et l'amour de la liberté se réveillent alors en eux, et ils se joignent à la horde sauvage pour ne plus s'en séparer.

Ces chevaux, libres depuis plusieurs générations, sont cependant eux-mêmes faciles à dompter. Dans beaucoup de provinces de l'Amérique du Sud, on n'en emploie pas d'autres. Pour les prendre, on chasse souvent toute une troupe, de manière à la pousser dans un *corail* ou enclos circulaire, construit avec des pieux plantés solidement en terre ; puis le capitan ou chef de la tribu indienne, monté sur un cheval vigoureux et bien dressé, entre dans l'enceinte, ayant à la main un *lasso* ou longue courroie de cuir tressé, fixée par une extrémité à la selle de son cheval, et terminée à l'autre extrémité par un nœud coulant. Le cavalier lance ce nœud autour du cou du premier jeune cheval sauvage qui se présente à lui et l'entraîne au dehors. Au moyen des cordes jetées autour des jambes de l'animal, on le renverse par terre, on lui met dans la bouche une forte courroie de cuir en guise de bride, et on le selle. Un Indien, armé d'éperons très aigus, le monte et le laisse alors courir. Le cheval fait d'abord des efforts incroyables pour se débarrasser de son cavalier ; mais l'éperon le met bientôt au galop, et, après avoir couru pendant un temps plus ou moins long, il se laisse ramener au fatal enclos, où il a perdu sa liberté. Il est alors dompté : on lui ôte sa bride et sa selle, et on le laisse aller avec les autres chevaux, car, dès ce moment, il ne cherche plus à fuir ni à désobéir à son maître.

Dans la Tartarie, on a recours à des moyens analogues pour prendre et dompter les chevaux sauvages ; mais il paraît que les vieux sont difficiles à maîtriser.

La domesticité du cheval remonte aux temps les plus reculés. D'après quelques passages de la *Genèse*, il est à présumer que ces animaux commençaient à être employés en Égypte et dans les parties voisines de l'Asie vers l'époque où Joseph administrait la première de ces contrées, c'est-à-dire, il y a environ trois mille six cents ans, et, d'après les sculptures antiques trouvées dans les ruines de Persépolis, et même d'après les poésies d'Homère, on a lieu de croire que, dans les premiers temps de leur domesticité, on ne les montait pas, mais qu'on s'en servait seulement comme de bêtes de trait.

L'influence de l'homme et les circonstances variées dans lesquelles les chevaux ont été placés par suite de leur esclavage ont déterminé parmi ces animaux des différences considérables qui, se propageant de génération en génération, ont produit une multitude de races diverses.

100   ZOOLOGIE.

leur système dentaire (1); mais passé cette époque, on n'a aucun signe bien positif de leur âge, et l'on dit qu'ils ne *marquent* plus, parce qu'alors les fossettes dont leurs incisives étaient creusées sont effacées.

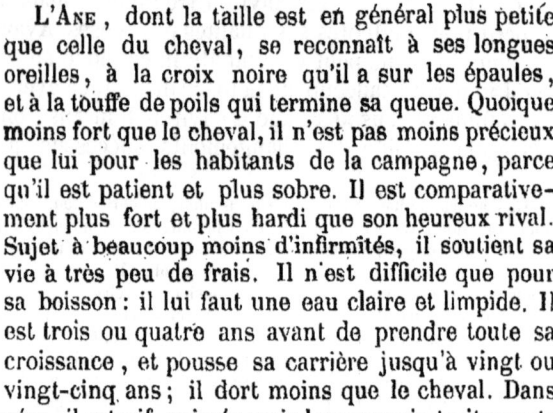

Fig. 101.

L'Ane, dont la taille est en général plus petite que celle du cheval, se reconnaît à ses longues oreilles, à la croix noire qu'il a sur les épaules, et à la touffe de poils qui termine sa queue. Quoique moins fort que le cheval, il n'est pas moins précieux que lui pour les habitants de la campagne, parce qu'il est patient et plus sobre. Il est comparativement plus fort et plus hardi que son heureux rival. Sujet à beaucoup moins d'infirmités, il soutient sa vie à très peu de frais. Il n'est difficile que pour sa boisson : il lui faut une eau claire et limpide. Il est trois ou quatre ans avant de prendre toute sa croissance, et pousse sa carrière jusqu'à vingt ou vingt-cinq ans; il dort moins que le cheval. Dans ses premières années, il est vif, animé; mais les mauvais traitements lui font bientôt perdre sa vivacité : il devient lent, stupide et têtu.

(1) Le *Poulain*, en naissant, est en général encore privé de dents sur le devant de la bouche, et n'a que deux molaires de chaque côté et à chaque mâchoire; mais, au bout de quelques jours, les deux incisives du milieu (appelées *pinces*) se montrent à chaque mâchoire. Dans le cours du premier mois, une troisième molaire paraît également. Vers trois mois et demi ou à quatre mois, les deux incisives mitoyennes sortent aussi, et entre six mois et demi et huit mois les incisives latérales, appelées *coins*, ainsi qu'une quatrième molaire apparaissent. A cette époque, la première dentition est complète, et les changements qui y surviennent avant l'âge de trois ans ne dépendent que de l'usure de plus en plus profonde des incisives, dont les fossettes, colorées en noir par les aliments, disparaissent peu à peu. De treize à seize mois, les pinces *rasent*, c'est-à-dire que la cavité de leur surface terminale s'efface; de seize à vingt mois, les incisives mitoyennes présentent le même degré d'usure, et de vingt à vingt-quatre mois, les coins rasent à leur tour.

A deux ans et demi ou trois ans, le travail de la seconde dentition commence. Les dents de lait se reconnaissent en ce qu'elles sont plus courtes, en général plus blanches et rétrécies à leur base, près de la gencive; les dents de remplacement sont beaucoup plus larges et ne présentent pas le rétrécissement que nous venons de signaler et que l'on appelle *collet*.

Ce sont les pinces qui tombent et sont remplacées par les premières.

De trois ans et demi à quatre ans, les incisives mitoyennes éprouvent le même changement, et les canines inférieures ou *crochets* commencent à se montrer (fig. 100). De quatre ans et demi à cinq ans, les coins se renouvellent aussi; les canines supérieures, lorsqu'elles existent, percent la gencive, et à la même époque la cinquième molaire commence à paraître.

Ces incisives de remplacement présentent, comme celles de lait, une dépression en forme de fossette à la surface de leur couronne (fig. 101) et s'usent de la même manière. De cinq à six ans, les pinces de la mâchoire inférieure perdent leur cavité; l'année suivante, les incisives mitoyennes rasent à leur tour, et de sept à huit ans, la marque des coins s'efface. La détrition des incisives supérieures se fait dans le même ordre, mais est plus lente. La différence paraît être d'environ une année.

Lorsque ces divers changements se sont opérés, les dents ne fournissent plus de signe

MAMMIFÈRES.

Le lait d'ânesse, qui a une grande analogie avec le lait de la femme, est considéré comme un aliment ou comme un remède salutaire dans quelques maladies, telles que la phthisie pulmonaire.

Le Zèbre (*fig.* 102) a presque la forme d'un âne, dont il se distingue par les bandes transversales, d'un brun noirâtre sur un fond

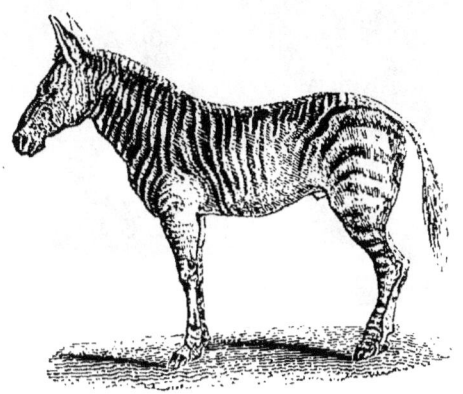

Fig. 102. *Zèbre*.

jaune, dont tout son corps est couvert. Il s'apprivoise avec quelques soins, mais n'a pas été réduit en domesticité, et se rencontre depuis l'Abyssinie jusqu'au cap de Bonne-Espérance : c'est l'hippotigre dont il est question dans quelques passages des écrits des anciens.

§ 56. Le Cochon est aussi un animal de l'ordre des pachydermes, mais son pied est fourchu, et par conséquent il n'appartient pas au groupe des solipèdes; il a quatre doigts à tous les pieds, mais deux seulement sont très apparents, et les deux autres touchent à peine à terre. Cet animal est remarquable aussi par le grand développement de ses dents canines, qui toutes sortent de la bouche et se relèvent de façon à former des défenses, et par la structure de son museau dont l'extrémité constitue un boutoir mobile et tronqué propre à fouiller la terre.

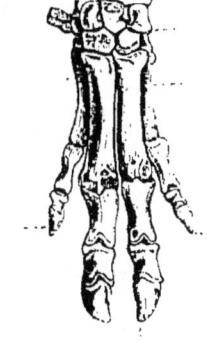

Fig. 103.

Le *Sanglier*, dont descendent tous nos cochons domestiques, vit dans les forêts des régions tempérées de

certain indicatif de l'âge du cheval, qui alors, en style de maquignon, est *hors d'âge*. La couleur et la longueur des canines, qui se déchaussent de plus en plus, les rides du palais et quelques autres signes ne peuvent donner plus tard que des notions approximatives à cet égard.

102 ZOOLOGIE.

l'Europe et de l'Asie ; il se nourrit principalement de racines, mais lorsque la faim le presse il devient omnivore.

Fig. 104. *Sanglier.*

§ 57. Les HIPPOPOTAMES sont des pachydermes de très grande taille, qui ressemblent beaucoup aux cochons par la conformation de

Fig. 105. *Hippopotame.*

leurs pieds, mais qui s'en distinguent par leur museau renflé et par leur appareil dentaire (1).

(1) Ces animaux vivent dans les rivières du centre et du midi de l'Afrique, où ils se nourrissent de substances végétales. Ils sont d'un brun noir, et atteignent jusqu'à dix ou onze pieds de long sur quatre ou cinq de haut. On en voit quelquefois trois ou quatre au milieu des rivières ou près de quelques cataractes, formant une espèce de ligne et s'élançant sur les poissons que la rapidité du courant leur amène. Ils nagent avec une grande vigueur et demeurent longtemps sous l'eau sans avoir besoin de respirer l'air. Pendant la nuit, ils quittent les rivières pour se jeter sur les plantations de sucre, de millet, de riz, qu'ils dévorent avec avidité. Ils marchent avec une telle impétuosité, qu'ils écrasent tout ce qui se trouve sur leur passage. Leur caractère féroce les a rendus très redoutables.

MAMMIFÈRES.

§ 58. On connaît sous le nom de Tapirs d'autres pachydermes qui, par la forme générale de leur corps, se rapprochent des cochons, mais qui ont le nez prolongé en une petite trompe mobile. Il s'en trouve en Amérique et en Asie.

§ 59. Enfin nous signalerons encore à l'attention de nos lecteurs des pachydermes dont les pieds ne sont terminés que par trois doigts, et dont le nez est armé d'une grosse corne. Ce sont les

Fig. 106. *Tête de Tapir.*

Rhinocéros (*fig.* 107), qui sont remarquables aussi par leur grande taille et par l'excessive dureté de leur peau. Chez quelques espèces de ce genre il existe deux cornes placées l'une au-dessus de l'autre sur la ligne médiane. Ils vivent en Afrique et en Asie.

§ 60. Tous ces pachydermes dont les doigts varient en nombre depuis deux jusqu'à quatre forment à côté des solipèdes une seconde tribu à laquelle on a donné le nom de Pachydermes ordinaires.

Enfin les Éléphants présentent aussi les caractères que nous avons rencontrés chez tous les

Fig. 107. *Rhinocéros.*

autres Pachydermes, mais diffèrent de tous les précédents par l'existence de cinq doigts à tous les pieds, et surtout par la longue trompe dont leur tête est garnie. Aussi forment-ils dans cet ordre un troisième groupe appelé la tribu des Proboscidiens.

Les éléphants (*fig.* 108) sont, comme chacun le sait, des animaux d'une taille gigantesque et de formes lourdes; leur tête est armée de deux défenses très puissantes constituées par les dents canines de la mâchoire supérieure, qui prennent un accroissement très considérable et nous fournissent la substance employée en industrie sous le nom d'*ivoire*. La trompe n'est autre chose qu'un prolongement tubulaire du nez; les narines en occupent l'extrémité.

L'*Eléphant des Indes* n'est pas la même espèce que l'*Eléphant d'Afrique*: ce dernier se distingue à ses grandes oreilles; le premier est beaucoup plus éducable et est employé comme bête de somme.

§ 61. En résumé, nous voyons que l'ordre des Pachydermes se subdivise en trois tribus: les *Pachydermes ordinaires*, les *Proboscidiens* et les *Solipèdes*;

Que la tribu des Solipèdes se compose du genre Cheval, comprenant le *Cheval* proprement dit, l'*Ane*, le *Zèbre*, etc.;

Que la tribu des Pachydermes ordinaires comprend les Rhinocéros, les Hippopotames, les Cochons, etc. ;

Et que la tribu des Proboscidiens est formée par le genre Éléphant.

Fig. 108. Éléphant de l'Inde.

§ 62. Lorsqu'on observe superficiellement une baleine, un dauphin ou un marsouin, on peut croire au premier abord que ces animaux sont des poissons, car ils en ont à peu près la forme, et ils habitent la mer ; mais pour peu qu'on les étudie de plus près, on ne tarde pas à voir qu'en réalité ils ne leur ressemblent qu'extérieurement, et que par tous les points les plus importants de leur structure, ainsi que par la manière dont ils vivent, ils ne diffèrent pas des mammifères ordinaires. Effectivement, ils ont comme ceux-ci des mamelles pour allaiter leurs petits; ils ont des poumons et ils respirent l'air atmosphérique; ils ont le sang chaud, et nous verrons plus tard que leur cœur est construit de la même manière que chez tous les quadrupèdes dont il vient d'être question, tandis que chez les poissons cet organe important est constitué tout autrement. Il en

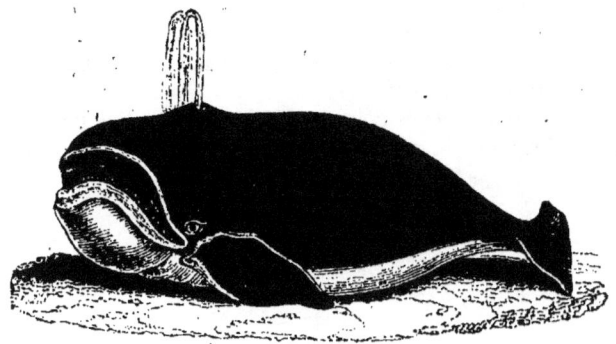

Fig. 109. Baleine.

résulte que dans une classification naturelle des animaux vertébrés les baleines, les dauphins et les marsouins doivent être rangés dans la classe des mammifères.

Mais ces mammifères pisciformes n'ont pas comme les quadrupèdes deux paires de membres; ils sont complétement dépourvus de membres abdominaux ou postérieurs, et leurs membres antérieurs sont transformés en nageoires. Enfin leur queue, au lieu de se terminer en pointe comme d'ordinaire dans la classe des mammifères, est élargie au bout de façon à constituer une grande nageoire horizontale. Il est aussi à noter que leur peau, au lieu d'être garnie de poils, est complétement nue. Ces animaux ne peuvent par conséquent prendre place dans aucun des ordres que nous avons passés en revue, et doivent constituer un groupe distinct auquel on a donné le nom d'ORDRE DES CÉTACÉS.

Les BALEINES (fig. 109) sont d'énormes cétacés dont la tête forme environ le tiers de la longueur totale, et dont la bouche, dépourvue de dents, est garnie des deux côtés de la mâchoire supérieure par une série de grandes lames transversales serrées les unes contre les autres comme des dents de peigne, et connues sous le nom de *fanons*. Ces organes, formés par une espèce de corne fibreuse et très élastique, sont effilés à leurs bords et constituent une sorte de crible propre à retenir les petits animaux dont les baleines se nourrissent. Les fosses nasales offrent aussi chez ces animaux une disposition particulière qui, du reste, se rencontre chez la plupart des cétacés, et qui permet à ces animaux de produire au-dessus de leur tête des jets d'eau qui les font remarquer de loin par les navigateurs et qui leur ont valu le nom de *Souffleurs*. Ils engloutissent dans leur vaste gueule, avec leur proie, de grands volumes d'eau ; et pour s'en débarrasser, sans laisser échapper en même temps leurs aliments, ils la font passer dans les fosses nasales ; l'eau s'y amasse dans un sac particulier, et les muscles qui entourent cette espèce de réservoir, en se contractant, la chassent avec violence par les narines (*fig.* 110, *e*), qui sont percées au-dessus de la tête (1).

Les Cachalots sont des cétacés très voisins des baleines, mais qui manquent de fanons et qui ont la mâchoire inférieure armée de dents.

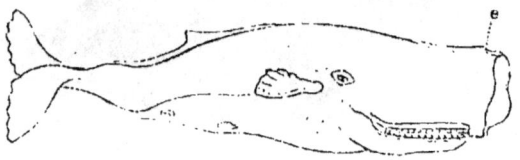

Fig. 110. *Cachalot.*

La partie supérieure de l'énorme tête de ces animaux ne consiste presque qu'en grandes cavités recouvertes et séparées par des

(1) D'après la taille gigantesque des baleines, on serait tenté de croire que ces animaux doivent dévorer les poissons les plus gros ; mais il en est tout autrement : l'absence de dents, l'espèce d'armature de leur bouche et la faiblesse des muscles de leur mâchoire ne leur permettent de s'emparer que des plus petits animaux marins. Leurs aliments ordinaires consistent en petits mollusques, en crustacés longs de quelques millimètres, et en zoophytes dont le corps est mou comme de la gelée ; mais le nombre de ces êtres étant immense, elles n'ont pour ainsi dire qu'à ouvrir la gueule pour les engloutir par milliers. Du reste, elles sont très voraces, et mangent presque continuellement ; l'eau qui entre dans leur énorme bouche, chaque fois qu'elles l'ouvrent, est rejetée au dehors par les narines, et forme au-dessus de leur tête un jet élevé qui retombe en une espèce de pluie fine. Les baleines nagent avec une très grande vitesse : n'ayant aucune arme pour se défendre et étant le plus souvent embarrassées de la masse énorme de leur corps, elles ne sont point capables d'éviter les attaques d'ennemis robustes et agiles, et la conscience de leur faiblesse les rend en général timides et craintives ; quelquefois, cependant, elles deviennent furieuses et déploient toute leur force pour se défendre ou pour échapper à leurs persécuteurs : on assure que lorsqu'elles frappent l'eau avec la queue, elles produisent un fracas pareil à celui d'un coup de canon.

On connaît plusieurs espèces de baleines. Celle qui est la plus recherchée des pêcheurs est appelée *Baleine franche*, et se distingue en ce qu'elle n'a point de nageoire sur le dos ; sa taille n'excède guère 25 mètres. Jadis elle était assez commune dans nos mers ; mais poursuivie sans cesse par les pêcheurs, elle s'est retirée peu à peu vers le Nord, et ne se rencontre plus aujourd'hui que dans les mers glacées qui avoisinent le pôle.

La pêche de la baleine et du cachalot est une branche importante du commerce maritime : elle occupe chaque année des flottes entières, et c'est sans contredit l'école où se forment les marins les plus hardis et les plus expérimentés. Jadis elle était tout entière entre les mains des Basques ; mais depuis longtemps nos pêcheurs ne s'en occupent que peu, et aujourd'hui cette pêche est faite presque exclusivement par les Anglais et les

cartilages, et remplies d'une huile qui se fige par le refroidissement et qui est connue sous le nom de *blanc de baleine* ou de *spermaceti*.

Les DAUPHINS et les MARSOUINS ont la tête beaucoup moins grosse

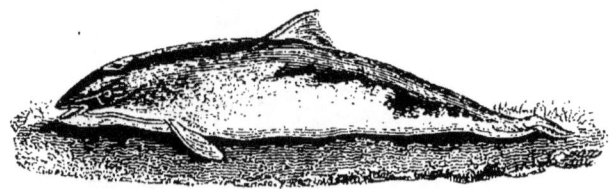

Fig. 111. *Marsouin*.

proportionnellement que les baleines, et ils ont les deux mâchoires garnies de dents pointues ; ils sont très carnassiers.

§ 63. Tous les mammifères dont se composent les divers ordres que nous venons d'étudier sont bien constitués au moment de leur naissance, et l'appareil mammaire à l'aide duquel la mère nourrit ses petits est à découvert ; mais il n'en est pas de même chez certains animaux très singuliers qui se trouvent en Australie et en Amérique et qui ont reçu le nom de MARSUPIAUX. En effet, chez ceux-ci la mère est pourvue d'une grande poche qui est formée par des replis de la peau du ventre, et qui loge dans son intérieur les mamelles ; les jeunes naissent dans un état de faiblesse et d'imperfection extrême, et pendant les premiers temps de leur vie ils demeurent renfermés dans cette poche et pendus à une tetine. Les marsupiaux diffèrent aussi des mammifères originaires par la conformation de

Américains. Les navires qu'on y emploie sont dirigés, les uns vers le Nord, les autres vers le Sud.

La pêche du Nord a pour objet la baleine franche, dont on retire une quantité considérable d'huile et de fanons : elle se fait dans le détroit de Davis et les mers du Groënland, au milieu des énormes glaçons qui s'élèvent quelquefois au-dessus de la surface de l'eau comme des montagnes flottantes, et brisent par leur choc les vaisseaux les plus forts. Lorsque les pêcheurs aperçoivent une baleine, ils mettent aussitôt leur chaloupe à la mer et s'avancent en silence vers elle ; l'un d'eux, plus robuste et plus adroit que les autres, se tient debout, armé d'un harpon, sorte de lance attachée à une corde, et aussitôt qu'il est à portée de la baleine, il le lui lance. Le harpon s'enfonce dans le corps de l'animal, qui, se sentant blessé, plonge aussitôt avec la rapidité d'un trait, et entraîne avec lui la corde attachée à cet instrument ; mais bientôt le besoin de respirer le force à remonter à la surface, et alors on le harponne de nouveau. Tourmentée par la douleur, la baleine fait des efforts incroyables pour se débarrasser des harpons qui la déchirent ; mais enfin, épuisée par la fatigue et la perte de son sang, elle ne peut plus ni fuir ni se défendre ; alors les pêcheurs la tirent à eux à l'aide des cordes attachées aux harpons, et l'achèvent à coups de lance ; mais jusqu'à ce qu'elle soit morte, ils évitent avec soin sa terrible queue, dont un coup ferait voler leur chaloupe en éclats. Lorsqu'on s'est assuré que la

108 ZOOLOGIE.

leur cerveau et par l'existence de deux os qui s'appuient sur le bassin et servent à soutenir la poche dont il vient d'être question.

Fig. 112. Sarigue.

Les Sarigues de l'Amérique et les Kankuroos de l'Australie présentent ces particularités physiologiques; mais par la forme générale de leur corps ils ressemblent aux mammifères ordinaires.

§ 64. Enfin on trouve aussi à la Nouvelle-Hollande d'autres mammifères plus singuliers encore, qui ressemblent aux marsupiaux par plusieurs points de leur structure et de leur mode de développement, mais qui n'ont pas de poche pour loger leurs petits, et se

baleine est morte, on l'attache aux flancs du navire, et des hommes pourvus de bottes garnies de crampons descendent sur le corps de l'animal et enlèvent par tranches le lard dont toute sa surface est recouverte. Ce lard est ensuite fondu pour en extraire l'huile, dont on retire quelquefois 120 tonneaux d'une seule baleine.

La pêche dite du Sud se fait principalement dans l'océan Pacifique, et est dirigée spécialement contre les cachalots, qui fournissent bien moins d'huile que les baleines et n'ont pas de fanons, mais donnent des quantités considérables de *blanc de baleine* que l'on emploie, comme la cire, pour la fabrication des bougies.

MAMMIFÈRES. 109

rapprochent des oiseaux et des reptiles par d'autres caractères ana-

Fig. 113. *Kangaroo.*

tomiques (1). Tel est l'*Ornithorhynque*, dont la bouche ressemble à

Fig. 114. *Ornithorhynque.*

un bec de canard, et l'*Échidné*, dont le dos est épineux comme celui

(1) Ainsi leur intestin, au lieu de s'ouvrir directement au dehors comme chez tous les autres mammifères, débouche dans une cavité nommée *cloaque*, où l'appareil urinaire vient aussi se terminer, de sorte qu'il n'existe qu'un seul orifice pour toutes les excrétions, mode de conformation qui se voit également chez les oiseaux et les reptiles.

d'un hérisson. Ces mammifères anormaux constituent un groupe distinct que l'on appelle l'ordre des Monotrèmes.

Les marsupiaux et les monotrèmes se ressemblent entre eux beaucoup plus qu'aucun d'eux ne ressemble aux mammifères ordinaires, et par conséquent aussi, pour que la classification des mammifères soit l'expression des différences et des ressemblances que tous ces animaux offrent entre eux, il faut diviser d'abord la classe des mammifères en deux sections, puis subdiviser chacune de ces sections en un certain nombre d'ordres. C'est effectivement la méthode adoptée aujourd'hui par la plupart des zoologistes, et l'on a donné à l'un de ces groupes le nom de Mammifères monodelphiens, à l'autre celui de Mammifères didelphiens, afin de rappeler quelques particularités anatomiques dont il sera question ultérieurement.

§ 65. Si nous cherchons maintenant à résumer sous la forme d'un tableau synoptique tout ce qui vient d'être dit sur la classification naturelle des mammifères, nous arriverons aux résultats suivants (voyez le tableau ci-joint), et si nous voulions nous servir de cette classification pour déterminer le nom d'un animal, le travail serait singulièrement facilité par la constatation de la série des caractères qui s'y trouvent indiqués.

Supposons en effet que l'animal inconnu, et que nous appellerons X, soit un mammifère monodelphien, et ce sont les seuls qui existent en France, il faudra d'abord voir s'il a deux paires de membres ou une paire seulement ; dans le premier cas ce sera un mammifère ordinaire, dans le second un cétacé.

Admettons encore que nous l'ayons reconnu pour appartenir à la première de ces divisions, il suffira d'examiner ses doigts pour voir si c'est un ongulé ou un onguiculé.

Supposons qu'il ait des ongles ordinaires et pas de sabots ; il faudra ensuite passer à l'inspection du pouce : on verra si cet organe est opposable aux autres doigts ou inapte à former pince avec ceux-ci.

Supposons encore que chez l'animal dont nous cherchons à connaître le nom le pouce ne soit opposable à aucun des membres, et que par conséquent il n'existe pas de mains, il ne pourra être ni un bimane ni un quadrumane. Reste à voir si c'est un carnassier, un insectivore, un chéiroptère, un amphibien, un rongeur ou un édenté. Pour résoudre cette question il faut examiner ses dents.

Si sa bouche est armée d'un système dentaire complet, c'est-à-dire si l'on y trouve des incisives, des canines et des molaires, ce ne pourra être ni un rongeur, ni un édenté, mais nécessairement une espèce appartenant à l'un des groupes placés plus haut dans le tableau ci-joint.

Enfin si ses pattes sont conformées pour la marche, ce ne sera ni

TABLEAU DE LA DIVISION DE LA CLASSE DES MAMMIFÈRES EN ORDRES.

					Ordres.
MAMMIFÈRES.	**MONODELPHES.** N'ayant pas de poche mammaire ni de cloaque.	**Mammifères ordinaires.** Ayant deux paires de membres.	Onguiculés ou à ongles ordinaires.	Ayant des mains . . . . {aux membres thoraciques seulement.	BIMANES.
				{aux membres postérieurs aussi bien qu'aux membres antérieurs.	QUADRUMANES.
				N'ayant pas de pouce opposable, et par conséquent dépourvus de mains. Système dentaire {complet (c'est-à-dire composé d'incisives, de canines et de molaires). Membres organisés pour {le vol	CHÉIROPTÈRES.
				{la marche. Dents molaires hérissées de pointes coniques . . .	INSECTIVORES.
				{tranchantes	CARNIVORES.
				{la nage seulement	AMPHIBIES.
				{incomplet; manquant de {canines (les incisives très-grandes).	RONGEURS.
				{d'incisives ou même n'existant pas.	ÉDENTÉS.
		Ongulés ou à sabots	{Estomacs disposés pour la rumination. Point de dents sur le devant à la mâchoire supérieure. En général des cornes frontales chez le mâle.	RUMINANTS.
				{Ne ruminant pas et ayant la mâchoire supérieure complétement garnie d'incisives sur le devant ou armée de grandes défenses. Jamais de cornes sur les côtés du front.	PACHYDERMES.
	Mammifères pisciformes. N'ayant qu'une seule paire de membres.				CÉTACÉS.
	DIDELPHES. Ayant une poche mammaire ou bien un cloaque.			{Une poche mammaire pour loger les petits pendant le temps de l'allaitement.	MARSUPIAUX.
				{Pas de poche mammaire. L'anus s'ouvrant dans un cloaque.	MONOTRÈMES.

un chéiroptère, ni un amphibie ; et si ses dents molaires sont tranchantes, ce ne pourra pas être un insectivore.

X ne pourra donc être qu'un animal de l'ordre des carnassiers.

Cela posé, cherchons à aller plus loin et à voir, à l'aide du petit tableau de la classification des carnassiers placé ci-dessus (page 68) à quel genre il appartient.

D'après la conformation de ses pieds on verra tout de suite si c'est un plantigrade ou un digitigrade.

Supposons que l'extrémité des doigts seule pose à terre, et que ce soit par conséquent un digitigrade ; voyons ensuite combien il a de molaires tuberculeuses en arrière de sa dent carnassière.

Supposons encore qu'il en ait une à la mâchoire supérieure et qu'il en manque complétement à la mâchoire inférieure, il ne pourra prendre place dans les genres putois, martre, loutre, chien ou civette ; et il ne pourra appartenir qu'au genre chat ou au genre hyène.

Enfin, comptons ses fausses molaires : s'il n'en a que deux devant chaque carnassière, ce sera une espèce du genre chat ; et s'il en a trois, une espèce du genre hyène.

On voit, par cet exemple, comment il faut se servir de ces méthodes de classification pour arriver à reconnaître les animaux dont on cherche les noms, et pour se familiariser avec leur emploi, il est bon de s'exercer souvent à ce genre de détermination, soit avec des objets en nature, soit en employant des dessins où les caractères zoologiques se trouvent représentés.

Vᵉ LEÇON.

PROGRAMME OFFICIEL.

PRINCIPAUX GROUPES DES OISEAUX, REPTILES ET POISSONS. EXEMPLES PRIS PARMI LES ESPÈCES LES PLUS VULGAIRES.

§ 66. Si nous visitions un musée d'histoire naturelle où se trouveraient réunies toutes les espèces de la classe des oiseaux, nous verrions que tous ces animaux se ressemblent entre eux beaucoup plus que les mammifères. Tous ont à peu près la même forme générale, et les différences qu'on y remarque dépendent seulement de quelques changements dans les proportions du corps, dans la forme du bec et des pattes, ou bien dans la disposition du plumage. Nous verrions en même temps que les espèces différentes sont en beaucoup plus grand nombre que dans la classe des mammifères, et par conséquent nous comprendrions tout de suite que la détermination zoologique de ces animaux doive offrir plus de difficultés.

Fig. 115. *Canard Macreuse.*

Cependant si nous comparons entre eux le coq, le canard, la cigogne, l'aigle, le perroquet et le moineau, nous verrons que ces

114 ZOOLOGIE.

oiseaux diffèrent notablement entre eux par la conformation de leur bec et de leurs pattes, organes dont la disposition est toujours en rapport avec le régime et le mode de vie de ces animaux.

Ainsi le canard a les doigts palmés, c'est-à-dire réunis par un repli de la peau qui ne les empêche pas de s'écarter, et en fait une nageoire puissante. Or chacun sait que le canard est un oiseau aquatique et qu'il nage très bien.

La cigogne n'a pas les doigts palmés, mais est remarquable par la longueur de ses pattes, qui sont dépourvues de plumes jusqu'au-

Fig. 116. Cigogne. Fig. 117. Perroquet (Ara).

dessus du genou, et cette disposition est en rapport avec les mœurs de cet oiseau, qui vit au bord des eaux et a besoin d'y marcher à gué pour y chercher sa nourriture.

Le perroquet a ses pattes conformées d'une autre manière : au lieu d'avoir trois doigts dirigés en avant et un seul en arrière, il a deux doigts dirigés en arrière et deux seulement en avant, et ces organes très flexibles et opposables lui constituent une sorte de pince à l'aide de laquelle il grimpe avec agilité.

L'aigle se fait remarquer par la force de ses doigts qui sont armés d'ongles crochus, et lui servent pour saisir sa proie; son bec est également conformé de manière à devenir une arme puissante, la mandibule supérieure étant aiguë et recourbée en bas vers le bout.

Fig. 118. *Aigle royal.*

Le coq et le moineau ne présentent aucune de ces particularités de structure.

Le premier de ces oiseaux a le bec médiocre, voûté en dessus et presque droit, les narines percées dans un espace membraneux et recouvert d'une sorte d'écaille, les ailes courtes, le port lourd et les pattes robustes, mais à ongles obtus.

Le second a le bec petit et non voûté, les narines à nu, les ailes assez grandes, le port leste et les pattes très grêles.

Fig. 119. *Moineau.*

Or, tous les oiseaux présentent l'ensemble de caractères que nous venons de signaler en parlant de l'aigle, du moineau, du perroquet, du coq, de la cigogne ou du canard, et par conséquent on peut les classer en six groupes ou ordres dont chacun a pour représentant l'une des espèces susmentionnées. C'est effectivement le mode de classification généralement employé pour la distinction de ces animaux, et on les divise ainsi en :

Rapaces, ou oiseaux de proie : l'aigle et tous les autres oiseaux qui sont pourvus de serres puissantes et d'un bec crochu.

Passereaux, ordre qui comprend le moineau, etc.

Grimpeurs, ou les perroquets, et les autres oiseaux dont les pattes conformées pour grimper ont deux doigts dirigés en avant et deux en arrière.

Gallinacés, ou le coq et les autres espèces qui offrent les caractères que nous avons signalés dans la structure de cet oiseau.

Échassiers, ou oiseaux à pattes très allongées, tels que les cigognes.

Et Palmipèdes, ou oiseaux nageurs, comme le canard.

§ 67. L'ordre des Rapaces, ou Oiseaux de proie, comprend non seulement les aigles, les faucons et les vautours, mais aussi les hiboux. Les premiers volent de jour et ont les yeux dirigés de côté, la tête bien proportionnée, les plumes raides; les derniers ne sortent de leur retraite que le soir, et se reconnaissent à leurs yeux dirigés en avant et entourés d'un cercle de plumes, leur tête grosse, la brièveté de leur cou, la mollesse de leurs plumes, et plusieurs autres particularités de structure. Aussi divise-t-on ce groupe en deux familles : les Oiseaux de proie diurnes, et les Oiseaux de proie nocturnes.

Les aigles et les faucons ne diffèrent que peu entre eux, mais s'éloignent davantage des vautours, par leur conformation ainsi que par leurs mœurs.

Les vautours sont des oiseaux de proie qui vivent de charognes, et ne s'attaquent que rarement à une proie vivante; on les reconnaît au premier coup d'œil, car leur tête, et en général leur cou, au lieu d'être emplumés comme d'ordinaire, sont complètement nus (1).

Le *Gypaète* (fig. 121), que l'on appelle quelquefois le *Vautour des agneaux*, tient à la fois des vautours et des faucons, car il a la tête emplumée comme

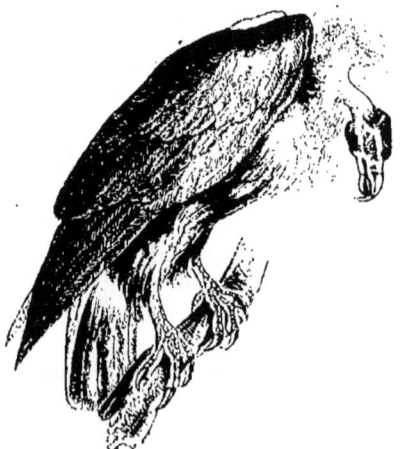

Fig. 120. *Vautour fauve.*

(1) Ils n'ont pas dans le port la noblesse des autres oiseaux de proie; à terre leur démarche est embarrassée et leurs ailes sont si longues, qu'en marchant ils sont obligés de les tenir

ces derniers et le bec allongé comme les vautours. C'est le plus grand des oiseaux de proie de l'Europe.

Fig. 121. *Gypaète ou Vautour des agneaux.*

§ 68. Les aigles, les faucons et un assez grand nombre d'autres à demi étendues. Leur vol est lent, mais ils s'élèvent à des hauteurs prodigieuses, et c'est en tournoyant qu'ils montent et qu'ils descendent dans l'air. Ils sont de grande taille et très forts, mais leurs serres ne sont pas assez robustes pour qu'ils puissent s'en servir pour attaquer leur proie ou pour l'emporter avec eux. Ils sont aussi d'un naturel lâche, n'attaquent que rarement des animaux vivants, et à moins d'être réunis en grand nombre, se laissent mettre en fuite par le plus faible adversaire. Leur nourriture consiste en cadavres seulement, et leur odorat paraît être assez fin pour qu'ils puissent sentir les exhalaisons des charognes à des distances considérables : ils arrivent alors de toutes parts se repaître de ces chairs infectes, et mangent avec tant de voracité que, souvent après leur repas, ils ne peuvent s'envoler qu'avec la plus grande difficulté et restent dans un état de stupeur jusqu'à ce que leur digestion soit terminée. Au lieu d'être solitaires, comme les oiseaux de proie chasseurs, les vautours vivent en grandes troupes. En général, ils établissent leur demeure sur quelque rocher inaccessible près de la mer ou sur le bord d'un torrent, et y construisent une aire vaste, garnie intérieurement de paille ou de foin, et entourée d'un talus de bûchettes liées par un mastic; ils ne pondent, en général, que deux œufs. Les petits naissent couverts d'un duvet, et leurs parents les nourrissent en dégorgeant devant eux les charognes qu'ils ont amassées dans leur jabot et en les invitant par un cri particulier à s'en rassasier. Le plumage des jeunes est varié de nombreuses taches, celui des vieux coloré par grandes masses; la mue n'a lieu qu'une fois dans l'année, et à l'âge adulte les deux sexes ont la même livrée.

Les vautours se montrent dans toutes les contrées, mais habitent principalement les régions équatoriales et tempérées; ils se plaisent surtout dans les montagnes et dans les lieux les plus sauvages; mais il en est qui pénètrent jusque dans les villes pour y chercher les débris dont ils se nourrissent.

On distingue parmi les vautours plusieurs genres : les *Vautours proprement dits*, les *Sarcoramphes* et les *Percnoptères*, par exemple.

Les Vautours proprement dits (*Vultur*) appartiennent exclusivement à l'ancien continent, et se reconnaissent à leur tête et à leur cou sans plumes et sans caroncules, à leur collier de plumes et à leurs narines percées en travers à la base du bec.

L'espèce la plus commune est le *Vautour fauve* (fig. 120), dont le corps dépasse en grosseur celui du cygne, et dont les ailes étendues mesurent plus de huit pieds; il est d'un gris fauve avec les pennes des ailes et de la queue brunes, le collier et le ventre blancs. Il se trouve dans les Alpes, les Pyrénées et les autres hautes montagnes de l'Europe et de l'Afrique. Buffon lui a appliqué à tort le nom de percnoptère.

oiseaux de proie diurnes, forment un troisième groupe qui se reconnaît à la brièveté du bec dont la mandibule supérieure est

Fig. 122. *Tête de Faucon.*

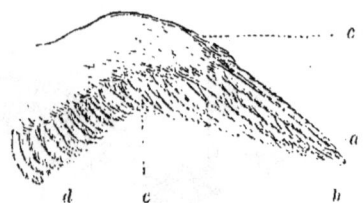

Fig. 123. *Aile d'un Faucon* (1).

recourbée dès sa base. Ils sont tous essentiellement chasseurs, et se

Le *Vautour brun* ou *noir* est encore plus grand que le précédent et habite les mêmes montagnes.

Les SARCORAMPHES ressemblent beaucoup aux précédents, mais ils s'en distinguent par leurs narines ovales et longitudinales et par les caroncules ou replis charnus qui surmontent la base de leur bec. L'espèce la plus remarquable de ce genre est le *Condor* ou *grand Vautour des Andes* (fig. 124), rendu célèbre par l'exagération avec laquelle on a parlé de sa taille et de sa force; en effet, cet oiseau est probablement le *Roc* si fameux dans les contes arabes. Mais, il n'a en réalité qu'environ quatre pieds de long et son envergure douze à treize. Son vol est très bruyant et des plus puissants; il s'élève plus haut qu'aucun oiseau: on le voit tantôt au bord de la mer, tantôt planant au-dessus du Chimborazo, c'est-à-dire à un niveau de près de 7,000 mètres au-dessus du premier point. Sa demeure habituelle est sur la crête des rochers de la Cordillère des Andes, immédiatement au-dessous de la limite des neiges perpétuelles, à une hauteur de 3,300 à 4,800 mètres au-dessus du niveau de la mer; c'est de ces pitons escarpés qu'il descend dans les vallons et dans la plaine pour chercher sa nourriture, qui consiste principalement en cadavres de grands mammifères.

Fig. 124.

Fig. 125.

Enfin, les PERCNOPTÈRES se distinguent de tous les autres vautours par leur bec grêle et par leur cou emplumé (fig. 125). Ce sont des oiseaux de taille médiocre, qui n'approchent point pour la force des autres vautours, et qui se nourrissent de toutes sortes d'immondices. Ils vivent en grandes troupes et se plaisent dans le voisinage des lieux habités. L'un de ces oiseaux, qui se trouve dans toute l'Europe, mais qui abonde surtout en Grèce, en Egypte et en Algérie, est le *Percnoptère des anciens*, ainsi nommé par les Grecs, à cause de la couleur noire des premières plumes des ailes du mâle, tandis que tout le reste de son plumage est blanc. Il est de la grosseur d'un dindon de moyenne taille, et les Européens établis en Orient le connaissent sous le nom de *Poule de Pharaon*. Les anciens Égyptiens le respectaient à cause des services qu'il rend au pays, en dévorant les charognes et les autres immondices dont la putréfaction rendrait l'air insalubre; de nos jours on ne lui fait aucun mal et on le voit parcourir sans crainte les rues des villes les plus peuplées de l'Egypte; on assure même que quelquefois des musulmans dévots lèguent de quoi en entretenir un certain nombre.

(1) *a*, première penne; — *b*, seconde penne; — *c*, dixième penne ou dernière rémige primaire; — *d*, rémiges secondaires; *e*, pennes bâtardes.

font remarquer par leur force, leur courage, la puissance de leurs armes et la vivacité de leurs mouvements (1).

On donne le nom d'*Oiseaux de proie nobles* aux faucons, qui se laissent facilement dresser pour la chasse et qui se distinguent par leurs ailes pointues (2) et leur bec denticulé sur les côtés. Le *Faucon ordinaire*, le *Hobereau*, l'*Emerillon* et les *Crécerelles* ou *Emouchets*, appartiennent à cette division et se trouvent en France (3).

(1) Ce groupe, que l'on appelle la TRIBU DES FALCONIENS, comprend un grand nombre d'espèces qui toutes ont le vol élevé, rapide et soutenu, la vue très perçante et les instincts sanguinaires ; presque toujours ces oiseaux se nourrissent d'animaux vivants ; mais lorsque la faim les presse, ils ne dédaignent pas les cadavres, et au lieu de se repaître sur place comme les vautours, ils saisissent leur proie avec leurs serres et l'emportent souvent jusque dans leur aire ; les plus grandes espèces attaquent les mammifères et les oiseaux, d'autres vivent de poissons, quelques uns se nourrissent de reptiles, et il en est qui sont insectivores seulement. La femelle est généralement d'un tiers plus grande que le mâle, et c'est la raison pour laquelle on désigne souvent celui-ci sous le nom de *Tiercelet*. La mue n'a lieu qu'une fois dans l'année, et l'âge apporte de si grandes différences dans le plumage de ces oiseaux que les naturalistes ont souvent pris pour des espèces distinctes des variétés dépendantes seulement de cette cause. Les jeunes sont en général bigarrés de taches et de raies longitudinales, tandis que les vieux ont les couleurs plus uniformes et sont plutôt rayés transversalement ; ils ne se revêtent de leur dernière livrée qu'à leur troisième, quatrième ou même sixième année, et alors les couleurs du plumage diffèrent encore suivant les sexes.

(2) Cette disposition influe sur la manière dont ces oiseaux volent, et l'on peut les reconnaître à ce seul caractère, car lorsque l'air est tranquille, ils volent très obliquement et ne peuvent s'élever qu'en zigzag, comme un vaisseau qui court des bordées, ou bien en volant contre le vent, tandis que les oiseaux de proie, dits ignobles, dont les ailes sont tronquées au bout, peuvent s'élever verticalement.

(3) Le FAUCON ORDINAIRE (*Falco communis*), est à peu près de la grosseur d'une poule ; ses ailes atteignent à l'extrémité de la queue, et le doigt du milieu est aussi long que le tarse ; on le reconnaît aussi à une grande moustache triangulaire et noire qu'il porte sur la joue. Mais, du reste, ses couleurs varient suivant l'âge : les jeunes ont le dessus brun, avec les plumes bordées de raies jaunes, le dessous blanchâtre, avec des taches longitudinales brunes ; à mesure que l'oiseau vieillit, le plumage du dos devient d'un brun plus uniforme, rayé en travers de cendré noirâtre ; les taches du ventre et des cuisses tendent aussi à devenir des lignes transversales noires ; enfin le blanc augmente à la gorge et au bas du cou. Cet oiseau est assez commun dans presque toutes les parties tempérées et chaudes de l'Europe, et recherche partout les rochers et les montagnes dont il ne descend que pour chasser la proie qui lui manque sur les hauteurs. On le voit rarement dans les pays de plaines et jamais dans les contrées marécageuses. Il niche dans les fentes de rochers les plus escarpés, et pond trois ou quatre œufs d'un jaune rougeâtre tacheté de brun. La durée de sa vie est très grande : on raconte qu'en 1793, une personne prit, au cap de Bonne-Espérance, un faucon portant un collier d'or, sur lequel était gravé qu'en 1610, cet oiseau appartint au roi d'Angleterre Jacques 1er. Il avait, par conséquent, plus de cent quatre-vingts ans, et cependant il conservait encore beaucoup de vigueur. Le vol du faucon est extrêmement rapide ; il se nourrit ordinairement de gros oiseaux, tels que des faisans, des pigeons, des canards, des oies, et pour s'en emparer il s'élève au-dessus de sa proie et fond perpendiculairement sur elle ; son courage est remarquable, et souvent on le voit attaquer le milan, soit pour le harceler seulement, soit pour lui enlever sa proie. Cette qualité et la facilité avec laquelle le faucon commun se laisse dresser le faisaient beaucoup estimer, lorsque les grands se plaisaient à chasser avec des oiseaux comme, de nos jours encore, on fait poursuivre le gibier par des chiens : c'est lui qui a donné son nom à l'art d'élever les oiseaux de proie et de s'en servir pour la chasse. On y parvenait en pri-

120   ZOOLOGIE.

Les aigles et les autres oiseaux de proie qui appartiennent à la

Fig. 126. L'Autour.

même section que les faucons, mais qui ont les ailes tronquées obliquement au bout (fig. 127), et le bec sans dentelures latérales, ont

vant ces animaux de lumière, épuisant leurs forces par la fatigue et le jeûne, puis en leur présentant des appâts et en les accoutumant peu à peu à poursuivre telle ou telle espèce de gibier. Les oiseaux les plus employés en fauconnerie étaient le faucon commun, le gerfault, l'émerillon, le hobereau, l'autour et l'épervier.

Le *Hobereau* est presque de moitié plus petit que le faucon commun et a les ailes plus longues que la queue ; le plumage brun dessus, blanchâtre, tacheté en long de brun dessous, avec les cuisses et le bas du ventre roux. Il est assez commun en France, et se trouve jusqu'en Sibérie. Sa demeure ordinaire est dans les bois voisins des champs, et il niche sur les arbres élevés ; les alouettes forment sa principale nourriture, mais il chasse beaucoup d'autres petits oiseaux, et mange aussi de grands insectes. Il est indocile, et les fauconniers n'en tiraient que difficilement parti pour la chasse.

L'*Emerillon* est le plus petit de nos oiseaux de proie ; il n'est guère plus grand qu'une grosse grive, mais il a les formes et le port des autres faucons ; ses ailes n'atteignent qu'aux deux tiers de la queue ; le fond de son plumage est d'un cendré bleuâtre en dessus, blanc à la gorge et d'un jaune roussâtre en dessous, avec des taches longitudinales noirâtres sur le dos, et d'autres taches en forme de larmes en dessous ; dans le jeune âge sa livrée est plus brunâtre. Il niche dans les rochers, et pond cinq ou six œufs ; il habite surtout les montagnes boisées, et montre le même courage que les espèces précédentes. C'est le plus docile et le plus familier des oiseaux employés en fauconnerie ; on le dressait à chasser les alouettes, les cailles, les perdreaux, etc.

Les *Crécerelles* ont les doigts moins longs que dans les espèces précédentes, et ne volent pas aussi vite ; leurs ailes aboutissent aux trois quarts de la queue, et leur plumage est roux, tacheté de noir en dessus, blanc, tacheté de brun pâle en dessous ; enfin ils sont un peu plus grands que le hobereau et sont très communs dans presque toute l'Europe ;

été appelés *Oiseaux de proie ignobles*, parce qu'ils ne sont pas sus-

Fig. 127.

Aile d'un Épervier :
— *a*, troisième penne;
— *b*, neuvième rémige primaire; — *c*, rémiges secondaires.

ceptibles de recevoir l'espèce d'éducation que les chasseurs donnaient

Fig. 128. Milan.

jadis aux faucons. Ce groupe se compose des *Aigles proprement dits* (fig. 118), des *Milans*, des *Buses*, des *Busards*, etc. (1).

en France, on les connaît sous le nom vulgaire d'*Emouchets*. Ces faucons habitent les bois et se cachent souvent dans les masures et les clochers; leur nourriture consiste principalement en souris, mulots, grenouilles, lézards et petits oiseaux qu'ils prennent perchés; ils mangent aussi des insectes. Leur nom vient du cri aigu qu'ils répètent fréquemment, lorsqu'ils planent dans l'air.

(1) Les Aigles proprement dits (*Aquila*) se reconnaissent à leurs tarses forts et emplumés jusqu'à la racine des doigts; leur tête est aplatie en dessus et leur sourcil très saillant; leurs ailes sont à peu près de la longueur de la queue; leur vol est élevé et rapide; leurs serres sont puissantes; leur force musculaire est très grande et leur courage surpasse celui de tous les autres oiseaux. Ces qualités jointes à l'aspect fier et imposant de ces oiseaux les faisaient prendre par les anciens comme symbole de la puissance, et leur valurent une réputation de noblesse et de générosité qu'ils sont loin de mériter. On a dit et répété pendant bien longtemps que l'aigle, quelque affamé qu'il soit, ne se jette jamais sur les cadavres et qu'il dédaigne même une proie trop faible, mais dans la réalité il en est autrement; pressé par la faim, il se repaît de charognes, et s'il n'attaque pas d'ordinaire les petits oiseaux, c'est qu'ils lui échappent facilement au milieu des buissons et n'offrent pas à sa voracité un assez riche butin. Ces oiseaux sont sombres et farouches; ils vivent par paire au milieu des rochers et ne souffrent le voisinage d'aucun autre oiseau de proie. Pendant l'été, ils ne quittent guère les montagnes, mais l'hiver les fait souvent descendre

§ 69. Les Hiboux, ou Oiseaux de proie nocturnes (*fig.* 129), ne supportent que difficilement l'éclat de la lumière du jour, mais voient dans les plaines. Leur proie varie suivant les espèces, leur vue perçante leur permet de l'apercevoir à de grandes distances, et c'est avec l'impétuosité d'un trait qu'ils fondent sur elle, pour la déchirer, s'abreuver de son sang, puis l'emporter dans leurs serres, afin d'en dépecer à loisir les lambeaux dans leur retraite ordinaire. Leur nid, construit en général sur l'entablement de quelque rocher escarpé, est large et plat; ils n'en changent pas, et ses murs, construits avec de gros bâtons entrecroisés, s'élèvent continuellement par l'accumulation des ossements et des autres débris que ces oiseaux y abandonnent après leur repas. Le nombre des œufs est de deux ou trois par ponte; mais souvent un ou deux avortent; la durée de l'incubation est de trente jours, et lorsque les jeunes sont nés, leurs parents leur portent en abondance de la chair encore palpitante ou même des animaux entiers.

L'espèce la plus commune en Europe est l'*Aigle royal* ou l'*Aigle brun*. Cet oiseau abonde dans les grandes forêts du nord de l'Europe et se montre assez fréquemment dans les Pyrénées, les montagnes de l'Auvergne et même la forêt de Fontainebleau. Il se nourrit de gros oiseaux, de lièvres, d'agneaux et même de jeunes cerfs. Pendant la durée de l'incubation, le mâle chasse seul et pourvoit aux besoins de sa compagne; mais pendant le reste de l'année il chasse de concert avec la femelle, et les habitants des montagnes assurent que l'un d'eux bat les buissons, tandis que l'autre se tient sur quelque endroit élevé pour saisir le gibier au passage; dans l'extrême disette ils se rabattent sur les cadavres.

L'*Aigle impérial* est un peu moins grand que l'espèce précédente dont il se distingue par les ailes au moins aussi longues que la queue, par la forme carrée de celle-ci et par quelques autres caractères organiques, ainsi que par la nuance de son plumage. Son cri est sonore, tandis que celui de l'aigle commun est un son rauque et faible; il a le corps plus trapu, et il paraît être aussi plus redoutable. Il se nourrit non seulement de gros oiseaux, de renards et d'autres mammifères de moyenne taille, mais aussi de chevreuils et de daims. Il habite les hautes montagnes du midi de l'Europe, l'Égypte, etc.; et c'est à lui que se rapportent les récits exagérés que les anciens faisaient de la force, du courage et de la magnanimité de leur *Aigle doré*.

Une troisième espèce, d'un tiers plus petite que les précédentes, est commune dans les Apennins et les autres montagnes du midi de l'Europe: c'est le *petit Aigle*, appelé aussi *Aigle tacheté* et *Aigle criard*. Ce dernier nom lui vient des cris plaintifs qu'il pousse continuellement. Il niche sur de grands arbres, et peut être dressé à la chasse; mais on assure que loin d'avoir le courage des autres aigles, il se laisse poursuivre et vaincre par l'épervier.

Les Aigles pêcheurs (*Haliætus*) ressemblent aux aigles proprement dits par les proportions de leurs ailes, mais en diffèrent par leurs tarses qui sont emplumés dans la moitié supérieure seulement et garnis de demi-écussons dans la moitié inférieure; ils s'en distinguent aussi par leurs mœurs, car ils se tiennent au bord des rivières ou de la mer, et se nourrissent principalement de poissons. L'un de ces oiseaux, connu sous les noms de *Pygargue* et d'*Orfraie*, se trouve dans tout le nord du globe, et habite de préférence les forêts qui avoisinent la mer ou les grands lacs; pendant l'hiver il est commun sur les côtes de l'Angleterre et de la France.

On donne le nom de Balbusards (*Pandion*) à des aigles qui se distinguent des précédents par leurs ongles ronds en dessous, tandis que chez les autres oiseaux de proie ils sont creusés en gouttière, par leurs tarses réticulés et par leurs ailes plus longues que la queue. On n'en connaît qu'une espèce, le *Balbusard* appelé vulgairement dans quelques parties de la France l'*Aigle nonnette* ou le *Craupêcherot*; elle est répandue dans presque toutes les parties du globe et habite le bord des eaux douces; elle est assez commune en Bourgogne, dans les Vosges, la Suisse, etc., et émigre pendant l'hiver. C'est un oiseau essentiellement pêcheur, et lorsqu'il se trouve dans les mêmes localités que le pygargue, celui-ci le poursuit et le force à lui abandonner le poisson dont il s'était emparé.

On donne le nom d'Autours (*Astur*) à des oiseaux de proie ignobles, dont le bec se

très bien au crépuscule ou par les nuits claires, et c'est alors qu'ils chassent les insectes, les oiseaux et les petits quadrupèdes

courbe dès sa base, dont les ailes sont plus courtes que la queue, dont les tarses sont longs et les ongles très courbés et très acérés (*fig.* 126). Leur vol est rapide, mais peu élevé; ils fondent obliquement sur leur proie, et quelquefois la poursuivent à tire-d'aile; mais en général ils la guettent perchés sur un arbre, et lorsqu'elle est à portée, s'élancent sur elle avec une vitesse extrême en combinant les mouvements du saut et du vol. Dans le temps des amours ils dessinent des cercles en volant. Ils sont rusés et assez dociles pour être employés en fauconnerie. On range dans ce genre les *Autours proprement dits* et les *Éperviers*, qui diffèrent principalement des premiers par des tarses plus allongés.

L'*Autour ordinaire* est commun en France et se trouve jusqu'en Sibérie et en Afrique. Le plumage de cet oiseau est brun en dessus, blanc en dessous avec des raies brunes transversales chez l'adulte et des mouchetures longitudinales dans le premier âge. Il fréquente les montagnes basses et boisées, et niche sur les arbres les plus élevés. La proie ordinaire de l'autour est les jeunes pigeons, les petits oiseaux, les écureuils, les levrauts et les souris. Jadis on dressait cet oiseau à chasser le canard, le lapin et les perdrix; il se laisse apprivoiser avec plus de facilité qu'aucun autre oiseau de proie.

L'*Épervier commun* a les mêmes couleurs que l'autour ordinaire, mais il est beaucoup plus petit; il se nourrit de souris, de petits oiseaux, de lézards et même de limaçons; il se rencontre dans presque toutes les parties du monde. Beaucoup de ces oiseaux restent constamment en Europe, mais d'autres traversent chaque année les mers pour passer l'hiver dans des pays plus chauds. On s'en servait en fauconnerie pour faire la chasse des grives, des cailles et des perdrix.

Les MILANS (*Milvus*) se distinguent par leurs ailes excessivement longues, leur queue fourchue, et leur bec bien moins crochu et moins fort que chez tous les autres oiseaux de la même tribu; enfin leurs tarses sont courts et emplumés un peu au-dessous du genou, et leurs serres sont faibles proportionnément à leur taille (*fig.* 128).

Ces oiseaux volent avec une rapidité et une élégance extrêmes en décrivant des cercles, et semblent nager dans l'air; cependant ils ne saisissent pas leur proie à tire-d'aile, mais se rabattent dessus lorsqu'elle est posée à terre ou sur quelque élévation; du reste ils ne chassent que les plus petits mammifères, le menu gibier ou même les insectes seulement, et la faiblesse de leurs armes les rend singulièrement lâches.

Le *Milan commun* (*fig.* 128), fauve, avec les pennes des ailes noires, est répandu en Europe et en Asie; c'est de tous nos oiseaux celui qui se soutient en l'air le plus longtemps et le plus tranquillement.

Les BUSES sont caractérisées par leur bec petit et courbé subitement dès sa base, par leurs ailes de moyenne longueur, par l'espace nu s'étendant de la base du bec à l'œil et par la brièveté de leurs tarses. Elles n'ont pas dans leurs serres cette force dont sont doués les aigles, ni le port fier et élancé de ces oiseaux; leur tête est grosse; leur corps massif et leur vol lourd. Elles ne poursuivent pas leur proie à tire-d'aile, mais la guettent d'ordinaire, placées en embuscade sur un arbre. Leur aspect triste et stupide leur a valu une certaine célébrité.

La *Buse commune* est l'oiseau de proie le plus abondant et le plus nuisible de nos contrées; elle demeure toute l'année dans nos forêts, et se nourrit de jeunes lièvres, de lapins, de volailles, de petits quadrupèdes et de reptiles; elle dévaste aussi les nids et détruit beaucoup de gibier. Son plumage est brun, plus ou moins ondé de blanc en dessous, enfin ses tarses sont nus et écussonnés.

Les BUSARDS diffèrent des buses par leurs tarses très longs et très minces, leur corps svelte et leur queue longue et arrondie; ils ont aussi, le plus ordinairement, une espèce de collier formé de chaque côté du cou par les bouts des plumes qui couvrent leurs oreilles. Ces oiseaux sont plus agiles et plus rusés que les buses, mais moins audacieux que les faucons proprement dits, et ils saisissent leur proie à terre. On les rencontre en général dans les joncs et les marais; nous en possédons en France trois espèces.

dont ils se nourrissent (1); ils se reconnaissent au premier coup d'œil à leur grosse tête et à leurs grands yeux dirigés en avant et entourés d'un cercle de plumes effilées.

§ 70. L'ordre des Palmipèdes se compose d'oiseaux qui pour la plupart vivent de pêche et qui se reconnaissent, comme nous l'avons déjà dit, à leurs pattes organisées pour la nage et disposées en manière de rames, à l'aide d'une membrane étendue entre les doigts et appelée *palmure*.

On y range, à côté des *Canards* (*fig.* 145) des *Oies* et des *Cygnes*, qui constituent une famille naturelle, les *Pélicans*, les *Goëlands*, les *Manchots*, etc.

Fig. 129. *Hibou* (Scops vulgaire).

§ 74. Les premiers, auxquels on a donné le nom commun de Lamellirostres, diffèrent des autres palmipèdes par leur bec épais, revêtu d'une peau molle (au lieu de corne), et garni sur les côtés de lamelles parallèles ou de petites dentelures. La plupart de ces oiseaux se tiennent sur les eaux douces, nagent avec grâce et facilité, plongent très bien, mais ne marchent que d'une manière vacillante et embarrassée. Les caractères à l'aide desquels on les distingue

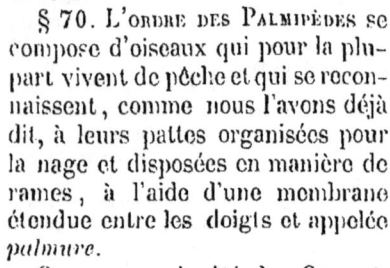

Fig. 130.

(1) Ces oiseaux, que l'on désigne souvent aussi sous le nom de Chouettes (*Strix*), ont aussi le cou très court, le corps trapu, et les plumes à barbes douces au toucher, veloutées et finement duvetées; le bec comprimé et courbé dès sa racine; les pieds amplement couverts de plumes, souvent jusqu'aux ongles; enfin le doigt externe libre et pouvant se diriger en avant aussi bien qu'en arrière. La plupart de ces oiseaux ont la pupille si grande, que pendant le jour cette ouverture laisse pénétrer dans leur œil une quantité si considérable de lumière, qu'ils en sont éblouis; la plupart d'entre eux ne peuvent bien voir que pendant le crépuscule ou lorsque la lune répand une faible clarté : aussi pendant le jour se tiennent-ils ordinairement immobiles et se cachent-ils dans quelque réduit sombre tel qu'une masure ou le creux d'un vieux arbre, d'où ils ne sortent que le soir. L'appareil du vol n'a pas une grande force, et les plumes de leurs ailes sont flexibles, disposition qui diminue la puissance de ces organes, mais qui est cependant utile aux chouettes en leur permettant de voler sans bruit et de s'approcher ainsi de leur proie sans en être entendues. La nourriture de ces oiseaux de nuit consiste principalement en souris, en petits oiseaux et en insectes; ils fondent à l'improviste sur ces animaux, les saisissent avec leurs serres, et en général les avalent tout entiers; ils ne se repaissent de cadavres qu'à la dernière extrémité, et lorsque leur digestion est achevée ils rejettent, sous la forme de pelotes arrondies, les poils, les plumes et les os qu'ils avaient avalés. Après le coucher du soleil ils sont la terreur des petits oiseaux, qui fuient au bruit de leurs cris; mais pendant le jour ils se laissent en général

entre eux sont tirés principalement de la forme du bec, mais n'ont que peu d'importance (1).

§ 72. Les Cygnes sont les plus grands oiseaux de ce groupe. Chacun connaît leurs formes élégantes et la manière gracieuse dont ils glissent à la surface des eaux. Ils vivent principalement de graines et des racines de plantes aquatiques. Ils sont monogames et nichent à terre, sur le bord des eaux; enfin, les petits nagent et mangent seuls dès leur naissance. Nous en avons, en Europe, deux espèces : le *Cygne à bec rouge* et le *Cygne à bec noir* (2).

§ 73. Les Oies ont aussi les jambes plus élevées que les canards et moins écartées, ce qui leur rend la marche plus facile. En général, elles ne nagent que peu et ne plongent pas; la plupart vivent d'herbes et de graines, et se tiennent pendant le jour dans les prairies ou les marais, d'où elles se rendent, après le coucher du soleil, sur les étangs et les rivières. Elles vivent en troupes, et, pendant qu'elles

insulter impunément par ces faibles ennemis, qui ont pour eux une haine instinctive : souvent on voit les pinsons, les mésanges, les rouges-gorges et d'autres petits oiseaux se réunir en grand nombre autour d'une chouette blottie sur quelque branche, et la harceler avec acharnement ; en général, l'oiseau de nuit se borne à prendre alors des postures bizarres et ridicules, quelquefois cependant il s'enfuit. Quelques chouettes, celles dont la tête est lisse et la queue courte, arrondie et dépassée par les ailes, voient au contraire assez bien en plein jour pour guetter alors leur proie dans l'épaisseur des forêts ou la poursuivre à tire-d'aile. Le cri de tous ces oiseaux est lugubre, et cette circonstance, jointe à l'heure où il se fait d'ordinaire entendre, y a fait attacher par le vulgaire des idées superstitieuses : dans nos campagnes les chouettes sont généralement un sujet d'effroi, et cependant loin d'être nuisibles elles rendent réellement des services à l'agriculture par la destruction qu'elles font des mulots et des souris. C'est probablement la grosseur de leur tête et leur tranquillité habituelle qui leur ont valu la réputation de sagesse dont elles jouissent chez les anciens.

Tous les oiseaux de proie nocturnes se ressemblent extrêmement entre eux, et les différences qu'on remarque passent de l'une à l'autre par des nuances intermédiaires si insensibles, qu'il est difficile d'établir dans cette famille de bonnes divisions génériques. Un certain nombre de chouettes ont la tête ornée d'aigrettes ; l'étendue du cercle de plumes qui entoure leurs yeux et la grandeur de leur conque auditive varient aussi, et, d'après ces caractères de peu d'importance, Cuvier établit parmi ces oiseaux huit sections, auxquelles il donne les noms de hiboux, de chouettes, d'effraies, de chats-huants, de ducs, de chouettes à aigrettes, de chevêches et de scops.

(1) Chez les cygnes, le bec est aussi large en avant qu'en arrière, plus haut que large à sa base, et percé vers le milieu par les narines ; enfin, le cou est fort long. Chez les oies, le bec, plus court que la tête, est plus étroit en avant qu'en arrière, et plus haut que large à sa base ; le cou est de moyenne longueur. Enfin, chez les canards proprement dits, le bec est au moins aussi large à son extrémité qu'à sa base, où il est moins haut que large ; les narines sont rapprochées de son dos et de sa base, et le cou est plus court que chez les précédents.

(2) Le Cygne a bec rouge, ou Cygne a bec tuberculeux (*Anas olor*), est celui que l'on élève en domesticité sur nos bassins et nos canaux. A l'état sauvage, il habite les grandes mers de l'intérieur, surtout vers les contrées orientales de l'Europe. On le reconnaît à son bec rouge, bordé de noir et surmonté à sa base d'une protubérance arrondie. La douceur de ses mouvements, l'élégance de ses formes et la blancheur éclatante de son plumage l'ont rendu l'emblème de la beauté et de l'innocence. Ce magnifique oiseau vole très bien et a tant de force dans l'aile, qu'il s'en sert comme d'une arme puissante pour se défendre

mangent ou qu'elles dorment, il y en a toujours une qui, le cou tendu et l'œil au guet, veille sur ses compagnes et les avertit du danger. Le vol de ces oiseaux est élevé et ils émigrent par troupes, en se plaçant sur une seule ligne, lorsqu'ils sont en petit nombre, ou sur deux lignes divergentes, lorsque leur nombre est considérable. Lorsque celui qui est à la tête du triangle est fatigué, il cède sa place à celui qui le suit et va se placer au dernier rang. Pendant l'hiver, ils restent dans les pays tempérés, si les rivières ne gèlent pas; mais, si le froid est vif, ils s'avancent plus au midi, d'où ils reviennent vers la fin de mars, pour retourner dans le Nord y passer l'été.

On distingue des oies proprement dites, les *Bernaches*, dont le bec est plus court et ne laisse pas paraître au dehors les extrémités des lamelles qui en garnissent les bords, tandis que, chez les premières, le bout de ces lamelles se voit au dehors et ressemble à des dents pointues.

L'Oie ordinaire (*Anas anser*), qui appartient à la première de ces divisions et qui s'est multipliée dans nos basses-cours, est originaire des contrées orientales de l'Europe, d'où elle se répand pendant l'hiver dans les parties centrales et méridionales de ce continent: elle s'avance rarement au delà du cinquante-troisième parallèle nord, et se tient sur les bords de la mer ou dans les marais. A l'état sauvage, son plumage est d'un gris cendré, à manteau brunâtre, ondé de gris; mais, dans la domesticité, elle prend toutes les couleurs: on peut cependant la reconnaître à son bec gros et d'une seule couleur (jaune orangé) et à ses ailes qui, étant pliées, n'atteignent pas l'extrémité de la queue. Elle niche dans les bruyères ou les marais, sur de petits tertres de joncs coupés et d'herbes sèches, et pond ordinairement de cinq à huit œufs verdâtres.

§ 74. Les Canards ont les jambes plus courtes et implantées plus en arrière que les oies, et le cou moins long; ils marchent plus difficilement et sont plus aquatiques. Les uns ont le pouce bordé d'une membrane, les doigts plus longs, les palmes plus entières, le tarse plus comprimé, la tête plus grosse et les ailes plus courtes que les

---

contre ses ennemis. Il nage aussi avec une rapidité extrême, et vit également de poissons et de végétaux. Les mœurs de nos cygnes sont en général douces et paisibles, et on les voit se prodiguer les caresses les plus tendres; quelquefois, cependant, excités par la jalousie, ils se livrent des combats longs et meurtriers. La saison de la ponte arrive au mois de février. Le nombre de leurs œufs s'élève à sept ou huit, et l'incubation, dont la mère seule s'occupe, dure six semaines.

Le *Cygne à bec noir* ressemble beaucoup à l'espèce précédente par sa forme extérieure. On remarque seulement que son bec est noir et couvert à sa base d'une cire jaune. Ces oiseaux habitent les régions septentrionales des deux continents, et, dans les hivers rigoureux, descendent par bandes dans les pays tempérés et se montrent alors sur nos côtes.

On connaît aussi une espèce de cygne dont le plumage est noir: elle se trouve à la Nouvelle-Guinée.

autres. Ils se nourrissent plus exclusivement de poissons et d'insectes aquatiques, plongent très bien et vivent sur les grandes mers : ce sont les *Macreuses*, les *Garrots*, les *Eiders* et les *Millouins* (1). Les autres, dont le pouce n'est pas bordé d'une membrane, ont les pattes moins reculées et marchent moins mal : ils ont aussi la tête plus mince, le cou plus court; enfin, ils ne plongent que rarement, et se nourrissent de plantes et de graines aquatiques autant que de poissons : ce sont les *Souchets*, les *Tadornes*, les *Canards communs* et les *Sarcelles*.

Fig. 131. *Eider*.

Parmi les canards ordinaires, nous signalerons en première ligne le Canard commun (*A. boscas*), qui est reconnaissable à ses pieds aurores, à son bec jaune, au beau vert changeant qui orne la tête et le croupion du mâle, et aux quatre plumes du milieu de la queue, qui, chez celui-ci, sont recourbées en demi-cercle. La femelle, comme dans tous les autres oiseaux de ce genre, est plus petite et privée des belles couleurs dont le mâle est orné. Cette espèce, qui est la souche de la plupart des différentes races de canards que nous élevons en domesticité, habite le nord des deux continents, et passe dans presque toutes les contrées de l'Europe. Vers la mi-octobre, elle commence à se montrer par petites bandes dans nos campagnes. Quelques semaines plus tard, ces canards sauvages deviennent plus abondants, et on les reconnaît à leur vol élevé, aux lignes inclinées

---

(1) Les *Macreuses* ont le bec large et renflé. Les *Macreuses communes*, dont le plumage est noir, violacé et le bec garni d'une protubérance sur sa base, arrivent en grandes troupes sur nos côtes, lorsqu'elles descendent au midi pour y passer l'hiver, et lorsqu'au printemps elles regagnent les régions arctiques. Ces oiseaux marchent très mal, mais nagent avec une grande agilité et courent sur les vagues comme les pétrels : ils se nourrissent principalement de moules. On donne le nom de *double Macreuse* à une espèce voisine, qui est un peu plus grosse et qui a une tache blanche sur l'aile. Elle habite les mêmes pays, mais elle est moins commune.

Les *Garrots* ont le bec court et plus étroit en avant : les uns ont la queue pointue, les autres la queue ronde ou carrée. Parmi ces derniers, nous citerons le *Garrot commun*, qui est blanc, avec la tête, le dos et la queue noirs, et qui, en hiver, vient par troupes du nord et niche quelquefois sur nos étangs.

Les *Eiders* ont aussi le bec étroit en avant, mais plus long et remontant plus haut sur le front où il est échancré par un angle de plumes. L'*Eider commun* est célèbre par le duvet précieux qu'il nous fournit, et que l'on nomme *édredon*. Cet oiseau est blanchâtre, avec la calotte, le ventre et la queue noirs. La femelle est grise, maillée de brun. Sa

et aux triangles réguliers qu'ils forment dans l'air : c'est principalement le soir qu'ils voyagent, et le sifflement de leur vol décèle leur passage. Ils se tiennent sur les étangs et les rivières et y vivent de petits poissons, de grenouilles, de graines, etc. Si les glaces les privent de cette nourriture, ils se retirent vers la lisière des bois, pour ramasser du gland ou paître le blé vert, et si le froid devient plus intense, ils se dirigent vers le Midi, pour revenir en février, et aller ensuite passer l'été dans le Nord ; quelques uns cependant restent dans nos contrées toute l'année. Au printemps, ils se séparent par paires et nichent d'ordinaire dans les marais, sur une touffe de joncs ; quelquefois ils établissent leur nid au milieu des bruyères, et l'on en a vu pondre dans le nid des pies et des corneilles sur des arbres élevés. La ponte est en général de dix à quinze œufs, et l'incubation dure trente jours. Chaque fois que la femelle est obligée de quitter ses œufs, elle les recouvre avec du duvet qu'elle s'est arraché de la poitrine pour garnir son nid, et, lorsqu'elle revient, elle a la précaution de s'abattre à quelque distance et n'arrive à sa demeure qu'en se frayant une route tortueuse au milieu des joncs. Le mâle l'accompagne dans ses courses, se tient à quelque distance de son nid et le défend contre les autres canards qui voudraient en approcher. Les petits, conduits par leurs parents, vont à l'eau dès le premier jour de leur naissance, mais ne peuvent voler que vers l'âge de trois mois, car c'est alors seulement que les pennes (ou grandes plumes) de leurs ailes poussent. Les canards sauvages sont des oiseaux très méfiants, et qu'il est difficile de surprendre. Ceux que l'on élève en domesticité et qui proviennent d'œufs d'individus sauvages, trouvés au milieu des roseaux et qu'on a fait couver dans nos basses-cours, sont aussi très farouches et paraissent agités sans cesse du désir de vivre en liberté ; mais, lorsque cette captivité s'est étendue sur plusieurs générations, cet instinct se perd, et les canards domestiques deviennent doux et

---

taille approche de celle de l'oie. Il habite les mers glaciales du pôle et abonde surtout en Islande, en Laponie, au Groënland et au Spitzberg ; on le trouve encore assez communément aux Orcades et aux Hébrides, et même en Suède. Il est aussi de passage dans les parties moins septentrionales de l'Europe, et l'on a remarqué que les jeunes seulement se montrent sur les côtes de l'Océan. Les eiders nichent au milieu des rochers baignés par la mer. Dans les mers du Nord, c'est une propriété qui se garde soigneusement et se transmet par héritage, que celle d'un point de la côte où ces oiseaux viennent d'habitude s'établir à l'époque de la ponte ; car c'est là que l'on récolte l'édredon. La femelle, en effet, en garnit son nid, et, après qu'on lui a dérobé cette précieuse dépouille, si utile pour maintenir une douce chaleur autour de ses œufs, elle arrache de son ventre une nouvelle provision de duvet. En dépouillant les nids, on s'en procure ainsi une quantité assez considérable, et l'édredon provenant de l'oiseau vivant est beaucoup plus estimé que celui arraché après la mort.

Les *Millouins* ont le bec long, plat et sans aucune particularité notable. Nous en possédons plusieurs, tels que le *Millouin commun*, dont le plumage est cendré, finement strié de noirâtre, avec la poitrine, le croupion, la tête et le cou bruns. En automne, il est assez commun sur nos lacs et nos rivières.

familiers, et changent de robe aussi bien que de mœurs. Au lieu d'être constamment monogames, ils vivent alors en polygamie, et un mâle s'entoure de huit ou dix femelles. Leur couleur varie beaucoup : on en voit dont le plumage est plus ou moins brun ou noir ; d'autres ont la tête ornée d'une huppe. On en élève un grand nombre, car aucun animal domestique n'est plus facile à nourrir. Pourvu qu'il ait de l'eau à sa disposition et une retraite pour la nuit, il ne demande plus rien à son maître ; il ne coûte par conséquent presque rien, et il donne un bénéfice assuré, car sa chair est un aliment agréable, et ses plumes sont un objet de commerce. En général, on plume ces oiseaux au mois de mai et de septembre, et l'on se contente d'arracher les plumes du ventre et du cou, qui sont les meilleures, sans valoir toutefois celles de l'oie. Lorsqu'on ne consacre pas les canards à la multiplication de leur race, on les engraisse, en général, vers l'âge de six à huit mois pour la table.

On élève aussi, dans nos campagnes, une autre espèce de canard, le *Canard musqué*, que l'on y désigne mal à propos sous le nom de *Canard de Barbarie;* car, au lieu de venir d'Afrique, il est originaire d'Amérique. On le distingue aux caroncules rouges dont sa tête est couverte. Ce canard est deux fois plus gros que le précédent, mais il est plus difficile à nourrir, et il répand une odeur de musc provenant des glandes placées sous le croupion et qui se communique à sa chair. Ces deux espèces se mêlent facilement et donnent naissance à des hybrides appelés *Mulards*, qui ont presque la grosseur du canard musqué, sans en avoir l'odeur, mais qui sont en général stériles.

On donne le nom de *Sarcelles* à plusieurs petites espèces de canards qui ne diffèrent guère du canard commun que par la taille. Notre *Sarcelle ordinaire* est maillée de noir sur un fond gris, et présente une bande blanche sur les côtés de la tête et un miroir vert cendré sur les ailes ; elle est commune sur nos étangs, en automne et au printemps, et se porte dans le Nord pour couver. La *petite Sarcelle*, qui est beaucoup plus commune et qui fait sa ponte dans nos contrées, a le corps finement rayé de noirâtre, la tête rousse avec une bande verte de chaque côté, la poitrine d'un blanc roussâtre, varié de taches rondes, et, sur les ailes, un miroir vert et noir. Elle se trouve aussi dans l'Amérique septentrionale.

Cette division du genre canard comprend aussi les *Souchets* et les *Tadornes* (1). Enfin, on range aussi dans la tribu des lamellirostres

(1) Parmi les canards proprement dits de la seconde division, on remarque d'abord les *Souchets*, à cause de leur long bec, dont la mandibule supérieure est élargie au bout et ployée parfaitement en demi-cylindre, et dont les lamelles marginales sont si longues et si minces, qu'elles ressemblent à des cils, disposition en rapport avec le régime de ces oiseaux, qui vivent principalement des vermisseaux cachés dans la vase au bord des rus-

130   ZOOLOGIE.

les *Harles*, qui diffèrent de la grande famille des canards par leur bec grêle, presque cylindrique et armé sur les bords de pointes dirigées en arrière et ayant l'aspect de dents de scie (*fig.* 130) (1).

§ 75. Les *Goëlands* et les *Mouettes*, qui sont très communs sur nos côtes, sont des palmipèdes comme les précédents, mais leur bec est revêtu de corne comme d'ordinaire dans la classe des oiseaux : ils

Fig. 132. *Goëland.*   Fig. 133. *Pétrel.*

orment avec les *Sternes*, ou *Hirondelles de mer* (*fig.* 134), et quelques oiseaux de mer, tels que les *Pétrels* et les *Albatros* (2), une famille

seaux. Le *Souchet commun* est un très beau canard, dont le plumage est d'un vert clair sur la tête et le cou, blanc sur la poitrine, brun-noirâtre sur le dos, roux au ventre, avec les ailes variées de bleu clair, de vert, de blanc et de noir. Il nous arrive du Nord vers le mois de février et se répand dans les marais. La chair est excellente.

Les *Tadornes* ont le bec très aplati vers le bout et relevé en bosse saillante à sa base. Le *Tadorne commun* est, de tous nos canards, celui dont les couleurs sont les plus vives : il est blanc, avec la tête d'un vert foncé, une ceinture rousse autour de la poitrine, et l'aile variée de noir, de blanc, de roux et de vert pourpré. Il est très commun sur les bords de la mer, dans les parties septentrionales et occidentales de l'Europe, et, au printemps, il se montre aussi en assez grand nombre sur nos côtes.

(1) Les HARLES (*Mergus*) ressemblent extrêmement aux canards tant par leur port et leur plumage que par leurs mœurs. Leur demeure habituelle est dans les climats froids : c'est là qu'ils se reproduisent ; mais, en hiver, ils se répandent dans les pays tempérés. Leur vol est rapide et soutenu, et ils nagent extrêmement bien ; en général, ils se tiennent le corps submergé et la tête seulement hors de l'eau ; en plongeant, ils s'aident de leurs ailes pour accélérer leur course, et font de la sorte une pêche active. Leur plumage varie beaucoup avec l'âge. Pendant l'hiver, il nous arrive trois de ces oiseaux : le *Harle vulgaire*, qui est de la taille d'un canard ; le *Harle huppé*, qui est plus petit, et le *Harle piette*, qui est encore de moindre taille.

(2) Les PÉTRELS (*Procellaria*) ont le bec crochu au bout et les narines réunies en un tube couché sur le dos de la mandibule supérieure (*fig.* 133). Leurs ailes sont longues et leurs pieds n'ont, au lieu de pouce, qu'un ongle pointu implanté dans le talon. Ce sont des oiseaux de haute mer : ils ne cherchent que rarement leur nourriture le long des côtes, et se plaisent dans les parages où les cétacés abondent et où l'agitation des flots ramène souvent à la surface les animaux dont ils font leur proie. Ils vivent principalement de la chair de morues et de baleines mortes, de mollusques nus et des insectes ou des vers qui flottent à la surface de la mer. Ils ne plongent pas et ne nagent que rarement ; mais, dans leur vol rapide, ils effleurent les vagues et courent même sur l'eau, en piétinant et en tenant les ailes élevées. La puissance de leurs ailes est extrême : ils volent en planant, avec ces organes en apparence immobiles, et, en général, ne se laissent pas arrêter dans leur course rapide par le vent le plus violent ; quelquefois cependant la tem-

particulière qui est remarquable par la longueur des ailes et qui a reçu pour cette raison le nom de LONGIPENNES.

Fig. 134. *Hirondelle de mer.*

§ 76. Les pélicans, les cormorans et les frégates ont aussi les ailes très puissantes, mais se distinguent des longipennes par la conformation de leurs pattes : leur pouce étant compris dans la palmure, tandis que chez les précédents ce sont les trois doigts antérieurs seulement qui se trouvent réunis de la sorte. Ils forment

pête les force à chercher un refuge sur les vergues ou sur les mâts des navires. Souvent on les voit suivre le sillage des vaisseaux pour y trouver un abri ou pour profiter des débris qui sont jetés du bord, et c'est surtout pendant les nuits claires ou le crépuscule qu'ils pourvoient à leur nourriture. Ils nichent dans les trous des rochers les plus escarpés, et, quand on essaie de les surprendre sur leurs œufs, ils lancent contre l'assaillant une liqueur huileuse dont leur estomac paraît être toujours rempli.

Les ALBATROS (*Diomedea*) sont les plus grands et les plus massifs de tous les oiseaux pélagiques, et ils méritent mieux que tout autre cette dénomination ; car ils se tiennent presque toujours en haute mer, et sont également bien organisés pour le vol et la nage. On les rencontre principalement dans les mers australes.

Les MOUETTES (*Larus*) se distinguent facilement des deux genres précédents par leur bec allongé pointu, et simplement arqué vers le bout ; par leurs narines, placées vers le milieu de la mandibule supérieure, étroites, longues et percées à jour (*fig.* 132), et par leur pouce court, mais bien distinct. On les rencontre en pleine mer ; mais elles fourmillent surtout près des côtes, et, lorsque le temps est mauvais, elles s'avancent quelquefois dans les terres. Elles nagent et volent très bien, fondent sur leur proie avec une violence extrême et se jettent sur les cadavres aussi bien que sur les poissons vivants. Du reste, ce sont des oiseaux lâches et criards, dont les mœurs n'offrent que peu d'intérêt. En général, on donne le nom de *Goëlands* aux grandes espèces, et celui de *Mouettes* ou de *Mauves* aux plus petites. Plusieurs habitent les mers du Nord et sont de passage sur nos côtes : l'une des plus grandes est le *Goëland à manteau noir*.

On donne le nom de STERCORAIRES ou LABBES (*Lestris*) à des longipennes très voisins des mouettes, mais qui en diffèrent par leur queue pointue et par la disposition de leurs narines. Ils ont cela de remarquable qu'ils poursuivent avec acharnement les petites mouettes, pour leur enlever leurs aliments, et même, à ce que l'on prétend, pour dévorer leur fiente.

Les STERNES (*Sterna*) ressemblent aux hirondelles par leurs ailes pointues et exces-

132 ZOOLOGIE.

une troisième division de l'ordre des palmipèdes, appelée la famille des Totipalmes.

Le *Pélican* est remarquable par l'organisation singulière du bec : la mandibule inférieure étant garnie en dessous d'une grande poche cutanée, dans laquelle cet oiseau emmagasine les poissons dont il

Fig. 135. *Pélican.*

s'empare en rasant au vol la surface de l'eau et dont il se repaît lorsqu'il est à terre. Il est assez commun dans les parties orientales de l'Europe, ainsi qu'en Asie et en Afrique (1).

sivement longues, leur queue fourchue et leurs pieds courts : aussi leur donne-t-on le nom d'*Hirondelle de mer*. Ces oiseaux se tiennent principalement sur mer, mais s'avancent aussi dans l'intérieur des terres, sur les lacs et les rivières. On ne les voit pas nager ; mais ils volent presque continuellement avec une rapidité extrême, en jetant de grands cris et en enlevant avec dextérité, de la surface des eaux, les petits poissons et les mollusques dont ils se nourrissent. Ils ont l'habitude de nicher par bandes très nombreuses dans un même lieu, et leurs nids sont souvent si rapprochés, que les couveuses se touchent. Leur bec est pointu, droit et sans courbure ni saillie, et leurs narines oblongues et percées de part en part. L'espèce la plus commune sur nos côtes et sur nos eaux douces est le *Pierre-Garin*.

(1) Cet oiseau, que l'on a nommé aussi *Onocrotale*, parce que sa voix a été comparée au braiement de l'âne, a environ 2 mètres de long et jusqu'à 4 mètres d'envergure ; son bec seul a près d'un pied et demi de long, et sa poche peut contenir plus de 10 litres d'eau ; enfin, son plumage est d'un blanc plus ou moins pur, suivant l'âge, et les rémiges sont noires. Il vole très bien et s'élève quelquefois fort haut ; mais, en général, il rase la surface de l'eau ou se balance à une hauteur médiocre, pour se précipiter plus facilement sur sa proie. Quelquefois on le voit battre l'eau de ses ailes, comme pour la troubler et effrayer le poisson, et l'on assure que lorsque les pélicans sont réunis en troupes, ils pêchent de concert en formant un grand cercle, qu'ils resserrent peu à peu pour y emprisonner les poissons, jusqu'à ce que, sur un signal donné, ils frappent l'eau tous en même temps, et, à la faveur du désordre ainsi produit, plongent et se saisissent de leurs

Les *Cormorans* ont le bec allongé et grêle ; une espèce à plumage noir n'est pas rare en France (1).

§ 77. Enfin, l'ordre des palmipèdes comprend une quatrième famille, celle des Brachyptères, qui se compose des *Manchots* et de quelques autres oiseaux dont les ailes sont si courtes, qu'elles ne peuvent presque plus servir au vol. Il est également à noter que ces oiseaux ont les pattes placées si en arrière, que, pour se tenir en équilibre, quand ils sont à terre, ils sont obligés de garder une posture presque verticale ; aussi marchent-ils très mal, mais ils nagent et plongent fort bien.

On range dans cette division les *Grèbes*, les *Plongeons*, les *Pingouins*, les *Manchots*, etc. (2).

Fig. 136. *Manchot.*

victimes. La pêche terminée, ils vont s'accroupir sur quelque pointe de rocher et y digérer en repos. Ils peuvent percher sur les arbres, mais ils n'y nichent pas et font leur nid à terre, dans un enfoncement qu'ils garnissent d'herbes. La femelle pond de deux à quatre œufs et nourrit ses petits en dégorgeant devant eux des poissons qu'elle leur apporte dans sa poche. On dit qu'elle leur apporte aussi de l'eau de la même manière, et c'est peut-être le mouvement qu'elle fait pour vider sa poche, en la pressant contre sa poitrine, qui a donné lieu à la fable débitée par quelques écrivains, sur la prétendue habitude qu'auraient ces oiseaux de s'ouvrir le sein pour nourrir de leur sang leur jeune famille.

(1) Les Cormorans (*Phalacrocorax*) ont le bec allongé, comprimé, à mandibule supérieure crochue au bout, la peau de la gorge peu dilatable, l'ongle du doigt médian denté en scie et la queue ronde et composée de quatorze pennes. Ce sont d'excellents plongeurs ; ils nagent ordinairement avec la tête seulement hors de l'eau et poursuivent, avec une vitesse étonnante, entre deux eaux, les poissons dont ils se nourrissent. Leur vol est rapide et soutenu, mais à terre ils marchent mal et se tiennent dans une position presque verticale, en s'appuyant sur leur queue.

Les Frégates (*Tachypetes*) diffèrent des cormorans par leur queue fourchue, leurs ailes excessivement longues, leur bec, dont les deux mandibules sont courbées au bout, et leurs pieds, dont les palmures sont profondément échancrées.

Ces oiseaux n'habitent que les régions tropicales, et leur vol est si puissant, qu'ils s'éloignent de terre à des distances immenses. On en a rencontré à plus de quatre cents lieues en mer, et ils font une guerre active aux poissons volants, qui, pour échapper à la poursuite d'autres animaux marins, s'élancent hors de l'eau. Les frégates donnent aussi la chasse aux oiseaux appelés *Fous* ou *Boubies* (*Sula*), et, en les frappant de l'aile et du bec, les forcent à dégorger le produit de leur pêche, dont ils se saisissent avec dextérité avant qu'il soit retombé dans l'eau. On n'en connaît bien qu'une espèce dont le plumage est noir, avec du blanc sous la gorge et le cou.

(2) Les Grèbes s'éloignent un peu des autres palmipèdes par la conformation de leurs pattes, car leurs doigts antérieurs, au lieu d'être réunis par des palmures complètes, comme d'ordinaire, sont seulement élargis par des bordures découpées, et ne présentent de véritable palmure qu'à leur base. Ils ont la tête petite, le bec comprimé latéralement et en général droit, les narines percées à jour ; le corps aplati, les jambes entièrement enga-

§ 78. L'ordre des Échassiers se compose, ainsi que nous l'avons déjà dit, des oiseaux dont les pattes, très allongées, sont dépourvues de plumes au-dessus du genou, et leur servent d'ordinaire pour marcher à gué dans les eaux peu profondes, où ils cherchent leur nourriture. Mais ce mode de conformation ne se rencontre pas seulement chez les *Oiseaux de rivage*, il se retrouve aussi chez l'autruche, le casoar et quelques autres espèces, qui sont organisées pour la course plutôt que pour le vol.

La cigogne (*fig.* 146), et la bécasse (*fig.* 143), qui appartiennent l'une et l'autre à ce groupe, diffèrent beaucoup entre elles par la forme de leur bec, et peuvent nous servir d'exemple de deux principales familles d'échassiers, auxquelles on a donné les noms de *Cultrirostres* et de *Longirostres*.

Fig. 137. *Échasse d'Europe.*

gées dans l'abdomen; les ailes très étroites et cachées, dans le repos, sous les plumes des parties voisines; la queue composée d'un petit faisceau de plumes légères; enfin, le plumage court, épais et d'un brillant métallique, qui l'a fait souvent employer comme fourrure. A terre, les grèbes sont obligées de se tenir dans une position verticale; ils ne marchent qu'avec peine et volent difficilement, mais ils sont d'excellents nageurs et fendent l'eau avec une facilité extrême, soit à sa surface, soit à une profondeur plus ou moins considérable; c'est même en plongeant qu'ils cherchent d'ordinaire à échapper au danger. Les uns vivent sur les eaux douces, d'autres sur les bords de la mer; ils se nourrissent de petits poissons, de crustacés, d'insectes, etc., et nichent au milieu des joncs ou dans le creux de quelque rocher escarpé.

Quatre espèces de ce genre habitent l'Europe, savoir : le *Grèbe huppé*, grand comme un canard, brun noir dessus, blanc argenté dessous, avec une bande blanche sur l'aile, et portant à l'âge adulte une sorte de huppe érectile sur la tête et une collerette rousse bordée de noir au haut du cou; le *Grèbe cornu*, plus petit que le précédent et à collerette noire; le *Grèbe à joues grises*, intermédiaire aux deux précédents par sa taille, et le *petit Grèbe* ou *Castagneux*, qui est de la grosseur d'une caille et n'a ni crête ni collerette.

Les Plongeons proprement dits (*Colymbus*) ressemblent beaucoup aux grèbes, mais ont les pattes palmées comme les autres oiseaux de cet ordre. Ils habitent le Nord et arrivent quelquefois sur nos côtes pendant l'hiver. Ils vivent continuellement sur les eaux; d'ordinaire, ils s'y tiennent entièrement plongés, ne sortant que de temps en temps la tête pour respirer; ils volent très bien, mais rarement, et émigrent sur les eaux. Lorsqu'ils sont à terre, leur démarche est si embarrassée, qu'ils ne peuvent se maintenir en équilibre qu'en se soutenant sur leurs ailes et tombent facilement à plat ventre; aussi ne quittent-ils presque jamais les eaux, si ce n'est à l'époque de la ponte. Ils nichent sur les îlots au milieu des rochers.

La petite tribu des Pingouins a pour caractères un bec très comprimé, élevé vertica-

Chez la cigogne et les autres cultrirostres, le bec est gros, fort, plus ou moins long, et, en général, tranchant et pointu.

Chez les bécasses et les autres longirostres, le bec est au contraire très grêle, long et flexible.

§ 79. La famille des Cultrirostres comprend les *Grues* et les *Hérons* aussi bien que les *Cigognes*.

Les Cigognes (*Ciconia*) (fig. 116) sont caractérisées par leur bec long, fort, droit, arrondi, pointu et sans sillons. Leurs yeux sont entourés d'un espace nu ; leurs pieds sont longs, et leurs doigts antérieurs réunis par une membrane jusqu'à la première articulation ; leurs ongles courts et sans dentelures ; enfin, leurs ailes sont médiocres. Elles vivent dans les marais et se nourrissent principalement de reptiles. Leurs mouvements sont lents et mesurés, et une disposition particulière de l'articulation du genou leur permet de dormir commodément sur une seule patte, en tenant l'autre fléchie ou même suspendue à angle droit. Leur vol est puissant, et elles se réunissent en grandes bandes à l'époque de leur émigration.

L'espèce la plus commune est la *Cigogne blanche*, grand oiseau à plumage d'un blanc pur partout, excepté aux ailes, qui sont noires. Pendant l'hiver, elle se retire en Afrique ; mais, au printemps, elle

lement, tranchant par le dos et ordinairement sillonné en travers ; point de pouce, et les doigts antérieurs complètement palmés. Ces oiseaux appartiennent exclusivement aux mers du Nord : on les distingue en *Macareux* et en *Pingouins proprement dits*.

Les Macareux (*Fratercula*) ont le bec plus court que la tête, et à sa base au moins aussi élevé qu'il est long. Leurs mœurs sont à peu près les mêmes que celles des précédents ; mais ils volent encore plus mal ; leurs petites ailes ne peuvent les soutenir en l'air que pendant quelques instants. Ils ne viennent presque jamais à terre, si ce n'est pendant la saison de la ponte, et ne se voient qu'accidentellement sur les eaux douces. Ils vivent sur la mer, et sont remarquables par les terriers qu'ils creusent dans le sable du rivage de la mer, afin d'y déposer leurs œufs. Une espèce qui, en hiver et au printemps, est de passage sur nos côtes, le Moine ou Macareux commun (*Fratercula arctica*), fréquente en grand nombre quelques îlots voisins de l'Angleterre, et l'on assure que c'est le mâle qui se charge de creuser ces retraites souterraines, en grattant le sable avec ses larges pattes et son bec tranchant. Chaque terrier décrit plusieurs courbures, et offre une profondeur d'environ 2 à 3 mètres. La femelle y dépose à nu, sur le sol, un seul œuf et défend son nid avec vigueur, lorsque les corbeaux cherchent à s'emparer de sa progéniture.

Les Pingouins proprement dits (*Alca*) ont le bec plus allongé, en forme de lame de couteau ; leurs mœurs sont semblables à celles des précédents, et on les trouve dans les mêmes parages. Ils nichent par grandes bandes dans les trous des rochers qui bordent la mer ou dans des terriers, comme les macareux, et ne pondent aussi qu'un seul œuf, qui est oblong et très grand.

La tribu des Manchots (*Aptenodytes*) se compose d'oiseaux encore moins volatiles que les pingouins. Leurs petites ailes ne sont garnies que de vestiges de plumes qui, au premier abord, ressemblent à des écailles, aussi sont-ils complètement privés de la faculté de voler (fig. 136, p. 133). Leurs pieds sont en même temps implantés si loin en arrière, qu'ils ne peuvent se soutenir à terre, même dans une position verticale, qu'en s'appuyant sur le tarse, lequel, du reste, est élargi comme la plante du pied d'un quadrupède : aussi ne viennent-ils à terre que pour nicher, et ce n'est qu'en se traînant péniblement sur le ventre qu'ils s'y meuvent. Ils sont tous propres aux mers australes. Le *grand Manchot* habite en très grandes troupes les environs du détroit de Magellan et les îles de l'Océanie.

136 ZOOLOGIE.

revient en France et se répand dans les autres parties de l'Europe (1).

Une seconde espèce, la *Cigogne noire*, se trouve aussi en Europe et fréquente les marécages.

Parmi les espèces étrangères on remarque surtout les *Cigognes à sac*, ainsi nommées à cause de l'appendice charnu qui est suspendu sous le milieu du cou, et qui ressemble à un gros saucisson ; leur bec est encore plus gros que celui des autres cigognes, et ce sont des oiseaux d'une laideur extrême (*fig.* 138) : elles nous fournissent cependant ces beaux panaches si légers que l'on appelle *marabouts*. Ces plumes précieuses se trouvent sous l'aile. On connaît deux espèces de ces cigognes : l'une vit en troupes à l'embouchure de plusieurs fleuves de l'Inde : l'autre habite le Sénégal.

Fig. 138. *Cigogne à sac.*

Les SPATULES (*Platalea*) appartiennent aussi à la même tribu, mais diffèrent des cigognes par la forme singulière de leur bec qui, très long et tout à fait plat, s'élargit au bout en un disque arrondi comme celui de l'instrument dont elles portent le nom. On en connaît une espèce qui est propre à l'Amérique et une autre qui habite l'ancien continent.

Les HÉRONS ont le bec moins fort que les cigognes et fendu jusque sous les yeux, le cou grêle et garni vers le bas de longues plumes pendantes, et les doigts allongés.

Fig. 139. *Spatule.*

Fig. 140. *Héron.*

Ils vivent sur le bord des rivières et des lacs, ou dans les

---

(1) C'est au milieu des villes, dans les tours et les clochers élevés qu'elle établit d'ordinaire son nid ; et, comme elle détruit une grande quantité d'animaux nuisibles, elle est partout respectée. Suivant un préjugé populaire, ces oiseaux portent même le bonheur

marais : ils se nourrissent principalement de poissons, de grenouilles, de mollusques et d'insectes. Souvent on les voit immobiles sur le bord des eaux, le corps droit, le cou replié et la tête presque cachée entre les épaules, et leur aspect semble indiquer un mélange de tristesse et de stupidité. Pendant le jour, ils restent isolés ; mais ils se réunissent en grandes troupes pour nicher et pour émigrer. Lorsqu'ils volent, ils tiennent leur cou replié et leur tête appuyée sur le dos (1).

Les Butors sont des échassiers qui ressemblent beaucoup aux hérons (2). Il en est encore de même des *Bihoreaux* qui se trouvent aussi en Europe et qui font entendre pendant la nuit une sorte de croassement lugubre.

Fig. 111. *Butor d'Europe.*

dans les maisons où ils nichent, et de nos jours encore, en Hollande, on établit souvent, pour les attirer, des aires élevées sur les points culminants des édifices. Quelques peuples de l'antiquité ne se bornaient pas à rendre à cet oiseau un culte religieux, comme le faisaient les Égyptiens, ils allaient jusqu'à punir de mort la destruction d'un de ces animaux privilégiés. L'attachement extrême que les cigognes portent à leurs petits, leurs émigrations périodiques et plusieurs autres particularités de leurs mœurs, ont contribué aussi à rendre ces oiseaux célèbres, et par cette tendance qui porte toujours l'homme à exagérer ce qui excite son intérêt et sa surprise, on leur a supposé des qualités qu'ils sont certes bien loin de posséder : on leur a prêté nos idées et nos penchants, et l'on a chargé leur histoire de fables nombreuses.

(1) Le *Héron commun* est un grand oiseau gris bleuâtre, avec le devant du cou blanc, parsemé de larmes noires, et l'occiput orné d'une huppe noire. Son corps est grêle, ses ailes très grandes et fort concaves, et son vol si puissant, que souvent la hauteur à laquelle il s'élève le rend invisible à nos yeux. Pendant le jour, il se tient isolé et à découvert sur le bord des eaux, dans l'attente de sa proie. La nuit, il se retire dans les bois de haute futaie du voisinage et en revient avant le jour. Il place, en général, son nid sur le sommet des arbres les plus élevés et pond trois ou quatre œufs d'un beau vert de mer. Pendant l'incubation, le mâle porte à sa compagne le fruit de sa pêche. Lorsque le héron est attaqué par quelque oiseau de proie, il cherche à échapper à son ennemi en s'élevant le plus possible dans l'air et en gagnant ainsi le dessus. Jadis, les chasseurs prenaient un grand plaisir à le faire poursuivre de la sorte par le faucon, mais seulement pour jouir du spectacle de cette lutte ; car sa chair n'est pas un mets agréable. On le trouve dans presque toute l'Europe et même dans beaucoup d'autres parties du monde ; mais, dans les pays habités, il n'est jamais commun. Dans certaines localités, il est stationnaire ; dans d'autres, il émigre.

On donne le nom d'*Aigrettes* à des espèces de hérons dont les plumes du bas du dos deviennent, à certaines époques, longues et effilées. Il s'en trouve en Europe deux espèces toutes blanches dont les plumes sont employées pour la parure des dames.

(2) Le *Butor d'Europe* a le plumage fauve doré, tacheté de noirâtre ; il se tient habituellement caché au milieu des roseaux, immobile et le bec levé vers le ciel. Lorsqu'il est attaqué, il se défend avec courage et en portant à ses ennemis de violents coups de bec. Sa voix est si forte, que ses cris lui ont valu le nom de *Bos taurus*, dont on paraît avoir fait, par corruption, le mot *Butor*. Cet oiseau n'est pas rare en France.

12.

138 ZOOLOGIE.

Enfin, les Grues (fig. 142) ont le bec beaucoup plus court que les précédents, peu fendu et occupé, dans près de la moitié de sa longueur, par les fosses membraneuses des narines (1).

§ 80. La famille des Longirostres comprend les *Bécasses*, les *Courlis*, les *Ibis*, etc.

Les Bécasses (*Scolopax*) ont le bec droit, un peu renflé et mou vers le bout, et creusé dans presque toute sa longueur par les sillons des narines ; elles n'ont pas de palmures aux pieds ; leur tête est comprimée, leurs yeux gros et placés fort en arrière ; enfin leur aspect dénote la stupidité. La *Bécasse commune*, à peu près de la grosseur de nos perdrix et à plumage varié de brun, de gris et de noir, est répandue dans presque tout l'ancien continent : elle se trouve aussi en Amérique et même dans presque tous les pays. Elle

Fig. 142. *Grue*.

émigre alternativement de la plaine aux montagnes et des montagnes à la plaine. En Europe, ces oiseaux habitent, pendant l'été, les Alpes, les Pyrénées, etc., et en automne ils descendent dans les bois mieux abrités ; ils sont alors très gras et recherchés par les chasseurs. Leur naturel est solitaire et sauvage, et ils voient mal pendant le jour : aussi choisissent-ils la nuit pour chercher leur nour-

(1) La *Grue commune* est un grand oiseau qui habite l'Europe et qui a le sommet de sa tête nu et rouge, sa gorge noire, le reste de son plumage cendré, et la croupe ornée de longues plumes redressées, crépues et en partie noires. Ces oiseaux sont célèbres par leurs voyages périodiques. Originaires du Nord, ils viennent en automne s'abattre dans nos plaines marécageuses et nos terres ensemencées, puis continuent leur route vers le sud, d'où ils reviennent au printemps pour s'élever de nouveau dans les parties les plus septentrionales de l'Europe : ils voyagent de la sorte en troupes nombreuses et en formant un A dont le sommet est occupé par celui qui semble être le chef de la bande, et qui, de temps en temps, fait entendre, comme pour appeler ses compagnons, un cri de réclame auquel ceux-ci répondent aussitôt. Leur voix est forte et éclatante, et les inflexions différentes de leurs cris, ainsi que la manière dont ils volent, ont été regardés comme des présages de variations dans l'état de l'atmosphère. Leur passage a souvent lieu la nuit, et leur vol est puissant et fort élevé, mais ils ont de la peine à prendre leur essor. En général, les grues se rassemblent pour dormir la tête sous l'aile, et l'on assure qu'alors l'une d'elles veille toujours la tête haute pour avertir ses compagnes par un cri d'alarme, lorsqu'un danger les menace. Elles nichent dans les terres basses et marécageuses des contrées septentrionales, et montrent pour leurs petits un attachement extrême.

OISEAUX. 139

riture. Ils marchent avec difficulté, ne prennent leur essor que d'une manière lourde et bruyante, et, après avoir volé avec rapidité pendant quelque temps, ils s'abaissent avec tant de promptitude, qu'ils semblent tomber comme une masse. Au printemps, presque

Fig. 143. *Bécasse.*

tous regagnent les montagnes où ils nichent. La *Bécassine*, espèce plus petite et à bec plus long que la précédente, ne fréquente pas les bois, mais se tient dans les endroits bas et marécageux. Les bécassines nous arrivent en automne et pour la plupart quittent la France au printemps, pour aller nicher en Allemagne ou en Suisse. Une troisième espèce de bécasse, encore plus petite et qui se trouve également dans nos marais, où elle reste pendant presque toute l'année, est la *Sourde* ou *petite Bécassine*.

Les Courlis ont le bec arqué et se tiennent d'ordinaire sur le bord de la mer ou dans les marais; au temps de la ponte ils vivent isolés, mais ils se rassemblent en grandes troupes à l'époque de leur émigration (1).

Les Ibis ont aussi le bec arqué

Fig. 144. *Ibis sacré.*

(1) Le *Courlis d'Europe* a le plumage brun avec le bord des plumes blanchâtres, le croupion blanc et la queue rayée de blanc et de brun. Il est assez commun sur les bords de la Loire et niche d'ordinaire dans les herbes qui croissent au milieu des bruyères et des dunes. Une seconde espèce, plus petite et appelée *Courline*, passe aussi régulièrement, chaque printemps, en troupes nombreuses le long de nos côtes.

comme les courlis, mais presque carré à sa base au lieu d'être arrondi. Ils sont célèbres à cause du culte religieux que les anciens Égyptiens rendaient à un de ces oiseaux (1).

Enfin on donne le nom d'Échasses à d'autres longirostres qui se font remarquer par l'excessive longueur de leurs jambes (fig. 137). Une espèce de ce genre, assez commune dans les parties orientales de l'Europe, est quelquefois de passage en France.

Les Poules d'eau et quelques autres échassiers remarquables par la longueur démesurée de leurs doigts, constituent un troisième groupe appelé famille des Macrodactyles. Ces oiseaux sont organisés pour marcher sur les herbes des marais ou même pour nager, et établissent le passage entre les échassiers ordinaires et les palmipèdes (2).

Fig. 145. Jacana.

Les poules d'eau sont remarquables par la manière dont la base du bec se prolonge sur leur front et par la bordure membraneuse dont leurs doigts sont garnis.

Les Rales leur ressemblent beaucoup, mais n'ont pas le front écussonné de la sorte (3).

§ 81. Les Flamants sont des échassiers très singuliers, qui ne

(1) Les Égyptiens élevaient l'*Ibis sacré* dans l'enceinte de leurs temples, le laissaient errer librement dans leurs villes, et en embaumaient le cadavre avec autant de soin qu'ils pouvaient donner aux dépouilles mortelles de leurs parents. Ils supposaient à cet oiseau un attachement inviolable à leur pays, dont il était l'emblème, et croyaient qu'il arrêtait aux frontières des légions de serpents malfaisants ; ils attribuaient du pouvoir même à ses plumes, et ils assuraient que, lorsque Mercure voulut parcourir la terre et enseigner aux hommes les sciences et les arts, il en avait pris la figure ; enfin ils portèrent ces idées superstitieuses au point de punir de mort le meurtre même involontaire d'un de ces oiseaux sacrés qu'on voit sculptés sur presque tous leurs monuments. Jusqu'en ces dernières années, les naturalistes s'étaient mépris sur l'espèce d'échassier qui jadis recevait tant d'honneurs ; mais, par les recherches de Cuvier et des naturalistes qui ont suivi Napoléon en Égypte, on sait aujourd'hui que c'est l'*Abou hannès* des Arabes, oiseau de la taille d'une poule, ayant le plumage blanc, avec du noir sur les bouts de l'aile et du croupion, les pattes et le bec de la même couleur, enfin la tête et le cou nus et également noirs.

(2) Les Poules d'eau se voient souvent à terre, mais elles vivent en général sur les eaux dormantes. Elles nagent et plongent très bien ; pendant le jour elles restent cachées au milieu des roseaux et ne se hasardent à la chasse que le soir et la nuit ; leur vol n'est ni élevé, ni rapide, ni soutenu ; enfin leur nid est composé de joncs grossièrement entrelacés, et lorsque la mère est obligée de quitter ses œufs pour chercher sa nourriture, elle les recouvre avec des brins d'herbes. Les petits courent dès qu'ils sont éclos. Notre *Poule d'eau commune* est répandue dans presque toute l'Europe et ne paraît pas différer spécifiquement de celle qu'on trouve en Afrique, en Amérique, etc. ; elle est brun foncé dessus, gris d'ardoise dessous, avec du blanc aux cuisses, au ventre et au bord de l'aile. En automne elle quitte les pays froids et montueux pour descendre dans les plaines basses.

(3) Les Rales (*Rallus*) se tiennent dans le voisinage des eaux, et courent au milieu des herbes avec une grande vitesse ; tous ne sont pas également aquatiques. Le *Râle des genêts* vit et niche dans les champs et dans les taillis ; son nom latin, *Crex*, rappelle le son de

OISEAUX. 141

peuvent prendre place dans aucune des familles précédentes, et qui se lient aussi un peu aux palmipèdes, car ils ont les trois doigts de devant palmés jusqu'au bout. Leur corps est petit, leur cou très grêle et très long ainsi que leurs jambes; leur bec est grand et garni sur les bords de lamelles transversales à peu près comme celui des canards; enfin, la mandibule supérieure est oblongue, plate, ployée en travers dans son milieu, et appliquée exactement contre l'inférieure, qui est au contraire ployée longitudinalement en un canal demi-cylindrique. Les mœurs des flamants sont aussi remarquables que leur mode de conformation; ils vivent en troupes, et, soit qu'ils se reposent, qu'ils pêchent ou qu'ils volent, on les voit toujours alignés comme des soldats. On assure que lorsqu'ils sont à terre, l'un d'eux remplit les fonctions de sentinelle et veille pour ses compagnons; si quelque danger l'effraie, il pousse un cri bruyant qui ressemble au son de la trompette, et à ce signal de départ tous prennent leur vol. Ils se plaisent sur les plages humides et les bords des marais, et se nourrissent de mollusques, de vers, d'insectes et d'œufs de poisson qu'ils pêchent au moyen de leur long cou et en retour-

Fig. 146. *Flamant.*

son cri, et dans nos campagnes on l'appelle quelquefois le *roi des Cailles*, parce qu'on le voit arriver et partir avec ces oiseaux, qu'il est un peu plus gros et qu'il vit solitaire dans les mêmes lieux, ce qui a fait croire qu'il les conduisait. Il se nourrit d'insectes, de vers et de grains, et c'est pendant la nuit qu'il cherche sa nourriture. Son nid n'est autre chose qu'un enfoncement creusé en terre et grossièrement garni de mousse et d'herbes. Son plumage est brun fauve, tacheté de noirâtre en dessus, grisâtre en dessous, avec les ailes rousses et des raies blanches sur les flancs.

Le *Râle d'eau d'Europe* a le bec plus long et les flancs rayés de noir et de blanc. Il est très commun en France, et se tient ordinairement caché dans les grandes herbes et les joncs sur le bord de nos ruisseaux et de nos étangs; il nage assez bien et court avec légèreté sur les feuilles du nénuphar, du trèfle d'eau et des autres plantes aquatiques; sa nourriture consiste en petites crevettes, en insectes, etc., et sa chair sent la marée.

nant la tête pour employer avec avantage le crochet de leur mandibule supérieure. Ils volent très bien, et dans leurs voyages se rangent par bandes triangulaires, à la manière des grues. Enfin, ils construisent leur nid avec de la terre et lui donnent la forme d'un cône élevé et tronqué par le haut, sur lequel ils se mettent à cheval pour couver leurs œufs. Ces grands oiseaux habitent les deux hémisphères ; l'espèce commune se trouve en Afrique et en Asie et arrive en troupes nombreuses sur nos côtes méridionales ; quelquefois elle remonte jusqu'au Rhin. Sa hauteur est de 3 à 4 pieds, et son plumage est d'un beau rose, avec les ailes et le dos d'un rouge vif et les rémiges noires. A l'âge de deux ans, le corps est, au contraire, blanchâtre, tandis que les ailes sont rouges, et c'est alors que ces échassiers méritent le plus le nom de *Phénicoptères*, ou oiseaux à ailes de feu, que leur avaient donné les Grecs ; c'est aussi de la couleur de leur plumage que leur vient le nom de *Flamant*.

§ 82. Dans la classification naturelle des échassiers il faut ranger encore à côté des cultrirostres un groupe que l'on appelle la FAMILLE DES PRESSIROSTRES. Elle se compose des *Pluviers*, des *Vanneaux*, des *Outardes*, etc., et se distingue des précédentes par l'absence ou l'état presque rudimentaire du pouce, et par la forme du bec qui est médiocre, mais assez robuste.

Fig. 117.

Les PLUVIERS manquent complétement de pouce, et leur bec est comprimé et renflé au bout. Ils vivent ordinairement en troupes nombreuses et fréquentent les bords de la mer, les marais et les embouchures des fleuves. Leur nom leur vient de ce que chez nous ils ne sont que de passage et se montrent surtout à l'époque des pluies de l'automne et du printemps. Nous en possédons plusieurs espèces (1).

Les VANNEAUX (*Tringa*) ressemblent beaucoup aux pluviers, mais s'en distinguent par l'existence d'un pouce qui, à la vérité, est

---

La *Marouette*, ou *petit Râle tacheté*, que l'on connaît aussi sous les noms vulgaires de *Grisette*, de *Girardine*, etc., vit tout à fait solitaire et ne quitte guère nos étangs que dans le fort de l'hiver. Le nid de ces oiseaux est remarquable ; car, construit avec du jonc et en forme de gondole, il est attaché par un des bouts à une tige de roseau, et constitue ainsi un berceau flottant qui peut s'élever et s'abaisser avec les eaux sans risquer d'être emporté. En automne la marouette est très grasse et fort estimée ; elle nage et plonge très bien.

(1) La plus commune est le *Pluvier doré*, qui est répandu sur presque tout le globe, et qui a le plumage noirâtre, pointillé de jaune, avec la gorge et le ventre blancs. En hiver, il abonde sur nos côtes, et on le voit sur la plage suivre constamment la ligne des eaux en poussant un petit cri et en frappant le sable humide de ses pieds, pour mettre en mouvement les vers et les autres petits animaux marins dont il se nourrit. Il niche dans le Nord.

si court, qu'il ne peut toucher à terre ; leurs mœurs sont analogues à celles des pluviers (1).

Les Outardes (*Otis*) sont des oiseaux lourds, qui volent mal et qui ressemblent aux gallinacés par leur port massif, leur mandibule supérieure médiocre et légèrement voûtée, et leurs doigts réunis par de petites palmures ; mais ils tiennent encore davantage aux échassiers par la forme de leurs pattes et par presque tous les points de leur anatomie. Ils n'ont que trois doigts, le tarse réticulé et les ailes courtes ; lorsqu'ils courent, ils s'aident de leurs ailes et rasent ainsi la terre avec rapidité. Leur nourriture consiste en graines, en herbes, en vers et en insectes ; ils se plaisent dans les plaines rocailleuses et sablonneuses, ne nichent pas, et déposent leurs œufs à terre dans un trou au milieu des blés ou de l'herbe (2).

§ 83. Enfin l'ordre des échassiers comprend encore les *Autruches*, les *Casoars* et quelques autres oiseaux à jambes longues qui ont les ailes trop courtes pour pouvoir voler, et qui constituent un groupe particulier nommé famille des Brévipennes. Ces animaux sont spécialement conformés pour la course ; ils vivent dans les lieux secs et déserts ; leur bec est en général médiocre et ils se nourrissent principalement d'herbes et de graines. Il est aussi à noter qu'ils manquent de pouce comme les pressirostres.

Les Autruches (*Struthio*) ont les ailes revêtues de grandes plumes molles et flexibles et dont les barbules ne s'accrochent pas ensemble comme chez la plupart des oiseaux. Elles sont herbivores ; dans le midi de l'Afrique on les voit souvent paître, mais leur voracité est si excessive, qu'elles engloutissent sans choix tout ce qu'elles rencontrent, même les substances les plus dures et les moins

---

(1) L'espèce d'Europe, qu'on désigne d'ordinaire sous le nom de *Vanneau huppé*, arrive en France par grandes troupes vers le commencement de mars ; son vol est puissant et élevé, et à la manière dont il varie ses positions pendant qu'il voltige au-dessus des champs et des marais, on dirait qu'il se plaît à folâtrer avec grâce et à déployer sa légèreté. Il est très farouche, et en s'élevant de terre il pousse un petit cri sec, dont les mots *dix-huit* rendent assez bien le son. Sa nourriture consiste principalement en vers qu'il sait tirer de terre avec une grande adresse. La ponte a lieu en avril, et vers la fin d'octobre les familles de vanneaux, dispersées jusqu'alors dans les champs marécageux, se rassemblent en bandes de cinq à six cents individus et émigrent vers le sud.

(2) La *grande Outarde* est le plus grand des oiseaux d'Europe : le mâle a, en général, environ 3 pieds de long, et pèse une vingtaine de livres ; la femelle est d'un tiers moins forte. Leur plumage est jaune, traversé par des traits noirs sur le dos, grisâtres sur la tête, le cou et la poitrine. Cette outarde vit d'ordinaire dans les grandes plaines découvertes ; elle se trouve en Allemagne, en Italie, dans quelques parties de la France, etc. ; pendant l'hiver, on la voit assez communément dans la Champagne, le Poitou, etc. ; elle est très farouche et ne se laisse que difficilement approcher ; sa chair est très estimée.

La *Cannepetière* est une petite espèce d'outarde qui n'est guère plus grande qu'un faisan, et qui est beaucoup plus rare que l'espèce précédente. Elle nous arrive au printemps, se plaît dans les champs d'avoine et d'orge, ainsi que dans les prairies artificielles, et nous quitte vers la fin de septembre.

144　　　　　　　　　ZOOLOGIE.

propres à servir d'aliments, telles que des pierres, des morceaux de fer, de verre, etc. Enfin elles courent avec une rapidité si grande, qu'elles dépassent les meilleurs chevaux, et ont tant de vigueur dans les jambes que d'un coup elles peuvent lancer loin d'elles une pierre assez lourde; elles étendent leurs ailes en courant, et, lorsque le vent les favorise, s'aident ainsi dans leur course. Du reste, ce sont des oiseaux stupides et qui n'offrent rien de bien remarquable dans leur instinct, si ce n'est peut-être la manière dont ils déposent leurs œufs.

Fig. 148. Autruche d'Afrique.

On connait deux espèces d'autruches : l'une propre à l'ancien continent, et caractérisée principalement par l'existence de deux doigts, dont un, l'externe, est court et dépourvu d'ongle ; l'autre, à trois doigts, habite l'Amérique (1).

§ 84. Les Casoars (*Casuarius*) sont en quelque sorte les représentants des autruches dans l'archipel Indien et la Nouvelle-Hollande. De même que celles-ci, ils acquièrent une taille très élevée, courent avec une grande vitesse, et ne peuvent se servir de leurs ailes pour voler ; mais ils s'en distinguent au premier coup d'œil par leurs plumes, dont les barbes sont si peu garnies de barbules, que de loin elles ressemblent à des crins tombants ; leurs ailes sont encore plus courtes que

(1) L'*Autruche d'Afrique* (*fig.* 148) est le plus grand de tous les oiseaux qui vivent aujourd'hui ; elle atteint 7 et même 8 pieds de haut. Le mâle est ordinairement d'un beau noir mêlé de blanc, et avec de grandes plumes blanches aux ailes et à la queue ; chez la femelle, le noir est remplacé par du gris uniforme. Elle vit en troupes dans les déserts sablonneux de l'Arabie et de toute l'Afrique. Ses œufs sont très gros et pèsent près de 1 kilogramme et demi ; la femelle en pond cependant un nombre très considérable. Elle ne construit pas de nid, mais les dépose à terre dans un trou, et l'on assure que, sous la zone torride, au lieu de les couver, elle en abandonne l'incubation à la chaleur des rayons solaires. Dans des pays moins chauds, elle les couve ; il paraît même que souvent plusieurs autruches réunissent leurs œufs dans un même trou, et s'y accroupissent alternativement. En général, on trouve autour de cette espèce de nid un certain nombre d'œufs non fécondés, et l'on prétend que l'autruche les met en réserve pour servir d'aliments aux petits qui doivent éclore. Les mâles couvent aussi bien que les femelles, et paraissent vivre tantôt en monogamie, tantôt en polygamie. C'est cette espèce qui fournit les belles plumes larges et ondoyantes dont les dames se servent pour leur parure.

OISEAUX. 145

celles des autruches et sont même totalement inutiles pour la course.

§ 85. L'ordre des Gallinacés, ainsi que nous l'avons déjà dit, a pour représentant principal notre coq domestique, et se compose des oiseaux qui ont comme lui le bec court ou médiocre et voûté en dessus, les narines percées dans un espace membraneux et recouvert d'une écaille cartilagineuse, les ailes courtes, le port lourd et le régime essentiellement granivore (*fig.* 150). Cette division renferme presque tous nos oiseaux de basse-cour, et se compose de deux familles naturelles : celle des *Gallinacés* proprement dits et celle des

Fig. 149. *Casoar à casque.*

Pigeons. Ces deux familles diffèrent par leurs mœurs aussi bien que par leur structure.

Fig. 150. *Tragopan Népaul.*

Les gallinacés ordinaires, ou gallinacés proprement dits, sont

polygames, volent mal, cherchent leur nourriture à terre, et ne nichent presque jamais sur les arbres ; leurs doigts antérieurs sont réunis à leur base par une courte membrane et dentelés sur les bords ; enfin leur queue a, en général, quatorze ou même un plus grand nombre de pennes.

Les pigeons, au contraire, sont constamment monogames, volent bien et nichent sur les arbres ; leurs doigts sont entièrement divisés, et leur queue n'a presque toujours que douze pennes.

§ 86. La FAMILLE DES GALLINACÉS proprement dits comprend le *Coq*, le *Faisan*, le *Dindon*, la *Pintade*, le *Paon*, la *Perdrix*, la *Caille*, etc.

Le faisan et le coq forment une petite tribu naturelle qui se reconnaît à la disposition des joues, dont la peau est en grande partie

Fig. 151. *Faisan doré*.

nue et rouge, et à la forme de la queue, dont les plumes constituent un double plan incliné en manière de toit.

Le genre des Coqs (*Gallus*) se distingue à la crête charnue et verticale qui surmonte la tête, aux barbillons également charnus, situés de chaque côté de la mandibule inférieure, et à la queue, composée de quatorze pennes plates disposées sur deux plans verticaux adossés l'un à l'autre, et garnies en dessus, chez le mâle, de longues plumes recourbées en arc.

Notre *Coq domestique*, dont la femelle a reçu le nom de *Poule*, est l'espèce la plus généralement répandue et la plus anciennement soumise à l'empire de l'homme. On ignore même son origine : il descend probablement de l'une des espèces qui, de nos jours, se trouvent encore à l'état sauvage dans les montagnes de l'Indostan et dans l'île de Java.

On ne sait presque rien sur les mœurs des coqs sauvages. A l'état de domesticité, ces oiseaux s'accommodent de toute espèce de nourriture. On les voit, pendant la journée, occupés sans cesse à gratter la terre et le fumier, pour y chercher des aliments; les graines, les larves et les insectes qu'ils trouvent ainsi suffisent presque à leur entretien, et, dans nos fermes, ils n'ont guère besoin d'un supplément de nourriture qu'en hiver et au printemps; on leur jette alors matin et soir des graines farineuses, des racines cuites, les débris de la table, du son mêlé à des eaux de vaisselle ou tout autre aliment, suivant les ressources qu'offre la localité; et afin de leur procurer en abondance des vers et des larves, dont ils sont très friands, on établit souvent dans les basses-cours des fosses appelées *verminières*, où l'on mêle à de la paille le sang, les intestins et les autres débris d'animaux; car les mouches viennent en grand nombre déposer leurs œufs dans ces matières en putréfaction, et en peu de jours convertissent, pour ainsi dire, le tout en un monceau d'asticots. La fécondité des poules est extrême, mais ne dure guère que quatre ans; à l'exception du temps de la mue et du mois qui la suit, c'est-à-dire depuis la fin d'octobre jusqu'au milieu de janvier, celles qui ne sont pas occupées à couver pondent presque tous les jours; en les préservant du froid et en les nourrissant avec des aliments substantiels et excitants, on peut même les faire produire aussi en hiver. On a calculé que, terme moyen, chacune de nos poules communes donne plus de cinquante œufs par an. Un seul coq peut suffire à vingt-cinq poules, et lorsque les œufs sont destinés à la consommation, sa présence n'est même pas nécessaire, car la poule, abandonnée complétement à elle-même, peut encore pondre comme dans les circonstances ordinaires; seulement ses œufs sont alors clairs, c'est-à-dire stériles. Après avoir donné un certain nombre d'œufs, la poule éprouve le désir de couver et le manifeste par un cri particulier; d'ordinaire on lui laisse alors douze à quinze œufs, et l'on a soin de lui ménager, dans un endroit tranquille, un nid garni de paille brisée. L'incubation dure vingt et un jours. Lorsque le petit poulet est près de naître, il brise sa coquille à l'aide d'une protubérance osseuse et caduque dont son bec est garni. La mère prodigue à ses poussins les soins les plus assidus: les abrite sous ses ailes, les conduit à la recherche de leur nourriture, les défend avec courage, et semble être fière de sa jeune famille. L'instinct de la maternité est même poussé si loin chez ces oiseaux, qu'ils adoptent, pour ainsi dire, tous les jeunes qu'on confie à leurs soins; et, comme une seule poule suffit pour conduire vingt-cinq à trente poussins, on réunit, en général, les poussins de deux couvées, et l'on remet l'une des mères à pondre ou à couver. Le coq, ainsi que nous l'avons déjà dit, ne s'occupe ni de l'incubation, ni de l'éducation des petits; on a vu cependant quelques exemples du contraire, dans des cas où la poule avait été tuée ou avait abandonné sa couvée, et l'on parvient facilement à dresser des chapons à couver et à conduire une nombreuse poussinée. Quelquefois on a recours aussi à d'autres moyens pour faire éclore les œufs : c'est en les maintenant à une température voisine de celle de son corps que la couveuse y détermine le développement du poulet, et pour produire le même phénomène, il suffit de les placer dans des circonstances semblables, dans des fours convenablement chauffés, par exemple.

C'est dans la Normandie, la Bretagne, le Mans et les parties centrales de la France que nos fermiers élèvent le plus grand nombre de poulets. Pour rendre ces oiseaux plus délicats et plus faciles à engraisser, on enlève souvent aux poules les ovaires, et aux jeunes coqs les glandes correspondantes ; après cette opération, ils prennent les noms de poulardes et de chapons.

§ 87. Les Faisans (*fig. 151*) se distinguent par leur queue longue, étagée et composée de dix-huit pennes ployées chacune en deux plans longitudinaux et se recouvrant comme des toits. De même que les précédents, ils appartiennent à l'Asie, mais se sont répandus depuis longtemps en Europe et même dans les autres parties de l'ancien continent. L'espèce la plus anciennement connue et la plus commune se trouve en abondance à l'état sauvage dans le Caucase et dans les plaines couvertes de joncs qui avoisinent la mer Caspienne. On croit généralement que son introduction en Grèce date de l'expédition des Argonautes aux bords du Phase. Aujourd'hui on l'élève dans les parties tempérées de l'Europe, mais elle exige beaucoup de soins. Le mâle est un bel oiseau dont la tête et le cou sont d'un vert doré, le reste du corps d'un marron tirant sur le pourpre et très brillant, et la queue grisâtre, mêlée de brun et de marron. La femelle est plus petite et la couleur générale de son plumage n'est qu'un mélange de brun, de gris, de roussâtre et de noir. Ces animaux se nourrissent de grains, de baies et d'insectes, se plaisent dans les plaines boisées et humides, passent la nuit perchés au haut des arbres et nichent dans les buissons ou au pied des arbres. Leurs œufs sont moins gros que ceux de la poule, à coquille très mince et d'une couleur gris verdâtre, avec de petites taches brunes. La durée de l'incubation est de vingt-trois à vingt-quatre jours, et il paraît que ces oiseaux vivent d'ordinaire six à sept ans (1).

§ 88. Les Dindons (*Meleagris*) forment un genre facile à distinguer par la peau nue et mamelonnée qui revêt leur tête et le haut de leur

---

(1) Nous possédons aussi trois autres espèces qui sont originaires de la Chine : le *Faisan à collier*, qui ne diffère du faisan commun que par une tache blanche de chaque côté du cou ; le *Faisan argenté*, qui est blanc en dessus avec des lignes noires très fines sur chaque plume, noir en dessous, et qui s'apprivoise plus facilement que les précédents ; enfin, le *Faisan doré*, si remarquable par la magnificence de son plumage. Sa tête est ornée d'une huppe pendante d'un jaune d'or ; son cou est revêtu d'une collerette orangée, maillée de noir ; son ventre est rouge de feu ; le haut de son dos est vert, les ailes rousses, le croupion jaune, et sa longue queue est brune, tachetée de gris. Cuvier pense que la description du phénix, donnée par Pline le naturaliste, a été faite d'après ce bel oiseau.

OISEAUX.

cou, par les appendices charnus qu'ils portent sous la gorge et sur le front, et par leur queue composée de dix-huit pennes roides qui se relèvent et s'étalent, ainsi que les couvertures supérieures, de manière à faire la roue. Chacun de nous a pu remarquer combien ces oiseaux sont irascibles, surtout lorsqu'ils voient du rouge, et comment le mâle, dans les moments de passion, se rengorge et enfle les caroncules charnues de son front. Ils sont originaires de l'Amérique; mais à cause de leur grosseur, de leur fécondité et de la bonté de leur chair, on les a naturalisés en Europe. Les premiers furent apportés en Espagne par les missionnaires au XVIe siècle; en 1532, ils furent introduits en Angleterre, et l'on assure qu'il n'en a paru en France qu'en 1570, aux noces de Charles IX; mais aujourd'hui ils sont devenus l'un de nos oiseaux de basse-cour les plus communs.

On connaît deux espèces de dindons : le *Dindon ocellé*, nouvellement découvert près de la baie de Honduras, et l'un des oiseaux les plus remarquables par l'éclat et la beauté de ses couleurs, et le *Dindon commun*, qui se trouve à l'état sauvage dans diverses parties de l'intérieur de l'Amérique septentrionale. Ce dernier abonde surtout autour de l'Ohio, du Mississipi et du Missouri, dans l'immense étendue de pays que la culture n'a pas encore envahie; son plumage, ordinairement noir chez nos dindons domestiques, est dans l'état de nature d'un brun verdâtre glacé de teintes cuivrées (1).

Les Hoccos, qu'on élève en domesticité dans nos colonies d'Amérique sont de grands oiseaux de basse-cour à ailes courtes et à queue arrondie; ils ont beaucoup d'affinité avec les dindons et les coqs, mais nichent sur les arbres.

Fig. 152. *Hocco commun*.

(1) Ces dindons sauvages se nourrissent des baies et des fruits des arbres forestiers, et ils émigrent d'une contrée à une autre, suivant qu'ils y trouvent ces aliments en plus grande abondance. Vers le commencement d'octobre, lorsque les fruits et les graines sont tombés, ils s'assemblent en troupes et se dirigent peu à peu vers les riches plaines de l'Ohio et du Mississipi. Les mâles se réunissent en petites bandes, composées de dix à cent individus, et cherchent leur nourriture séparés des femelles; celles-ci s'avancent seules avec leur jeune famille ou réunies à d'autres, et évitent avec soin les mâles, qui

§ 89. Les Pintades (*Numida*) ont aussi ordinairement la tête nue et des barbillons charnus au bas des joues, mais leur queue est courte et pendante, et leur tarse n'est pas armé d'un éperon. Les plumes fournies de leur croupion donnent à leur corps une forme bombée, et leur crâne est, en général, surmonté d'une crête calleuse. Ces oiseaux sont originaires de l'Afrique, et y vivent en grandes troupes. L'espèce commune, appelée *Pintade méléagride*, a le plumage ardoisé et couvert de taches rondes et blanches. C'est elle que

Fig. 153. *Pintades*.

attaquent les petits et souvent les tuent ; tous suivent cependant la même direction et font leur voyage à pied. Lorsqu'une rivière les arrête, on les voit se porter sur les points les plus élevés de ses bords et y rester un jour ou deux comme s'ils étaient en délibération ; enfin, lorsque tout est calme autour d'eux, ils montent sur le sommet des arbres, et à un signal donné par celui qui paraît être le chef de la troupe, tous prennent leur vol vers la rive opposée : les vieux y parviennent facilement, même lorsque la rivière est très large, mais les jeunes tombent souvent dans l'eau et achèvent leur traversée à la nage. Arrivés dans un canton où les fruits des arbres forestiers abondent, ils se divisent en petites troupes sans distinction de sexe ni d'âge, et dévorent tout ce qu'ils rencontrent. Ils passent ainsi l'automne et une partie de l'hiver ; mais vers le milieu de février, les femelles se séparent du reste de la troupe et sont suivies par les mâles, qui souvent se livrent alors des combats acharnés ; ils s'apparient bientôt, et les deux époux perchent dans le voisinage l'un de l'autre jusqu'à ce que la femelle commence à pondre, car alors elle se sépare du mâle pour lui dérober ses œufs que sans cela il ne tarderait pas à casser. C'est vers le milieu d'avril qu'elle dépose ainsi dans un nid, construit à terre avec quelques feuilles desséchées, dix à quinze œufs. Il paraît que quelquefois plusieurs femelles se réunissent pour placer leurs œufs dans un même nid et élever leurs petits en commun ; l'une des mères est alors toujours en sentinelle près de la couvée pour en défendre l'approche contre les corbeaux et même les chats sauvages.

Il n'est pas rare de voir des dindons sauvages se mêler à ceux que l'on élève en domesticité dans les fermes ; quelquefois c'est pour les attaquer et les chasser de leurs aliments, d'autres fois pour rechercher une femelle, et la race mixte résultant de ce mélange est très estimée des fermiers américains, car les petits sont plus robustes et plus faciles à élever.

Nos dindons domestiques sont moins gros que les dindons sauvages, et leur chair est moins savoureuse ; cependant elle est très estimée, et nos agriculteurs élèvent un très grand nombre de ces oiseaux, surtout dans le Périgord, l'Angoumois, la Guyenne, etc. En général, on ne laisse qu'un mâle pour huit à dix femelles, et on les tue ordinairement au bout de trois ans, car en avançant en âge, ils deviennent méchants et coriaces. Les femelles donnent des œufs dès leur première année, et c'est à l'âge de deux à trois ans qu'elles sont le plus fécondes. La ponte, qui se compose de quinze à vingt œufs, commence bientôt après la fin des gelées et se continue de deux jours l'un ; elle a lieu le

nous élevons quelquefois en domesticité dans nos basses-cours (1).

§ 90. Les Paons (*Pavo*), ainsi nommés d'après leur cri aigu et désagréable, ont pour caractères principaux une aigrette ou une huppe sur la tête, et les plumes supérieures (ou couvertures) de la queue du mâle extrêmement longues et pouvant se relever, ainsi que les plumes principales (ou rectrices, dont le nombre est de dix-huit), pour faire la roue. Chacun connaît la magnifique espèce que nous élevons pour l'ornement de nos parcs et de nos ménageries ; en décrire ici les formes ou les couleurs serait superflu. Mais ce qu'il importe de dire, c'est que, malgré le luxe et la beauté de son plumage, cet oiseau n'a pas tout l'éclat qui lui est naturel : à l'état sauvage, sa queue est encore mieux fournie, et le bleu dont son cou est orné se prolonge sur le dos et sur les ailes, au milieu d'un vert doré. Il est originaire de l'Inde, et a été apporté en Europe par Alexandre (2).

matin, et se fait le plus souvent loin de la ferme, dans les haies ou les buissons, à moins qu'on ait le soin de tenir les pondeuses enfermées, ou de leur préparer dans un endroit écarté, un nid qui leur plaise et qui soit à l'abri des atteintes du mâle ; car, s'il y trouvait une de ses femelles, il la maltraiterait et casserait ses œufs, qui sont gros, allongés et tachetés de jaune. On peut les conserver un mois sans leur faire perdre leur faculté reproductive, mais il arrive souvent qu'ils sont clairs, c'est-à-dire non fécondés. L'incubation dure trente jours, et la mère couve avec tant de constance, que si quelques jours avant la naissance des petits on change ses œufs sans qu'elle le voie, elle recommence sa tâche avec la même assiduité ; on peut ainsi la faire rester sur son nid pendant tout l'été, et couver non seulement des œufs d'autres dindes, mais aussi des œufs de poule, de canard et d'oie. Cette vie sédentaire lui est cependant très nuisible, et à la fin de la saison elle devient toujours étique. Les petits dindonneaux sont très sensibles au froid ; l'humidité leur nuit aussi beaucoup, et dans nos climats ils ne prospèrent qu'avec des soins assidus ; les cantons élevés et abrités des vents du nord et de l'ouest sont ceux qui leur conviennent le mieux, et dans les premiers temps on les nourrit ordinairement avec des orties ou du persil finement hachés et mêlés avec de la farine et des jaunes d'œufs cuits. Vers l'âge de deux mois les caroncules rouges commencent à leur pousser et ce moment est pour eux une crise dans laquelle beaucoup succombent ; mais, lorsqu'ils l'ont traversée, ils deviennent robustes et ne craignent plus les intempéries de l'air ; on les réunit alors en troupes pour les conduire au pâturage, et quand le froid arrive on les engraisse pour la table.

(1) Du temps d'Aristote, la Pintade était déjà acclimatée en Europe, et les Romains faisaient grand cas de sa chair, mais pendant le moyen âge la race s'en est perdue, et nous a été apportée de nouveau par les Portugais, à l'époque de leurs premières navigations sur les côtes d'Afrique ; depuis lors on a même transporté ces oiseaux aux Antilles et au Mexique. Ils sont cependant criards, vifs, turbulents et querelleurs ; ils tyrannisent tellement les autres oiseaux de basse-cour, qu'on renonce souvent à en élever, bien que leur chair soit excellente et leur fécondité extrême.

(2) Dans leurs forêts natales les paons se tiennent dans les fourrés les plus épais et les plus élevés, et déposent leurs œufs à terre dans un trou soigneusement caché ; à l'état de domesticité, ils conservent les mêmes goûts et aiment à se percher sur de grands arbres. La femelle, comme on le sait, n'a pas la brillante parure du mâle. Chez nous, elle ne fait chaque année qu'une seule ponte composée de huit à douze œufs, mais il paraît que les paons sauvages sont plus féconds. La durée de l'incubation est de vingt-sept à trente jours, et afin de la mieux assurer ou pour faire produire à la paonne un plus grand nombre d'œufs, on prend souvent le parti de les faire couver par une dinde ou par une poule. Les petits naissent couverts d'un duvet jaunâtre ; dans les premiers temps, la mère

§ 91. Les Perdrix se distinguent facilement de tous les précédents par l'existence d'une petite bande nue à la place du sourcil ; elle n'ont les jambes armées que d'éperons très courts ou de simples tubercules aux tarses, et elles se tiennent dans les champs et ne se perchent pas sur les arbres. L'espèce la plus commune est la *Perdrix grise*, qui a le bec et les pieds cendrés, la tête et la gorge fauves, une tache marron sur la poitrine du mâle, et le reste du plumage gris, mêlé de roux et de noir. Elle vit dans les parties tempérées de l'Europe, et se plaît dans les pays de plaines où elle peut trouver, soit des grandes prairies, soit des champs semés de blé. Jusqu'au mois d'avril, ces oiseaux s'y tiennent en troupes ; mais alors elles se retirent par paires, et, contrairement à ce qui se voit chez la plupart des gallinacés ordinaires, passent l'été en monogamie. La femelle pond quinze à vingt œufs, dans quelque trou garni d'un peu d'herbe et couve pendant trois semaines. Le mâle ne l'aide pas dans ce travail, mais reste auprès de son nid et semble s'y tenir en sentinelle : c'est vers la fin de juin que les petits éclosent. Ils courent dès leur naissance et vivent avec leurs parents jusqu'au printemps suivant. Le mâle se joint à la femelle, pour conduire et protéger la couvée. Si un danger menace les jeunes, ils déploient tous deux de l'adresse aussi bien que du courage, pour en éloigner leurs ennemis. Dans leur première jeunesse, les perdrix se nourrissent d'insectes ; mais plus tard elles vivent principalement de graines et surtout de blé, qu'elles retirent très bien de terre, même lorsque le sol est couvert de neige. Ce gibier, comme chacun le sait, est très estimé, ce qui le rend l'objet d'une chasse active. La *Perdrix rouge*, un peu plus grosse que la précédente, s'en distingue facilement par la couleur rouge de ses pieds et de son bec : elle se tient de préférence sur les collines et les endroits élevés, et est assez répandue dans le midi de la France, mais rare dans le nord.

Les Cailles (*Coturnix*) diffèrent des perdrix ordinaires par leur queue courte, penchée vers la terre et cachée par les plumes du croupion, par leur bec en général plus mince, par l'absence de sourcils rouges et par leurs tarses dépourvus d'éperons.

La *Caille commune* est célèbre par ses migrations : c'est un oiseau lourd et qui paraît mal conformé pour voler ; cependant, chaque

---

les mène chaque soir dans un endroit nouveau, et, jusqu'à ce qu'ils soient assez forts, elle les prend sur son dos et les porte l'un après l'autre sur la branche où ils doivent passer la nuit ; le matin elle saute à terre et les provoque à l'imiter. Ces jeunes oiseaux ont besoin d'une nourriture délicate, et ce n'est qu'à l'âge de six ou sept mois qu'ils peuvent vivre comme les grands ; l'aigrette commence à leur pousser à l'âge d'un mois, mais ce n'est qu'à la troisième année que la queue acquiert toute sa longueur, et chaque année, vers la fin de juillet, les plumes dont elle se compose tombent en tout ou en partie, pour repousser au printemps. On a prétendu que le paon pouvait vivre cent ans, mais la durée ordinaire de sa vie n'est réellement que d'environ vingt-cinq ans.

année, il nous quitte pour traverser la Méditerranée et passer l'hiver en Afrique. Les cailles se réunissent alors en troupes nombreuses et volent de concert, le plus souvent au clair de la lune ou pendant le crépuscule. Quand elles rencontrent sur leur route une île ou quelque rocher, elles en profitent pour s'y reposer, et, en automne, elles s'abattent en si grand nombre dans différents points de l'archipel du Levant, que le produit de leur chasse est d'un revenu considérable. Excepté aux époques du voyage, elles vivent isolées. Le mâle est polygame et ne prend aucun soin de la couvée ; les petits se séparent de leur mère aussitôt qu'ils peuvent se suffire à eux-mêmes.

Fig. 154. *Lagopède ordinaire.*

C'est à terre et le plus souvent dans les blés que celle-ci dépose ses œufs, dont le nombre varie de huit à quatorze. Ces oiseaux se tiennent dans les champs, jamais dans les bois, et se nourrissent de graines et d'insectes.

Les Coqs de bruyère appartiennent à la même tribu que les perdrix et les cailles, mais en diffèrent par leurs pattes emplumées et dépourvues d'éperons (1).

Enfin, les Lagopèdes, ou *Perdrix de neige*, sont encore des gallinacés très voisins des précédents, mais dont les doigts sont garnis de plumes aussi bien que la jambe (2).

(1) Nous en avons trois espèces, dont l'une, appelée le *grand Coq de bruyère*, est le plus grand de nos gallinacés ; il dépasse pour la taille nos dindons : le mâle a environ trois pieds de longueur et a le plumage ardoisé, finement rayé en travers de noir sur les côtés ; la femelle, d'un tiers plus petite, est rayée et tachetée de roux, de noir et de blanc. Cet oiseau est rare en France, mais se trouve en grand nombre dans les forêts des hautes montagnes, depuis l'Allemagne jusque dans le nord de l'Asie, et niche à terre dans les bruyères ou les nouveaux taillis. Leur chair est excellente, mais on n'a pu réussir à les réduire en domesticité. Le *petit Coq de bruyère*, qu'on appelle aussi *Coq de bouleau*, *Faisan noir* ou *Coq de bruyère à queue fourchue*, se distingue de l'espèce précédente par la forme de la queue, et par l'absence de longues plumes sous la gorge ; sa taille est celle de notre coq domestique, et son plumage est plus ou moins noir. Il est répandu dans les parties centrales de l'Europe, et vit dans les bois qui avoisinent les bruyères et les champs ; sa nourriture consiste principalement en bourgeons de hêtre, de bouleau, de sapin et en graines, mais il mange aussi des insectes. Notre troisième espèce de coq de bruyère est la *Gelinotte*, ou *Poule du coudrier*, qui n'est guère plus grosse que la perdrix ; son plumage est agréablement varié de brun, de blanc, de gris et de roux, et sa tête est un peu huppée ; quelquefois on en voit qui sont d'un blanc pur. Elle fréquente les montagnes couvertes de pins, de sapins, de bouleaux et de coudriers : on en trouve dans les Vosges.

(2) Le *Lagopède ordinaire* (fig. 154), qu'on appelle quelquefois aussi *Perdrix des Pyrénées*, habite les hautes montagnes du centre et du nord de l'Europe ; il est très com-

§ 92. La famille des Pigeons est beaucoup moins nombreuse en genres distincts, mais renferme beaucoup d'espèces. On les reconnaît aux caractères que nous venons d'indiquer ci-dessus et à leur bec comprimé plus ou moins courbé à sa pointe, et garni à la base de la mandibule supérieure d'une peau nue, molle et verruqueuse dans laquelle sont percées les narines que recouvre une écaille cartilagineuse et renflée (*fig.* 155). Leurs mœurs sont douces et familières; ils vivent par paires, et les deux époux montrent l'un pour l'autre une tendresse et une constance remarquables. Le mâle concourt à la construction du nid et couve comme la femelle; la ponte ne se compose d'ordinaire que de deux œufs, mais se renouvelle plusieurs fois; les petits naissent nus, aveugles et très faibles, et pour les nourrir leurs parents leur dégorgent dans le bec un suc alimentaire formé dans l'estomac de ces oiseaux. La couvée se compose, en général, d'un mâle et d'une femelle qui, élevés ensemble, ne se quittent jamais. La nourriture de ces oiseaux consiste en graines, en baies et en fruits pulpeux; quelquefois ils mangent aussi des insectes ou des limaçons, et lorsqu'ils boivent, c'est tout d'un trait, en plongeant le bec dans l'eau, tandis que les autres gallinacés relèvent la tête à chaque gorgée. Ils se tiennent de préférence sur la lisière des forêts, dans le voisinage des eaux, et ne vont guère en troupes que dans leurs émigrations; leur vol est lourd et bruyant, mais peut être soutenu longtemps.

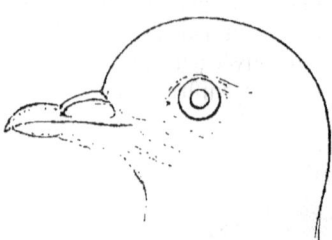

Fig. 155. *Tête de Pigeon.*

Cette petite famille peut être divisée en trois genres : les *Colombes*, qui ont le bec grêle et flexible et les pieds courts; les *Colombi-gallines*, qui diffèrent des précédentes par leurs tarses élevés et par leurs habitudes qui les rapprochent des gallinacés proprement dits, et les *Colombars*, dont le bec est gros et solide. Ces deux derniers genres sont exotiques.

C'est au genre des Colombes qu'appartiennent nos pigeons indigènes; nous en possédons à l'état sauvage quatre espèces, savoir : le *Ramier*, le *Colombin* ou *petit Ramier*, le *Biset* et la *Tourterelle* (1).

---

mun en Suisse, et se trouve aussi en Amérique. Il se nourrit de toutes sortes de baies et de feuilles de plantes alpestres, vole par troupes et niche dans les lieux ouverts. Il paraît que pendant l'hiver il se tient dans des trous qu'il se creuse sous la neige. Son plumage varie suivant les saisons : en hiver, il est d'un blanc pur avec une bande noire sur les côtés de la face; en été, il est d'un cendré roux, rayé de noir en dessus et à la poitrine, blanc en dessous.

(1) Le *Ramier* est le plus grand des quatre; son plumage est d'un cendré bleuâtre, avec la poitrine d'un roux vineux et des taches blanches à l'œil et sur le côté du cou. Il

OISEAUX.

§ 93. L'ORDRE DES GRIMPEURS comprend les perroquets, les pics, les coucous et les autres oiseaux dont les pieds sont pourvus de deux doigts dirigés en arrière et deux en avant, de manière à représenter une sorte de double pince, disposition qui leur permet de mieux saisir les branches et même de se cramponner solidement aux inégalités de l'écorce des arbres.

habite la plus grande partie de l'ancien continent et émigre en hiver; il nous arrive au commencement de mars; fait deux pontes pendant l'été, et en général se dirige vers le sud au mois de novembre: les vallées des Pyrénées sont alors traversées par des troupes si nombreuses de ces oiseaux, qu'ils y sont l'objet d'une chasse active.

Le *petit Ramier* a des mœurs analogues et des couleurs semblables, si ce n'est que les côtés du cou sont d'un vert changeant.

Le *Biset*, ou *Pigeon de roche*, est encore plus petit, et se reconnaît à son croupion blanc, au vert changeant qui entoure son cou, et à une double bande noire sur l'aile. Le ramier, même lorsqu'on le prend jeune, ne s'apprivoise qu'imparfaitement et ne se reproduit pas en captivité; le biset, au contraire, s'habitue très bien à la domesticité, et quelquefois on le voit même quitter volontairement son état d'indépendance pour vivre dans nos colombiers: aussi paraît-il être la souche principale de nos pigeons domestiques, dont les variétés de race se sont multipliées presque à l'infini, mais se reproduisent entre elles sans difficulté, et donnent ainsi naissance à une progéniture féconde. Ces oiseaux nichent de préférence dans les rochers, les vieilles tours et les masures, et ce n'est qu'à défaut de ces habitations qu'ils construisent leur nid dans des trous d'arbres; jamais ils ne l'établissent sur les branches comme le font les ramiers et les colombins, et cet instinct est peut-être une des causes qui les rendent si faciles à retenir dans nos colombiers. Ils vivent en troupes, et quelques auteurs assurent qu'ils poussent la sociabilité au point de veiller tour à tour en sentinelle autour de leurs compagnons pendant que ceux-ci sont occupés à chercher leur nourriture; mais cette opinion n'est peut-être pas étayée de preuves suffisantes. Les bisets sauvages sont très abondants dans le nord de l'Afrique et dans les grandes îles montagneuses de la Méditerranée; mais ils ne passent que l'été chez nous, et la plupart de ces oiseaux, élevés dans une sorte de captivité volontaire, s'accommodent des gîtes que l'homme leur prépare.

On distingue, en général, nos pigeons domestiques en pigeons de colombier et pigeons de volière: les premiers sont à demi-libres, car chaque jour ils quittent leur demeure et se répandent dans la campagne; les pigeons de volière sont tenus toujours renfermés dans de petits colombiers. L'une des variétés qu'on élève suivant la première de ces méthodes, et qu'on appelle *Biset de colombier*, a conservé à peu de chose près son plumage et ses mœurs primitives. Ces pigeons aiment à vivre en société et recherchent les lieux paisibles, élevés et bien exposés aux rayons du soleil; ils produisent souvent trois fois dans l'année, et pondent à deux jours de distance deux œufs, quelquefois trois; mais ils n'élèvent presque jamais plus de deux petits; beaucoup de jeunes ne pondent qu'une fois, et c'est au printemps que le nombre des pigeonneaux est le plus considérable. Quelquefois ils retournent à la vie indépendante.

On donne le nom de *Mondain* à une race peu différente de celle du biset, mais qui s'en distingue par des formes plus allongées et plus élégantes, ainsi que par des différences de couleur. Une variété de cette race atteint la taille d'une petite poule: c'est le *gros Mondain*. Une autre, remarquable par sa fécondité, mais surtout par son vol léger et élevé, ainsi que par la singulière faculté qu'elle possède de retrouver à des distances immenses le colombier où elle est née ou dans lequel elle a laissé sa progéniture, est le *Messager*. On en a vu qui, transportés dans des cages bien fermées à une distance de plus de cent lieues de leur demeure, y retournaient en quelques heures, et au moment de leur départ ne montraient aucune incertitude sur la route qu'ils avaient à suivre. Du reste, ce pigeon n'est pas le seul qui jouisse de cette faculté que les curieux se plaisent à mettre à l'épreuve. Le *Pigeon grosse gorge*, qui a l'habitude d'enfler beaucoup la gorge en remplissant d'air son jabot, est aussi une variété du mondain. Il en est de même du

§ 94. Les Perroquets (*Psittacus*) se reconnaissent à leur bec gros, dur, arrondi de toute part, et garni à sa base d'une membrane appelée *cire*, où sont percées les narines (fig. 156). Ce sont des oiseaux essentiellement grimpeurs, et on les voit aller de branche en branche en s'y accrochant avec leur bec aussi bien qu'avec les pattes, qui cependant sont robustes et armées d'ongles forts et assez crochus. Leurs ailes sont généralement courtes et leur corps gros : aussi ont-ils de la peine à prendre leur essor; mais la plupart peuvent cependant, lorsque les circonstances l'exigent, voler assez haut. Ils se nourrissent de fruits de toute espèce, mais préfèrent les amandes qu'ils épluchent avec soin. Lorsqu'ils mangent, ils se servent d'une de leurs pattes pour porter leurs aliments à leur bouche pendant qu'ils restent perchés sur l'autre pied. Hors le temps de la ponte, les perroquets vivent en troupes plus ou moins nombreuses. Ils se tiennent sur les bords des ruisseaux et prennent plaisir à se baigner plusieurs fois le jour. Ces oiseaux sont monogames, et nichent dans des trous d'arbres; la ponte se compose ordinairement de trois ou quatre œufs et se renouvelle

Fig. 156.

Pigeon culbutant et du *Pigeon tournant*, qui sont remarquables par leur manière de voler. Le premier s'élève très haut, et souvent tourne deux à trois fois sur lui-même la tête en arrière ; le second décrit des cercles à la manière des oiseaux de proie en battant des ailes. Mais ces habitudes paraissent tenir à la captivité dans laquelle on élève ces oiseaux ; car on assure que, par l'effet seul de la liberté, elles ne tardent pas à se perdre. Le *Pigeon nonnain* peut être considéré comme le type d'une autre race ; il se reconnaît à l'espèce de capuchon qui lui descend sur les épaules ; il n'a pas le vol rapide, mais se familiarise facilement et est très fécond. Le *Pigeon à cravate* est une variété voisine de la précédente, mais de très petite taille ; le vol de ces oiseaux est un peu lourd, mais bien soutenu, et ils finissent toujours par revenir à leur colombier, quelle que soit la distance qui les en sépare ; ils ne s'unissent pas volontiers avec les autres pigeons domestiques ; enfin ils élèvent difficilement leurs petits à cause de la brièveté de leur bec. Cette conformation vicieuse est portée encore plus loin chez le *Pigeon polonais*, au point que ses petits meurent souvent de faim, et que, pour les conserver, il est quelquefois nécessaire de les faire nourrir par des pigeons à bec long. Enfin nous citerons encore le *Pigeon romain*, reconnaissable au cercle de peau nu, rouge et ridé, situé autour des yeux ; son corps est gris, son vol est lourd, sa marche embarrassée, et sa fécondité médiocre.

La quatrième et dernière espèce de colombes sauvages qui se voit en France est la *Tourterelle*, qui vit dans les bois comme le ramier, et se distingue par son manteau fauve, tacheté de brun et son cou bleuâtre, avec une tache de chaque côté, mêlée de noir et de blanc. Elle s'étend depuis l'Afrique jusqu'en Chine, et nous quitte vers la fin de l'été pour aller passer l'hiver dans le Midi ; elle vit par paires réunies en petites troupes, et fait retentir les bois de ses roucoulements plaintifs. La tourterelle que nous élevons souvent en volière est d'une espèce distincte de la précédente ; elle paraît originaire de l'Afrique, et a reçu le nom de *Tourterelle à collier*, à cause du collier noir qu'elle porte sur la nuque ; elle s'unit à la tourterelle d'Europe, mais ne donne ainsi que des métis inféconds.

plusieurs fois l'année. Chacun connaît la facilité avec laquelle ils imitent la voix humaine et apprennent à articuler quelques mots Par l'éducation on parvient aussi à leur faire faire des exercices au commandement, et ils s'attachent aux personnes qui en ont soin, de même qu'ils prennent en aversion celles dont ils ont reçu de mauvais traitements.

Ces oiseaux habitent, pour la plupart, sous la zone torride, et c'est même dans les parallèles les plus approchés de l'équateur qu'on trouve le plus grand nombre d'espèces; mais il en est qui sont répandus jusqu'au 52ᵉ degré de latitude sud, et qui vivent dans des pays très froids. Chaque hémisphère en possède un grand nombre, et non seulement les espèces ne sont pas les mêmes dans le nouveau et l'ancien monde, mais chaque grande île a ses espèces particulières, et dans les continents chacune d'elles n'occupe souvent qu'une

Fig. 157. Perroquet Ara.

région assez circonscrite : on en connaît cependant qui émigrent.

Ces oiseaux forment une tribu très nombreuse et se divisent en *Aras, Perruches, Kakatoës, Perroquets* proprement dits, etc.

§ 95. Les Coucous se distinguent facilement des autres grimpeurs par leur bec médiocre, comprimé et légèrement arqué. Ces oiseaux sont remarquables par une particularité singulière de leurs mœurs : non seulement ils ne construisent pas eux-mêmes de nids pour leurs petits, mais ils font couver leurs œufs par d'autres oiseaux. Ils les déposent un à un dans les nids étrangers, et ont l'instinct de choisir celui d'un oiseau ayant l'habitude de nourrir ses petits avec des aliments qui conviennent aussi aux jeunes coucous : en Europe, c'est ordinairement dans les nids de la fauvette, de la lavandière, du rouge-gorge, du rossignol, du bruant, de la grive, du merle ou de quelques autres petits oiseaux insectivores qu'ils les placent ; et, chose remarquable, la couveuse qui s'y trouve devient pour ces intrus une mère tendre et infatigable, quoiqu'ils la privent de sa propre progéniture. En effet, le jeune coucou rejette du nid les petits dont il usurpe la place.

Les coucous arrivent en France vers le mois d'avril et passent en Afrique en automne; le chant du mâle rappelle le nom donné à ces oiseaux.

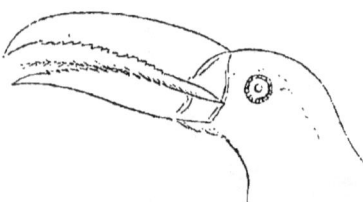

Fig. 158. *Toucan.*

On range aussi dans l'ordre des grimpeurs les *Toucans*, oiseaux de l'Amérique, qui sont remarquables par leur énorme bec.

§ 96. Les Pics (*Picus*) sont faciles à reconnaître par leur bec long, droit, anguleux et propre à fendre l'écorce des arbres; par leur langue longue, grêle, armée à sa pointe d'épines recourbées en arrière et extrêmement protractiles; enfin, par leur queue, composée de dix grandes pennes roides, dont ils se servent comme d'arc-boutant, lorsqu'ils grimpent le long des arbres (*fig.* 159). Ils montent perpendiculairement et en décrivant une spirale le long du tronc et des grosses branches des arbres, et méritent à tous égards le nom de *Grimpeurs*. Leur nourriture consiste principalement en larves, qu'ils prennent en frappant avec leur bec sur l'écorce ou en introduisant dans les fentes de celle-ci leur langue constamment imbibée d'une salive gluante. Ces oiseaux sont répandus sur presque tout le globe, mais c'est dans les forêts humides de l'Amérique qu'on en voit le plus grand nombre (1).

Fig. 159. *Pic* (moyen Épeiche).

§ 97. Enfin, l'ordre des Passereaux comprend tous les oiseaux qui n'offrent aucune des particularités de structure caractéristiques des cinq ordres dont nous avons déjà parlé, et se compose d'une multitude d'espèces; on y range, en effet, tous les oiseaux chanteurs, les hirondelles, les corbeaux, etc. Ils ont les jambes courtes ou de

(1) Nous en avons six espèces en Europe; les plus communes sont: le *Pic vert*, oiseau de la taille d'une tourterelle, vert dessus, blanchâtre dessous, avec une calotte rouge et le croupion jaune; le *grand Épeiche*, qui est de la taille d'une grive, noir en dessus, blanc en dessous, avec une tache rouge à l'occiput et à l'anus; le *moyen Épeiche* (*fig.* 159) et le *petit Épeiche*, qui sont de la taille d'un moineau.

moyenne longueur, les doigts faibles et non palmés ; le bec, en général, court et robuste, mais peu ou point crochu : les uns vivent d'insectes, d'autres sont granivores, et il en est quelques uns dont le régime est carnassier.

Cet ordre se subdivise en plusieurs familles, dont l'une, appelée FAMILLE DES CONIROSTRES, est caractérisée par un bec conique et sans échancrures latérales. Elle comprend les *Alouettes*, les *Mésanges*, les *Bruants*, les *Moineaux*, les *Corbeaux*, etc.

Les MOINEAUX forment une tribu nombreuse qui se distingue des autres conirostres par la forme du bec (gros à sa base, mais pas anguleux à sa commissure), et qui se subdivise en *Moineaux* proprement dits, *Pinsons*, *Linottes*, *Chardonnerets*, *Gros-becs*, *Bouvreuils*, etc.

§ 98. Les MOINEAUX proprement dits (*Pyrgita*) ont le bec moins grand que les tisserins, conique et un peu bombé vers la pointe (*fig.* 160). Le type de ce genre est notre *Moineau domestique*, ainsi nommé à cause de sa résidence habituelle dans le voisinage de nos habitations; il est remarquable par son audace et par sa voracité. Ces petits oiseaux consomment une quantité considérable de blé, détruisent beaucoup de jeunes fruits et occasionnent ainsi des dommages très grands. Ils sont répandus dans tout notre continent, mais ils abondent surtout dans les contrées où l'on cultive des céréales (1).

Fig. 160. *Moineau*.

Les PINSONS (*Fringilla*) ont le bec un peu moins arqué que les moineaux. Le *Pinson ordinaire* est un des oiseaux les plus communs de nos campagnes ; ses mœurs sont à peu près les mêmes que celles du moineau commun, mais il est plus vif, plus gai et chante d'une manière plus variée (2).

Les CHARDONNERETS, les LINOTTES et les SERINS (*Carduelis*) ont le bec plus court et sans être bombé. Chez les premiers, cet organe est un peu plus long et plus aigu que chez les derniers, qui ne se distinguent entre eux que par leur plumage brun, avec des teintes rouges chez les linottes, plus ou moins verdâtres chez les serins (3).

(1) On connaît sous le nom de *Friquet* une autre espèce de moineau un peu moins grande que la précédente, et qui se trouve également dans toutes les parties de l'Europe, mais qui ne se rapproche pas des endroits habités.

(2) A l'âge adulte, ces oiseaux ne s'accoutument que très difficilement à la captivité ; mais, quand on les prend jeunes, ils s'apprivoisent fort bien ; on a remarqué qu'ils ne chantaient jamais mieux que lorsqu'ils avaient perdu la vue, et c'est pour cette raison que, dans plusieurs contrées, on a l'habitude barbare de priver de la vue, en passant sur les paupières un fil de fer rougi au feu, les pinsons qu'on élève en cage.

(3) Le *Chardonneret ordinaire* est l'un des oiseaux d'Europe les plus jolis, les plus dociles et les plus habiles chanteurs. Son plumage est brun en dessus et blanchâtre en

Les Gros-becs (*Coccothraustes*) se distinguent des autres moineaux par l'excessive grosseur de leur bec, exactement conique (1).

Fig. 161.

Enfin, les Bouvreuils (*Pyrrhula*) ont le bec arrondi et bombé en tous sens et assez fort pour leur permettre de briser les semences les plus dures : ils habitent principalement les climats froids et tempérés (2).

Les Becs-croisés (*Loxia*) ressemblent beaucoup aux bouvreuils, mais présentent un caractère très remarquable dans leur bec (*fig. 162*), dont les deux mandibules sont tellement courbes, que leurs pointes se croisent tantôt d'un côté, tantôt de l'autre, suivant les individus (3).

Fig. 162.

Les Bruants (*Emberiza*) ressemblent beaucoup dessous, avec le masque d'un beau rouge et une belle tache jaune sur l'aile. Il tire son nom de la graine de chardon, qu'il recherche de préférence ; il se plaît surtout dans les vergers, et niche en général dans les vignes, les pruniers ou les noyers. Son vol est bas et filé, et en hiver ces oiseaux se réunissent en troupes nombreuses ; ils vivent de seize à vingt ans ou même davantage.

La *Linotte commune* se trouve aussi dans presque toutes les parties de l'Europe, où elle habite les vignobles, les plaines et la lisière des bois. La femelle, dont le plumage est d'un cendré jaunâtre mêlé de brun et de roux, ne chante pas ; le mâle, au contraire, un ramage très agréable, et à l'âge adulte on le remarque aussi à cause de la couleur rouge des plumes de la tête et de la poitrine. Le *Cabaret*, ou *Siserin*, est une espèce de linotte plus petite que la précédente, qui habite le Nord, et vient passer l'hiver dans les parties tempérées de l'Europe.

Le *Serin des Canaries* chante si agréablement, et se multiplie si facilement en captivité, qu'on l'a transporté partout, et qu'il est devenu très commun parmi nous ; l'état de domesticité de ce petit oiseau et la faculté qu'il a de se mêler avec la plupart des autres espèces de ce genre, et de produire avec elles des métis féconds, ont fait varier sa couleur au point qu'il est difficile de lui en assigner une primitive. La plupart des naturalistes s'accordent à le regarder comme originaire des îles Canaries, où on le trouve en grand nombre et à l'état sauvage ; mais quelques voyageurs pensent qu'il est venu primitivement de l'Asie.

C'est aussi à cette division de la tribu des moineaux qu'il faut rapporter un grand nombre de petits oiseaux chanteurs des pays chauds, connus sous les noms de *Bengalis* ou de *Sénégalis* ; plusieurs sont remarquables par la beauté de leur plumage.

(1) Celui dans lequel ce caractère est le plus marqué est le *Gros-bec commun*, qui vit dans les montagnes boisées, et mange toutes sortes de fruits et d'amandes. Le *Verdier*, très commun aux environs de Paris, appartient aussi à ce genre ; mais il a le bec moins gros que le précédent.

(2) Nous en avons un, le *Bouvreuil ordinaire*, qui s'apprivoise aisément, et apprend à chanter agréablement et même à parler. Il est cendré dessus, rouge ou roussâtre dessous, et a une calotte noire.

(3) Le *Bec-croisé commun* habite l'Europe et se tient dans les forêts d'arbres verts. C'est pendant l'hiver qu'il niche et se reproduit dans nos climats ; en été, il émigre vers le Nord. Il se nourrit de fruits et de bourgeons, et il paraît que son bec extraordinaire lui sert pour arracher les semences de dessous les écailles des pommes de pin.

aux moineaux, mais ont le bec plus court, un peu comprimé, et le palais garni d'un tubercule dur et saillant (1).

Les Mésanges ont le bec beaucoup plus petit et garni de poils à sa base, les narines cachées sous les plumes du front, les ailes tronquées et les ongles effilés. Ce sont de petits oiseaux actifs, pétulants et courageux, qui voltigent et grimpent sans cesse sur les branches ou sur les joncs, s'y suspendent dans tous les sens, déchirant les graines dont ils font leur principale nourriture, mangeant aussi beaucoup d'insectes, et n'épargnent même pas les petits oiseaux quand ils se trouvent malades et peuvent les achever.

Fig. 163. *Bruant.*   Fig. 164. *Mésange.*

§ 99. Les Alouettes se reconnaissent à la longueur considérable de l'ongle de leur pouce qui est droit, fort et beaucoup plus grand que celui des autres doigts; leur tête est petite et garnie en dessus de plumes érectiles; enfin leur queue est de longueur moyenne et presque toujours fourchue. La conformation de leurs

Fig. 165. *Alouette cochevis.*

ongles ne permet pas à la plupart de ces oiseaux de percher sur les arbres, mais elle leur est utile lorsqu'ils courent sur la terre nouvellement retournée; ils vivent en général dans les champs et se nourrissent de graines, d'herbes tendres, d'insectes et de larves (2).

(1) Les uns, reconnaissables à l'ongle court et courbe du doigt postérieur, vivent dans les bois ou les jardins et nichent dans les broussailles; les autres, qui ont cet ongle long et faiblement arqué, et qui se rapprochent davantage des alouettes, vivent toujours à terre dans les lieux découverts. Ce sont des oiseaux de peu de prévoyance, qui donnent dans tous les piéges qu'on leur tend, et qui sont recherchés comme gibier. L'*Ortolan*, célèbre pour la délicatesse de sa chair, appartient à ce genre. Ce petit oiseau, dont le dos est brun olivâtre, et la gorge jaune, est répandu dans presque toute l'Europe, mais n'est commun que dans le Midi. Vers le mois de mai, les ortolans arrivent dans les parties centrales de l'Europe, et en septembre ils retournent dans les contrées méridionales; ils sont alors chargés de graisse et fort recherchés, tandis qu'au printemps ils sont maigres et insipides. Ils ne nichent guère que dans la Lorraine, la Bourgogne et l'Allemagne, et dans les pays vignobles; c'est ordinairement sur les ceps de vignes qu'ils placent leur nid. Le *Bruant de neige* diffère de tous les précédents par son ongle pointu, long et presque droit; il habite les régions arctiques, et en hiver se montre dans le nord de la France.

(2) L'*Alouette commune*, dont chacun connaît la forme et la couleur, est répandue dans une grande partie de l'ancien continent. Pendant l'été, ces oiseaux fréquentent

§ 100. Les CORBEAUX (*Corvus*) se distinguent de tous les conirostres dont nous avons parlé jusqu'ici, par leur taille plus grande et par leur bec fort, plus ou moins aplati sur les côtés et garni à sa base de plumes roides, dirigées en avant, au-dessus des narines. Ils sont, pour la plupart, omnivores : ils font des provisions pour l'arrière-saison, et ont la singulière habitude de prendre et de cacher même les choses qui leur sont inutiles ; ils sont rusés, et, quand on les tient en captivité, ils apprennent facilement à contrefaire des voix étrangères et même à obéir à celle de leur maître.

Fig. 166. *Oiseau de paradis.*

Les espèces qui ont le bec le plus fort, proportionnellement à leur taille, qui ont l'arête de la mandibule supérieure la plus marquée, et qui ont la queue ronde, sont nommées CORNEILLES ou CORBEAUX proprement dits ; celles qui, avec un bec à peu près de la même forme, ont la queue longue et étagée, sont appelées PIES (*Pica*) ; enfin, lorsque les deux mandibules sont peu allongées et finissent par une courbure subite, et que la queue est médiocre et égale ou étagée, on donne à ces oiseaux le nom de GEAIS (*Garrulus*) (1).

Les OISEAUX DE PARADIS ont aussi de l'affinité avec les corbeaux, mais sont remarquables par le luxe de leur plumage. Ils sont originaires de la Nouvelle-Guinée.

de préférence les terres sèches, et se plaisent à s'élever perpendiculairement dans l'air à de grandes hauteurs en chantant d'une voix forte et mélodieuse. En hiver, ils se réunissent en grandes troupes dans les plaines basses, et restent presque toujours à terre, cherchant leur nourriture. Quand le froid est intense, ils se réfugient sous des rochers et le long des fontaines qui ne gèlent pas, et lorsqu'ils sont poussés par la disette, on les voit s'approcher de nos habitations. Dans nos climats, les alouettes font en général deux pontes par an, en mai et en juillet. En automne, elles sont très grasses et leur chair est très estimée ; on en prend un nombre immense pour l'usage de la table, et sur nos marchés on les désigne communément sous le nom de *Mauviettes*. Le *Cochevis* est une espèce d'alouette qui ressemble beaucoup à la précédente, mais qui a la tête ornée d'une huppe érectile bien distincte ; son chant est plus doux que celui de l'alouette commune, et on le trouve aussi, quoique moins abondamment, dans la plupart des contrées de l'Europe ; on le voit souvent sur le bord des chemins, cherchant dans le crottin de cheval des graines non digérées. Une troisième espèce, l'*Alouette lulu*, dont la tête est également ornée d'une huppe, mais qui est de moindre taille, fréquente les bruyères dans l'intérieur des bois. Enfin notre plus grande espèce est la *Calandre*, dont le bec est presque aussi gros que celui d'un moineau ; elle fréquente le midi de la France.

(1) Le *Corbeau commun*, le plus grand des passereaux de l'Europe, appartient à la première de ces divisions, et se reconnaît à son plumage entièrement noir et à sa queue

OISEAUX.   163

§ 101. On range dans une autre famille, sous le nom commun de Dentirostres, les passereaux dont le bec est plus ou moins échancré de chaque côté près de la pointe.

Les Merles (*Turdus*) appartiennent à cette division. Ils ont le bec comprimé et un peu arqué, mais faiblement denté. Ce sont des oiseaux frugivores plutôt qu'insectivores (1).

Fig. 167. *Tête de Merle.*

Les Pies-Grièches (*Lanius*) ont le bec crochu au bout et plus fortement denté ; aussi, quoique d'assez petite taille, ont-elles le courage et les goûts carnassiers

arrondie. La *Corneille ordinaire* est d'un quart plus petite et a la queue plus carrée. Le *Freux* est encore plus petit, et a le bec plus droit et plus pointu ; son plumage est également d'un beau noir ; mais, excepté dans la première jeunesse, il a la base du bec, le devant de la tête et la gorge dépouillés de plumes. La *Corneille mantelée* est cendrée, avec la tête, les ailes et la queue noires. Enfin la *petite Corneille des clochers*, ou *Choucas*, est plus petite encore d'un quart que les précédentes ; son plumage est noir, mais un peu moins foncé que chez le corbeau, et son bec est plus court. Tous ces oiseaux abondent en Europe. Le corbeau commun vit plus retiré que les autres, et se tient presque toujours dans les montagnes couvertes de bois ; la corneille et le freux fréquentent au contraire les plaines, et vivent réunis en grands troupeaux. La corneille mantelée ne se voit guère que sur les bords de la mer ou des marais, et le choucas s'établit d'ordinaire, par grandes troupes, dans les clochers et les vieilles tours. Le corbeau a le vol élevé et facile, et il sait s'accommoder de tous les climats. Sa démarche est grave et posée, et son courage remarquable. On le voit quelquefois poursuivre le milan pour le combattre ; et, lorsqu'on le tient en captivité, il ne redoute ni les chiens, ni les chats, ni même l'homme. Sa nourriture favorite consiste en charognes, qu'il sent de très loin ; mais, à défaut de cadavres, il vit de graines ou d'insectes, et quelquefois il attaque les animaux vivants, tels que des rats, des perdrix et des grenouilles ; enfin, il niche isolément sur les arbres élevés ou sur des rochers escarpés, et ne fait que deux couvées par an. La corneille se nourrit à peu près de même, mais elle est plus insectivore et mange plus de graines. On la voit souvent pendant le jour, réunie en troupes nombreuses avec les freux, chercher dans les terres nouvellement labourées des vers et des larves de hannetons ; le soir ils vont percher ensemble sur quelques grands arbres. Le freux et les choucas, qui souvent volent aussi avec les corneilles, ne se jettent sur les charognes que lorsqu'ils y sont poussés par la faim, et ils portent la sociabilité encore plus loin que ces derniers ; car, au lieu de s'isoler pour nicher, comme les oiseaux le font d'ordinaire, ils se rassemblent en familles. Tous ces corbeaux n'émigrent pas : en hiver, ils restent dans les cantons les moins froids. Les corneilles mantelées changent, au contraire, de demeure deux fois l'an : en automne, elles nous arrivent par grandes troupes, qui se mêlent aux freux et aux corneilles, et, au printemps, on les voit, suivant une direction contraire, se diriger par petites bandes vers le Nord.

Nous avons aussi en Europe une espèce de *pie*, qui est très commune et qui se reconnaît à son plumage d'un beau noir chatoyant partout, excepté au ventre et sur une partie de l'aile, où cette couleur est remplacée par du blanc pur. Cet oiseau se plaît dans les lieux habités, et, comme la corneille, se nourrit de tout : il est très vorace, et attaque même les petits oiseaux de basse-cour. Tout le monde connaît la facilité avec laquelle il apprend à prononcer quelques mots, et sa loquacité devenue proverbiale. Les *geais* sont également remarquables par le penchant qu'ils ont à imiter toute espèce de sons. Le geai d'Europe est un bel oiseau d'un gris vineux, dont l'aile est ornée d'une grande tache bleu vif, rayée de bleu foncé. Il vit par paires ou par petites troupes dans les bois, et se nourrit principalement de glands et de noisettes.

(1) En général, on réserve le nom de *Merle* aux espèces dont les couleurs sont uniformes

164   ZOOLOGIE.

des oiseaux de proie les plus sanguinaires; leur nourriture, qu'elles saisissent et emportent avec le bec, consiste ordinairement en insectes, mais elles aiment la chair de préférence, et les petits oiseaux deviennent souvent leurs victimes. Elles savent aussi se défendre contre les pies, les corneilles, les crécerelles et autres oiseaux bien plus gros qu'elles, et lorsque ceux-ci s'approchent de leur nid, elles poussent de grands cris et se jettent sur eux avec tant de force, qu'en général elles les mettent en fuite. Ces oiseaux vivent en famille et prennent beaucoup de soin de leurs petits; ils volent d'une manière inégale et précipitée en jetant des cris aigus;

Fig. 168. Pie-Grièche.

ils ont aussi l'habitude d'imiter sur-le-champ quelques parties du ramage des oiseaux qui vivent dans leur voisinage; enfin ils demeurent d'ordinaire dans les plaines boisées, et nichent dans les arbres ou les buissons (1).

On donne le nom de Becs-fins (*Motacilla*) à une multitude d'autres petits dentirostres qui sont caractérisés par leur bec droit, menu, semblable à un poinçon et à peine denté. Ce sont les *Traquets*, les *Rubiettes*, les *Fauvettes*, les *Roitelets*, les *Troglodytes*, les

Fig. 169. Rossignol.

on distribuées par grandes masses, et l'on donne celui de *Grives* aux espèces dont le plumage est grivelé, c'est-à-dire marqué de petites taches noires et brunes.

Le *Merle commun* est trop généralement connu parmi nous pour qu'il soit nécessaire d'en décrire le plumage. Il reste dans nos contrées toute l'année et se retire pendant l'hiver dans les forêts d'arbres verts, surtout de genévriers. Vers le commencement de mars, ces oiseaux construisent avec de la mousse, de petites racines et de la terre détrempée, leur nid placé au milieu des buissons ou sur un arbre de moyenne hauteur. Il est à noter que ces oiseaux, dont le plumage est naturellement si noir, deviennent quelquefois blancs en totalité ou en partie.

La *Grive commune* est de la grosseur du merle; son plumage est brun sur le dos, tacheté sur la poitrine et jaune sous les ailes. Cet oiseau voyage en grandes troupes; il arrive dans nos climats vers la fin de septembre, et n'y séjourne que peu après les vendanges, mais repasse en avril pour disparaître presque entièrement en mai; quelques individus restent cependant parmi nous et nichent sur les pommiers ou dans les buissons.

(1) La *Pie-Grièche commune* (*fig.* 168) est de la taille d'une grive, cendrée en-dessus, blanche en dessous, avec les ailes et la queue noires; elle habite dans presque toute l'Europe. Nous possédons plusieurs autres espèces qui sont plus petites; l'une d'elles a

Hochequeues, les *Bergeronnettes* et les *Farlouses*, c'est-à-dire presque tous les petits oiseaux chanteurs de nos bois (1).

§ 102. Les hirondelles sont les principaux représentants d'une famille de l'ordre des passereaux qui est caractérisée par le bec court, large, aplati horizontalement, sans dentelures latérales et fendu très profondément, disposition qui donne à la bouche beaucoup de largeur et permet à ces oiseaux d'engloutir facilement les insectes qu'ils poursuivent au vol. On donne à ce groupe le nom de FAMILLE DES FISSIROSTRES, et on le subdivise en deux tribus : les *Fissirostres diurnes* et les *Fissirostres nocturnes*. Les premiers ont le plumage serré et cherchent leur proie de jour ; les derniers ont le plu-

---

reçu le nom d'*écorcheur* à cause de la manière dont elle dépèce sa proie, après l'avoir accrochée aux épines des buissons ; elle détruit une grande quantité d'insectes, et s'empare aussi de petits oiseaux, de jeunes grenouilles, etc.; cette petite pie-grièche arrive chez nous au printemps et nous quitte en automne.

(1) LES TRAQUETS (*Saxicola*) ont le bec légèrement déprimé et un peu plus large que haut à sa base ; ils ont le corps ramassé, et sont assez hauts sur jambes. Ces oiseaux fréquentent les lieux découverts et pierreux ; ils sont très vifs, méfiants, en général silencieux, et se nourrissent d'insectes qu'ils attrapent en courant. Nous en possédons plusieurs espèces qui, en automne, émigrent vers les pays chauds, pour revenir au printemps.

Le *Traquet commun* est un petit oiseau brun, à poitrine rousse, à gorge noire, avec du blanc sur les côtés du cou, sur l'aile et au croupion ; son nom paraît lui venir d'un petit cri semblable au tictac d'un moulin ; il voltige sans cesse sur les buissons et les haies. Son nid, construit extérieurement avec des herbes sèches, et garni en dedans d'un peu de laine, est soigneusement caché au fond d'un buisson, sous l'avance de quelque racine ou de quelque pierre ; la femelle y pond cinq ou six œufs. Dans les premiers jours de l'automne, lorsque les insectes, dont il fait sa principale nourriture, commencent à devenir rares, il émigre vers le Sud ; il est alors fort gras et sa chair est très estimée. Le *Tarier* est une autre espèce de ce genre, un peu plus grande que la précédente, à laquelle il ressemble beaucoup par son plumage et par ses mœurs ; il est très commun dans la Lorraine où on le connaît sous le nom vulgaire de *tic-toc*. Une troisième espèce de traquet, le *Motteux* ou le *Cul-blanc*, doit le premier de ces noms à l'habitude qu'il a de se poser sur les mottes les plus élevées dans les champs nouvellement labourés, où il se fait remarquer par les mouvements brusques de sa queue.

LES REMETTES (*Sylvia*) ont le bec seulement un peu plus étroit à sa base que les précédents ; ce sont aussi des oiseaux solitaires qui vivent d'insectes, de vers et de baies, et qui pour la plupart nous quittent en hiver. On en trouve en France quatre espèces : le *Rouge-gorge*, le *Gorge-bleue*, le *Rossignol de muraille* et le *Rouge-queue*. Le premier, gris-brun en dessus, blanc en dessous, avec la gorge et la poitrine rousses, abonde dans presque toutes nos grandes forêts et n'émigre que très tard dans l'année ; c'est un des oiseaux les plus familiers et les plus faciles à apprivoiser. Il niche dans les bois, près de terre, et, pendant toute la durée de l'incubation, le mâle se tient à quelque distance de la femelle, l'égayant de son ramage doux et modulé. Le *Gorge-bleue* a les mœurs semblables, mais il est assez rare en France. Le *Rossignol de muraille*, brun, avec la gorge noire, nous arrive également au printemps, et alors le mâle, toujours seul, se pose sur les édifices les plus élevés, d'où il fait entendre, dès l'aube du jour, un chant mélodieux ; plus tard ces oiseaux se retirent par paires dans les montagnes pour y établir leur nid.

LES FAUVETTES (*Curruca*) ont le bec droit, grêle partout, un peu comprimé en avant et à bord supérieur un peu courbé vers la pointe. Presque tous ces petits oiseaux volent

mage léger, mou et nuancé de gris comme les hiboux, auxquels ils ressemblent aussi par leurs mœurs (1).

La TRIBU DES FISSIROSTRES DIURNES se compose des *Hirondelles* et des *Martinets*.

§ 103. Les HIRONDELLES (*Hirundo*) ont le bec triangulaire, un peu recourbé à sa pointe, les pattes courbes, les ailes très longues et la queue ordinairement fourchue. Nous en avons quatre espèces qui se trouvent également dans tout le sud-ouest de l'Europe. Ce sont : l'*Hirondelle de fenêtre*, dont les pieds sont revêtus de plumes jusqu'aux ongles et le plumage noir en dessus, blanc en dessous et au croupion ; l'*Hirondelle de cheminée* dont les doigts sont nus, la queue à fourche très longue, et le plumage noir en dessus, roux au front et à la gorge, blanc à la poitrine et au ventre ;

---

continuellement et avec légèreté à la poursuite des insectes et font entendre un ramage agréable. Le plus célèbre par son chant est le *Rossignol*. Chaque année, vers la fin de mars, il arrive dans nos contrées et au commencement de mai s'enfonce dans les taillis les plus épais des bois pour y construire son nid. Pendant tout ce temps, il chante la nuit aussi bien que le jour ; mais dès que les petits sont éclos il ne se fait plus entendre, et dès les premiers jours de juin il ne lui reste plus qu'un cri rauque et désagréable. La femelle fait jusqu'à trois pontes dans l'année, et les deux parents s'occupent également des soins à donner à leurs petits. Vers la fin de septembre, ces oiseaux se dirigent vers le Midi. Leur plumage est d'un brun roussâtre. La *Fauvette* proprement dite arrive aussi dans nos campagnes au printemps. C'est un petit oiseau timide, mais fort gai, qui niche dans les arbustes ou sur les ramées dont les cultivateurs se servent pour soutenir les pois ; les jeunes restent avec leurs parents pendant la première année.

Les ROITELETS, ou FIGUIERS, ne diffèrent que peu des fauvettes. Le *Roitelet commun* est le plus petit des oiseaux d'Europe ; il abonde dans les forêts de sapins et se fait remarquer par son agilité.

Les HOCHEQUEUES, ainsi nommés à cause de la manière dont ils élèvent et abaissent sans cesse leur longue queue, sont aussi très voisins des fauvettes, mais ont le bec encore plus grêle. Les uns, appelés par les naturalistes HOCHEQUEUES proprement dits, ou LAVANDIÈRES, ont l'ongle du pouce courbé et vivent au bord des eaux ; celui de notre pays a des formes élégantes et des mouvements légers et gracieux. C'est un des premiers oiseaux voyageurs qui nous arrivent au printemps ; il construit, près des eaux et dans quelque trou, son nid composé d'herbes sèches et de mousse, et le mâle, aussi bien que la femelle, montrent pour leurs jeunes petits la plus tendre affection.

Les BERGERONNETTES (*Budytes*) ne diffèrent des lavandières que par l'ongle du pouce qui est allongé et un peu arqué. Ce sont des oiseaux extrêmement familiers, qui se tiennent dans les pâturages et poursuivent les insectes au milieu des troupeaux. La plus commune a été nommée *Bergeronnette du printemps*, parce qu'elle est la première de son genre qui reparaisse dans nos campagnes à la fin de l'hiver.

Enfin, les FARLOUSES (*Anthus*) prennent aussi place dans la tribu des becs-fins, à cause de leur bec grêle et échancré ; mais l'ongle de leur pouce est si long qu'on les a longtemps réunis aux alouettes. Celles dont l'ongle est encore assez arqué se perchent volontiers, le *Pipi*, par exemple ; mais celles qui ont cet ongle droit se tiennent le plus souvent à terre ; la *Farlouse* proprement dite, ou *Alouette de pré*, est du nombre de ces derniers. Cet oiseau se trouve dans les bruyères humides et les lieux marécageux, et paraît émigrer en Afrique pendant l'hiver ; il se nourrit ordinairement de petits insectes, mais en automne il mange beaucoup de raisin et devient ainsi extrêmement gras : on le recherche alors pour la table, et, dans plusieurs de nos provinces, on le désigne sous le nom de *Vinette* ou de *Becfigues*.

(1) Ce sont les Engoulevents, etc.

l'*Hirondelle de rivage*, qui est plus petite que les autres et qui se distingue de la précédente par sa couleur brune en dessus et à la poitrine, tandis que sa gorge et le dessous de son corps sont blancs; enfin, l'*Hirondelle des montagnes*, qui diffère de l'hirondelle de cheminée par sa queue un peu fourchue et par son plumage brun clair en dessus. C'est vers l'époque de l'équinoxe du printemps que ces oiseaux commencent à se montrer dans nos contrées. L'hirondelle de fenêtre et l'hirondelle de rivage n'apparaissent guère chez nous que huit ou dix jours plus tard, c'est-à-dire vers le 15 avril.

Chacun connaît le vol léger, élégant et soutenu de ces oiseaux, et a pu remarquer combien ils aiment à planer au-dessus de l'eau et à sillonner l'air dans toutes les directions en y poursuivant les insectes dont ils se nourrissent et dont ils détruisent un nombre immense. Les hirondelles nous délivrent, en effet, de nuées de cousins, de charançons et d'autres insectes destructeurs ou incommodes, et les services qu'elles nous rendent ainsi devraient leur assurer notre reconnaissance et notre protection. Elles nous arrivent d'abord par bandes peu nombreuses, mais bientôt les masses, dont celles-ci étaient les devancières, se répandent dans les villes et dans les campagnes. L'hirondelle de cheminée et celle de fenêtre se rapprochent de nos habitations; l'hirondelle de rivage ne hante que les bords des rivières où le voisinage de l'homme ne la trouble pas. Presque aussitôt après leur arrivée on les voit s'occuper activement de la construction du nid ou de la réparation de l'un de ceux abandonnés l'année précédente. Ce nid est une véritable bâtisse, artistement façonnée; il est construit avec des débris de matières végétales ou animales et une espèce de ciment formé de terre gâchée que l'oiseau étend avec son bec comme avec une truelle; à l'intérieur il est garni de duvet, et l'ouverture servant d'entrée est pratiquée à sa partie supérieure. L'endroit où ces oiseaux le placent varie suivant les espèces, mais est toujours choisi de manière à les mettre autant que possible à l'abri des attaques de leurs ennemis. L'hirondelle de cheminée établit en général son domicile dans la partie la plus élevée des tuyaux de cheminée, et doit à cette particularité le nom qui la distingue; l'hirondelle de fenêtre attache son nid dans les encoignures des fenêtres ou aux poutres des granges et des écuries; enfin l'hirondelle de rivage niche dans des trous qu'elle creuse avec son bec dans la berge des rivières ou s'établit dans les fentes des rochers. La ponte consiste en quatre ou six œufs, et l'incubation dure quatorze jours; pendant ce temps la femelle ne quitte pas son nid; le mâle voltige sans cesse autour et apporte à la couveuse la plus grande partie de sa chasse; la nuit il se tapit en sentinelle sur l'ouverture du nid, et en rend la surprise impossible. Lorsque les jeunes sont nés, leurs parents leur prodiguent encore les soins les plus constants et semblent se plaire à leur donner une espèce d'éducation ; on les voit excitant leurs petits à faire usage de leurs ailes en leur présentant d'un peu loin la nourriture qu'ils aiment et en s'écartant à mesure que ceux-ci les suivent ; pendant quelques jours encore ils les guident dans leurs excursions ; mais aussitôt que les jeunes peuvent se passer de leurs secours, ils s'occupent d'une nouvelle couvée, et la ponte se répète jusqu'à trois fois dans la saison. Toute la jeune génération, abandonnée à elle-même, vit alors en troupes nombreuses, dans lesquelles l'hirondelle de cheminée est même confondue avec l'hirondelle de fenêtre.

Les mœurs de ces oiseaux sont douces, et ils donnent même des signes remarquables de sociabilité. Lorsque leurs petits sont menacés par l'approche de quelque ennemi, le père et la mère poussent des cris de désespérés, et l'on voit alors toutes les hirondelles du voisinage venir à leur secours et harceler de concert l'animal dont ils redoutent l'attaque ; il paraît qu'ils se prêtent aussi des secours mutuels pour la construction de leur nid, et l'on assure que si un moineau s'empare de la demeure de l'un d'entre eux, comme cela arrive souvent, toutes les autres hirondelles du voisinage se rassemblent autour pour chercher à l'en expulser ou pour l'y renfermer en bouchant avec de la terre le trou qui sert de sortie.

Vers l'équinoxe d'automne, les hirondelles se rassemblent en troupes nombreuses et ne tardent pas à disparaître. Quelques naturalistes ont pensé qu'elles se retiraient alors dans des cavernes ou se cachaient au milieu des roseaux pour y rester dans un état d'engourdissement léthargique jusqu'au retour du printemps. Quoi qu'il en soit, il est bien certain que la plupart des hirondelles, sinon toutes, ne présentent rien de semblable, mais émigrent en automne vers les pays chauds. On les voit alors se rendre par bandes nombreuses sur les bords de la Méditerranée, et s'y rassembler, sur quelque point élevé, en légions innombrables qui, après avoir attendu quelques jours un moment favorable, partent de concert et traversent la mer ; on les y rencontre quelquefois, et on les voit s'abattre sur les cordages des navires lorsque les vents contraires s'opposent à leur voyage ; enfin, on assure que dans le mois d'octobre nos hirondelles commencent à se montrer au Sénégal, où elles passent l'hiver et changent de plumes.

Ces petits oiseaux font, comme on le voit, de bien longs voyages, et cependant, par un instinct que nous ne pouvons comprendre, ils savent au printemps suivant retrouver les lieux où ils ont déjà niché et y reviennent toujours. On s'est assuré de ce fait curieux en attachant à la patte de plusieurs hirondelles de petits cordons de soie pour constater leur identité. Elles construisent leur premier nid dans le voisinage de celui où elles sont nées : l'hirondelle de cheminée bâtit chaque année le sien au-dessus de celui de l'année précédente, et l'hirondelle de fenêtre s'établit dans celui qu'elle avait quitté à l'automne. Un naturaliste italien, Spallanzani, a vu pendant dix-huit années consécutives les mêmes couples revenir à leurs anciens nids sans presque s'occuper de les réparer. Les hirondelles montrent aussi dans d'autres occasions la singulière faculté de se diriger vers un lieu déterminé, dont elles sont éloignées d'une distance considérable : si l'on transporte au loin une couveuse renfermée dans une cage et qu'on lui donne sa liberté, elle s'élève d'abord très haut comme pour examiner le pays, puis se dirige en ligne droite vers l'endroit où elle a laissé sa couvée. Spallanzani a répété avec succès cette expérience à diverses reprises, et a vu un couple d'hirondelles de rivière qu'il avait transporté à Milan se rendre en treize minutes auprès de ses petits laissés à Pavie.

On connaît un grand nombre d'hirondelles étrangères : l'une d'elles, la *Salangane*, qui habite l'archipel Indien, est célèbre par ses nids de substance gélatineuse que les Chinois estiment beaucoup comme aliment. On les trouve principalement parmi les rochers, sur les côtes de Java, et l'on en fait un commerce considérable.

Les Martinets (*Cypselus*) ont les ailes encore plus longues et les pattes plus courtes que les hirondelles, dont ils se distinguent également par la disposition des doigts et par le nombre de pennes de la queue qui est de dix seulement. Lorsqu'ils sont à terre, ces oiseaux ont la plus grande peine à prendre leur élan, aussi ne s'y posent-ils presque jamais, et quand on les voit perchés, ce qui est rare, c'est toujours sur quelque point élevé ; mais ils volent sans efforts et passent, pour ainsi dire, leur vie dans l'air : réunis en troupes nombreuses, ils y poursuivent à grands cris les insectes. Ces oiseaux nous arrivent en même temps que les hirondelles et nous quittent aussi en automne.

Fig. 170. *Colibri*.

§ 104. Les *Grimpereaux* (1), les *Colibris* ou *Oiseaux-Mouches*, et quelques autres pas-

(1) Les Grimpereaux (*Certhia*) ont le bec arqué et la queue pointue ; ils grimpent avec agilité sur l'écorce des arbres pour y chercher les insectes dont ils se nourrissent, et s'appuient alors sur leur queue comme sur un arc-boutant.

sereaux dont le bec est grêle (1), allongé et sans échancrures, et dont la nourriture consiste principalement en insectes, forment une quatrième famille sous le nom de Ténuirostres.

§ 105. Enfin, les *Martins-Pêcheurs*, les *Guêpiers* et quelques autres passereaux, dont le doigt externe est uni au doigt du milieu jusqu'à

Fig. 171.   Fig. 172. *Martin-Pêcheur*.

l'avant-dernière articulation, constituent une cinquième et dernière famille, celle des Syndactyles (2).

§ 106. Si nous résumons ce qui vient d'être dit sur la classification des oiseaux, nous verrons que ces animaux se distribuent de la manière suivante :

(1) Les Colibris (*Trochilus*) sont remarquables par la beauté de leur plumage ; ils habitent les parties chaudes d'Amérique et se tiennent d'ordinaire dans le voisinage des jardins où ils voltigent de fleur en fleur. Les zoologistes donnent plus particulièrement le nom de *Colibris* aux espèces dont le bec est arqué, et celui d'*Oiseaux-Mouches* à celles dont le bec est droit. C'est à ce genre qu'appartiennent les plus petits oiseaux connus.

(2) Les Martins-Pêcheurs (*Alcedo*) ont les pieds très courts, et le bec long, droit, anguleux et pointu (*fig.* 172). Ils volent avec rapidité. Leur nourriture consiste principalement en petits poissons et en insectes aquatiques, qu'ils prennent en se précipitant dans l'eau du haut de quelque branche où ils se tenaient perchés pour guetter avec patience leur proie ; la digestion terminée, ils vomissent par petites pelotes les parties dures des animaux qu'ils ont ainsi dévorés. Ils nichent dans des trous en terre, le long des bords escarpés des fleuves. On en trouve dans les deux continents. L'espèce d'Europe est de la taille d'un moineau, et verdâtre ondé de noir en dessus, roussâtre en dessous, avec une large bande bleue aigue-marine le long du dos ; elle est plus commune dans le Midi que dans le Nord.

Les Guêpiers (*Merops*) sont des oiseaux à longues ailes, qui volent presque à la manière des hirondelles, et qui poursuivent en grandes troupes les insectes, surtout les abeilles, les guêpes et les frelons, et chose remarquable, ils n'en sont pas piqués. Leur bec est allongé, triangulaire à sa base, légèrement arqué et pointu ; leurs pieds sont très courts et le doigt interne est soudé au médian jusqu'à la première articulation. Ils appartiennent aux parties chaudes de l'ancien continent ; une espèce remarquable par ses couleurs est assez commune dans le midi de l'Europe.

TABLEAU DES PRINCIPALES DIVISIONS DE LA CLASSE DES OISEAUX.

CLASSE DES OISEAUX.

- **RAPACES** (voy. p. 116).
  - Diurnes (p. 116).
    - Vautours....
      - Vautours prop¹. dits.
      - Condors.
      - Percnoptères, etc.
    - Gypaètes....... Gypaètes.
    - Falconiens.
      - Oiseaux de proie nobles. Faucons.
      - Oiseaux de proie ignobles.
        - Aigles, Milans.
        - Éperviers, Buses, etc.
  - Nocturnes (p. 122).
    - Hiboux, Ducs.
    - Chouettes, Scops, etc.

- **PASSEREAUX** (p. 158).
  - Dentirostres (p. 163).
    - Pies-Grièches.
    - Merles.
    - Fauvettes, etc.
  - Fissirostres (p. 165).
    - Diurnes.... Hirondelles. Martinets.
    - Nocturnes... Engoulevents.
  - Conirostres (p. 159).
    - Alouettes.
    - Moineaux.
    - Corbeaux, etc.
  - Ténuirostres (p. 169).
    - Colibris.
    - Grimpereaux.
  - Syndactyles (p. 170). Martins-Pêcheurs, etc.

- **GRIMPEURS** (p. 155).
  - Pics.
  - Coucous.
  - Perroquets, etc.

- **GALLINACÉS** (p. 145).
  - Gallinacés proprement dits (p. 146).
    - Coq, Faisans, etc.
    - Pintades.
    - Dindons.
    - Paons.
    - Perdrix.
  - Pigeons (p. 154). Colombes, etc.

- **ÉCHASSIERS** (p. 134).
  - Brévipennes (p. 143).
    - Autruches.
    - Casoars, etc.
  - Pressirostres (p. 142).
    - Outardes.
    - Pluviers.
    - Vanneaux, etc.
  - Cultrirostres (p. 135).
    - Grues.
    - Hérons.
    - Cigognes, etc.
  - Longirostres (p. 138).
    - Ibis.
    - Bécasses, etc.
  - Macrodactyles (p. 140). Poules d'eau, etc.

- **PALMIPÈDES** (p. 124).
  - Plongeurs (p. 133).
    - Plongeons.
    - Pingouins.
    - Manchots.
  - Longipennes (p. 131).
    - Pétrels.
    - Goëlands, etc.
  - Totipalmes (p. 131).
    - Pélicans.
    - Cormorans.
    - Frégates, etc.
  - Lamellirostres (p. 124).
    - Cygnes.
    - Oies.
    - Canards, etc.

172   ZOOLOGIE.

CLASSE DES REPTILES.

§ 107. Dans une précédente leçon, nous avons vu que la classe des Reptiles comprend les animaux vertébrés dont la respiration est toujours aérienne et pulmonaire, comme chez les mammifères et les oiseaux, mais dont le corps n'a pas une chaleur propre et se trouve toujours à peu près à la température de l'air.

Ces animaux se reconnaissent aussi très facilement à la structure de leur peau : ils ne sont revêtus ni de poils ni de plumes, mais ont la peau ordinairement recouverte d'écailles. Lorsque nous étudierons la physiologie animale, nous verrons qu'ils sont caractérisés aussi par la manière dont leur sang circule et par diverses particularités anatomiques.

Nous avons vu également dans notre troisième leçon que ce groupe a pour représentants principaux les lézards, les serpents et les tortues.

Or, si maintenant nous comparons entre eux ces derniers reptiles, nous verrons que tout en ayant en commun les caractères généraux dont il vient d'être question, ils diffèrent beaucoup les uns des autres.

Les tortues ont le corps recouvert en dessus d'une grande voûte osseuse nommée *carapace* et garnie en dessous d'une armure analogue, appelée *plastron sternal*. C'est entre ces deux boucliers que

Fig. 173. *Tortue grecque.*

passent la tête, le cou et les pattes antérieures en avant, la queue et les pattes postérieures en arrière ; mais, en général, ces animaux peuvent y faire rentrer à volonté toutes les parties de leur corps et y trouver ainsi un abri sûr contre les attaques de leurs ennemis. Il est aussi à noter que les tortues ont la bouche dépourvue de dents et armée d'un bec corné semblable à celui des oiseaux.

Les lézards n'ont ni carapace ni plastron; leur corps a la forme des quadrupèdes ordinaires, et leurs membres sont libres et bien développés; enfin, leur bouche est armée de dents nombreuses et pointues.

Fig. 174. *Lézard vert piqueté.*

Quant aux serpents, ils sont dépourvus de pattes, et ne peuvent ramper que par les mouvements ondulatoires de leur corps, qui est arrondi et très allongé.

Tous les reptiles ressemblent à l'un ou à l'autre de ces trois types, et par conséquent cette classe d'animaux se divise en trois groupes principaux, savoir: les CHÉLONIENS, ou TORTUES; les SAURIENS, ou LÉZARDS, et les OPHIDIENS, ou SERPENTS.

§ 108. Les TORTUES varient un peu dans leurs formes, suivant qu'elles sont destinées par la nature à vivre à terre, dans les eaux douces ou dans la mer. Les tortues de terre se reconnaissent à leurs pattes grosses et tronquées au bout; les tortues d'eau douce ont les doigts plus allongés et palmés; enfin, les tortues de mer ont les pattes aplaties en manière de rames et tous les doigts cachés sous une peau commune.

C'est à ce dernier groupe qu'appartient la tortue nommée *Caret*, dont on tire l'écaille employée en tabletterie. Cette matière constitue de grandes plaques qui recouvrent la carapace.

Fig. 175. *Caret.*

§ 109. L'ORDRE DES SAURIENS comprend tous les reptiles qui, par la forme générale de leur corps, ressemblent aux lézards, tels que les crocodiles, les caméléons, les geckos, etc.

Les CROCODILES sont remarquables par leur grande taille, les fortes écailles osseuses dont leur dos est cuirassé, leur queue comprimée latéralement en forme de rame, et leurs pattes postérieures palmées. Ils habitent les parties les plus chaudes des deux

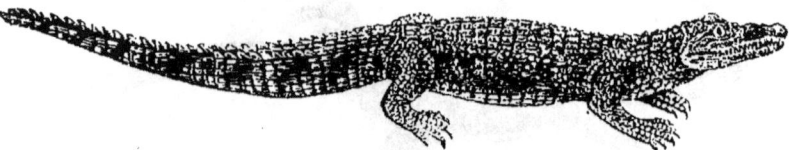

Fig. 176. *Crocodile.*

continents, et se tiennent d'ordinaire dans les fleuves et les lacs d'eau douce. Ils sont très carnassiers et redoutables même pour l'homme.

Les LÉZARDS (*fig.* 174) ont la queue arrondie, les doigts grêles et libres, le corps couvert de petites écailles, la tête revêtue en dessus de plaques plus grandes, et une sorte de collier écailleux sous le cou. Ils sont remarquables par leur agilité et se nourrissent d'insectes. Plusieurs espèces de ce genre habitent la France.

Les CAMÉLÉONS, qui sont communs en Algérie, ont la queue préhensile et les doigts disposés en deux paquets opposables comme une pince. Ce sont des animaux fort singuliers non seu-

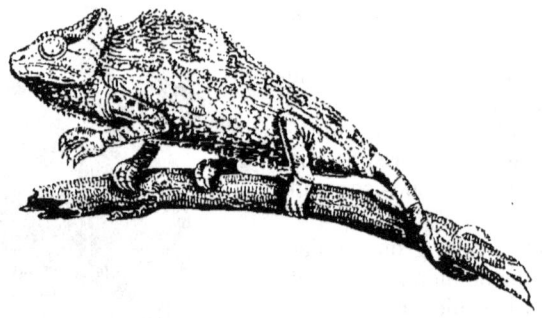

Fig. 177. *Caméléon commun.*

lement par la forme de leur corps et la gaucherie de leurs mouvements, mais aussi par la faculté qu'ils ont de changer de couleur.

Les GECKOS, dont une espèce se trouve dans le midi de la France, ont les doigts garnis d'espèces de ventouses qui leur permettent de grimper aux murs, aux plafonds, etc.

§ 110. L'ordre des Ophidiens, ou Serpents, comprend un grand

Fig. 178. *Gecko des murailles.*

nombre d'espèces et se divise en deux groupes principaux, savoir : les *Serpents non venimeux* et les *Serpents venimeux*.

Les Serpents non venimeux se reconnaissent à leurs dents, dont aucune n'est mobile ni creusée d'un canal ou d'une gouttière ; toutes sont fixées, et elles forment dans le dessus de la bouche quatre rangées à peu près égales, et deux dans le dessous.

Les principaux genres de cette division sont les *Couleuvres*, dont une espèce est très commune en France, et les *Boas*, qui sont de très grande taille, et qui se trouvent en Amérique et dans l'Inde.

Les Serpents venimeux portent de chaque côté de la tête une glande particulière qui sécrète un poison et le verse au dehors par un canal dont l'extrémité vient aboutir à un conduit ou à une gouttière creusée dans certaines dents de la mâchoire supérieure. Chez presque tous ces reptiles (les vipères et les serpents à sonnettes, par exemple), les dents qui servent ainsi à la sortie du venin sont plus longues que les autres et implantées dans l'os maxillaire supérieur, qui est très petit et mobile. Lorsque l'animal veut se servir de son poison, il redresse ses dents, que l'on nomme des *crochets*; mais, dans

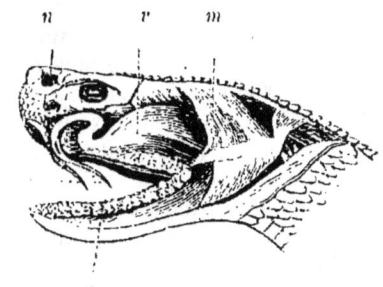

Fig. 179 (1).

---

(1) Appareil venimeux d'un serpent à sonnettes : — *v*, glande venimeuse dont le conduit excréteur aboutit à la grosse dent mobile *c* ; — *m*, muscles élévateurs de la mâchoire qui recouvrent en partie la glande et peuvent la comprimer ; — *s*, glandes salivaires qui garnissent le bord des mâchoires ; — *n*, narine au-dessous de laquelle se voit la fossette qui distingue ces serpents et les trigonocéphales des vipères.

le cas contraire, elles sont reployées en arrière contre la mâchoire supérieure et cachées dans un repli de la gencive. Il y a derrière ces crochets plusieurs germes destinés à produire de nouvelles dents, pour remplacer celles-ci dans le cas où elles viendraient à se casser; mais l'os maxillaire ne donne pas insertion à une rangée de dents, comme chez les serpents non venimeux, de façon qu'on ne voit dans le haut de la bouche que les deux rangées de dents palatines. Le canal dont les crochets sont percés vient aboutir près de leur extrémité, et verse au fond de la plaie qu'ils font l'humeur sécrétée par la glande située au-dessus. Ce liquide est un poison violent, qui produit des effets plus ou moins funestes, selon les espèces qui le fournissent; en général, il est plus redoutable chez les serpents qui habitent les pays chauds que chez ceux des pays froids ou même tempérés, et ses effets sont d'autant plus terribles, que le serpent est plus irrité, qu'il est resté plus longtemps sans se servir de cette arme cruelle, et que l'animal mordu est de plus petite taille. Le venin n'agit qu'après avoir été absorbé et porté dans le torrent de la circulation; mais néanmoins les symptômes terribles qu'il occasionne se manifestent souvent avec une rapidité effrayante. Chez beaucoup d'animaux, les effets sont déjà sensibles au bout de quinze ou vingt secondes : on a vu des chiens succomber en quinze secondes par la morsure d'un serpent à sonnettes, et l'on assure que ces reptiles font périr même les chevaux et les bœufs presque instantanément. Cependant l'expérience a montré que le venin des serpents pouvait être introduit dans les voies digestives sans danger : c'est ce qui explique pourquoi ce poison violent peut couler dans la bouche de l'animal qui le produit sans l'incommoder, tandis que si, par maladresse, il se mord lui-même, il périt avec la même rapidité que ses victimes ordinaires.

Le serpent venimeux le plus commun et le plus dangereux de l'Europe est la *Vipère commune*. Sa morsure est promptement mortelle pour les petits animaux; mais, en général, la quantité de venin qu'il peut verser dans la plaie qu'il fait n'est pas assez grande pour tuer les animaux de la taille d'un cheval ou même d'un homme. La personne mordue par une vipère ressent d'abord une douleur aiguë dans la partie blessée, puis celle-ci se gonfle, devient luisante, chaude, rouge et violette, ensuite livide, froide et insensible; la douleur et l'inflammation se propagent au loin; bientôt le malade éprouve des syncopes, des nausées, des vomissements, des tranchées aiguës et une foule d'autres symptômes effrayants; enfin, si ces accidents ne se calment pas, la gangrène s'empare de la partie blessée, le malade est tourmenté par une soif inextinguible, un mal de tête violent, une faiblesse extrême, une terreur accablante, symptômes qui sont les précurseurs de la mort. On a vu un homme succomber en huit heures à la morsure d'une vipère; mais, nous le répétons, dans notre climat ces blessures ne sont, en général, mortelles que pour les enfants et les animaux de petite taille (1).

Les serpents venimeux ont tous la tête large en arrière, la langue très extensible, et un aspect féroce. Ils sont ovovivipares. On les divise en *Crotales*, *Vipères*, *Naïas*, etc. (2).

Les VIPÈRES ont le dessous de la queue garni d'une double série de plaques comme les couleuvres; presque toutes se distinguent facilement de ces dernières, non seulement par leurs crochets, mais aussi par les écailles du dessus de la tête, qui sont petites et granulées, tandis que chez les couleuvres elles ont la forme de grandes plaques lisses (*fig.* 181 et 182). La *Vipère commune* est dans ce cas; elle est brune, avec

Fig. 180. *Crotale.*

une double rangée de taches transversales noirâtres sur le dos. Sa longueur excède rarement 8 décimètres, et elle se trouve dans les

---

(1) Nous avons dit que le venin des serpents n'agissait que par absorption : aussi la première précaution à prendre lors d'accidents de ce genre consiste à comprimer les veines au-dessus de la blessure, et à appliquer une ventouse sur celle-ci. Ces moyens destinés à retarder l'absorption du poison ne suffisent pas toujours pour préserver complètement de ses atteintes, et après les avoir employés, il faut agrandir la plaie et la brûler profondément, soit avec un fer rouge, soit avec la pierre à cautère (potasse caustique) ou quelque autre cautère puissant; l'ammoniaque, ou alcali volatil, appliquée sur la plaie et administrée à l'intérieur, est aussi très utile.

(2) L'un des genres les plus remarquables de ce groupe est celui des CROTALES, appelés vulgairement *Serpents à sonnettes*, à cause de l'instrument bruyant qu'ils portent au bout de la queue. Cet instrument est formé de plusieurs cornets écailleux emboîtés lâchement les uns dans les autres, de façon à se mouvoir et à résonner quand l'animal rampe ou remue la queue. Les cornets dont il se compose paraissent être formés par l'épiderme, dont l'animal se dépouille à certaines époques; le nombre augmente avec l'âge, et il en reste un de plus après chaque mue. Ces serpents habitent l'Amérique; leur venin est extrêmement puissant; mais en général ils ne mordent que lorsqu'ils sont provoqués, et ils attaquent bien rarement des animaux trop gros pour qu'ils puissent les avaler. Ils ne grimpent pas aux arbres; cependant ils font leur nourriture principale d'oiseaux, d'écureuils, etc. On a cru pendant longtemps qu'ils avaient le pouvoir d'engourdir leurs victimes par leur haleine ou même de les charmer par leur regard, et de les contraindre ainsi à venir se précipiter dans leur gueule; mais c'est seulement la frayeur extrême qu'ils inspirent à ces petits animaux qui trouble ceux-ci au point de les empêcher de fuir, de leur faire exécuter des mouvements désordonnés, et de les faire tomber même dans la gueule de leurs ennemis.

178   ZOOLOGIE.

cantons boisés, montueux et pierreux de presque toutes les parties tempérées et méridionales de l'Europe. Il y a quelques années, elles s'étaient multipliées d'une manière effrayante dans la forêt de Fon-

Fig. 181. *Tête de Vipère.*   Fig. 182. *Tête de Couleuvre.*

tainebleau. Sa nourriture principale consiste en souris, mulots, taupes, lézards, grenouilles, jeunes oiseaux et insectes. Comme la couleuvre, elle passe l'hiver et une partie du printemps engourdie dans des trous.

CLASSE DES BATRACIENS.

§ 111. Les BATRACIENS, que beaucoup de zoologistes confondent avec les reptiles, ont la peau nue, et, ainsi que nous l'avons déjà dit, ils subissent des métamorphoses dans le jeune âge. Ils ressemblent d'abord à des poissons et respirent comme ceux-ci l'eau aérée au moyen de branchies (*fig.* 37); on les connaît alors sous le nom de *Têtards*, mais par les progrès de l'âge ils acquièrent des poumons, et, en général, perdent leurs branchies.

Les GRENOUILLES, que nous avons prises pour exemple de cette classe d'animaux vertébrés, subissent des changements plus considérables encore : à l'état de têtard, elles ont d'abord une longue queue qui leur sert de nageoire, et

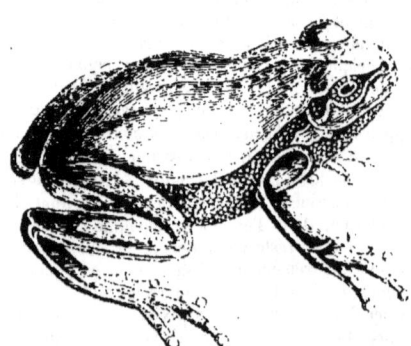

Fig. 183. *Rainette commune.*

elles sont complétement dépourvues de membres ; bientôt cependant les pattes postérieures se montrent ; les pattes antérieures ne

BATRACIENS.

se forment que plus tard, et en même temps la queue se raccourcit, puis disparait complétement.

Les *Crapauds* et les *Rainettes*, qui appartiennent aussi à cette classe, subissent les mêmes métamorphoses. Mais d'autres batra-

Fig. 184. *Triton.*

ciens, tels que les *Tritons* ou *Salamandres aquatiques*, conservent toujours leur longue queue; et il en est d'autres qui, pendant toute

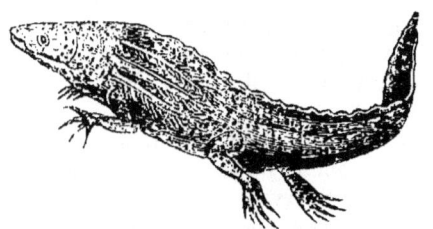

Fig. 185. *Axolotl.*

la durée de la vie, conservent aussi leurs branchies de façon à pouvoir respirer également bien dans l'eau à l'aide de ces organes, et à respirer l'air au moyen de leurs poumons: tels sont les *Protées* et l'*Axolotl*.

CLASSE DES POISSONS.

§ 112. La classe des Poissons comprend les animaux vertébrés ovipares qui, pendant toute la durée de la vie, respirent uniquement au moyen de branchies. Ce sont des animaux conformés pour habiter dans l'eau; dont les membres ont la forme de nageoires et dont la peau est écailleuse ou nue.

Ces animaux ont, en général, la tête très grosse, point de cou, et la queue presque aussi forte à sa naissance que le tronc : aussi leur corps est-il ordinairement tout d'une venue, diminuant seulement par degrés vers les deux extrémités. Quelques poissons manquent de nageoires ; mais chez presque tous on en voit un nombre plus ou moins considérable : les unes sont latérales et paires ; les autres oc-

180 ZOOLOGIE.

cupent la ligne médiane, et sont impaires. Les premières représentent les quatre membres des autres animaux vertébrés. Celles qui correspondent aux bras de l'homme ou à l'aile des oiseaux, et qui sont nommées *nageoires pectorales*, sont fixées immédiatement derrière deux ou plusieurs ouvertures placées à leur tour derrière la tête, et nommées *ouïes*.

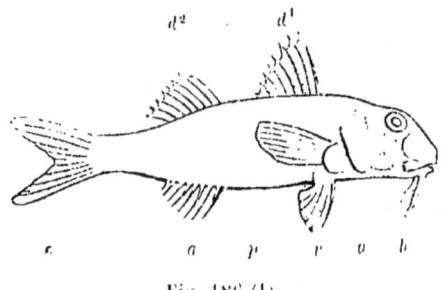

Fig. 186 (1).

Celles qui répondent aux membres abdominaux occupent en général la face inférieure du corps, et peuvent être placées plus ou moins en avant ou en arrière, depuis le dessous de la gorge jusqu'à l'origine de la queue : on les nomme *nageoires ventrales*. Les nageoires médianes sont verticales et impaires, et on les distingue en *nageoires dorsales*, *nageoire anale* et *nageoire caudale*, suivant qu'elles sont placées sur le dos, sous la queue, ou à l'extrémité postérieure du corps.

C'est principalement en frappant latéralement l'eau par les flexions alternatives de son tronc et de sa queue, que le poisson avance en nageant ; ses nageoires servent surtout à le diriger dans sa course.

Les ouïes ouvrent passage à la sortie de l'eau qui a servi à la respiration et qui arrive aux branchies par la bouche.

Le squelette de ces animaux est tantôt osseux, comme celui des autres vertébrés, d'autres fois composé seulement de cartilages flexibles. La carpe, la perche, le brochet, la truite, la morue, etc., présentent le premier de ces deux modes de conformation ; la raie présente le second, et c'est principalement à raison de ces différences de structure que l'on divise la classe des poissons en deux grandes sections, savoir : les Poissons osseux et les Poissons cartilagineux.

§ 443. Les mœurs des poissons n'offrent que peu de particularités curieuses : mais l'histoire de ces animaux doit néanmoins nous intéresser, ne fût-ce qu'à raison de l'importance des pêches dont ils sont l'objet. A une époque qui n'est pas bien éloignée de la nôtre, cette branche d'industrie occupait un cinquième de la population totale de la Hollande, et pour la pêche du hareng seulement ce pays couvrait de ses bâtiments les mers du Nord. En Angleterre, elle fait

---

(1) Le *Rouget* (*Mullus barbatus*), pour montrer les diverses nageoires, etc. : — *p*, nageoire pectorale ; — *v*, nageoire ventrale ; — *d¹*, première dorsale ; — *d²*, deuxième dorsale ; — *c*, caudale ; — *a*, anale ; — *o*, ouverture des ouïes ; — *b*, barbillons de la mâchoire inférieure.

subsister aussi un nombre considérable de bons et hardis matelots ; et même en France, où elle a moins d'importance, on compte de trente à quarante mille pêcheurs, dont près du tiers s'aventurent chaque année jusque sur les côtes de l'Islande et de Terre-Neuve à la recherche de la morue, grand et excellent poisson qui abonde dans ces

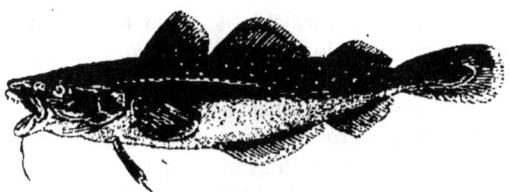

Fig. 187. Morue.

parages et qui se montre aussi, mais en petit nombre, dans nos mers.

Ces animaux sont presque tous ovipares et leur fécondité est immense.

C'est au développement simultané d'un nombre incalculable d'œufs déposés dans un même lieu et à l'instinct qui pousse divers poissons à se suivre entre eux, que l'on doit attribuer la réunion de certaines espèces en légions immenses et serrées, appelées par les pêcheurs des *bancs de poissons*. En effet, on ne peut guère appeler ces réunions des sociétés ; les individus dont elles se composent ne s'aident pas entre eux ; les mêmes besoins à satisfaire les retiennent dans la même localité ou les en éloignent, et si on les voit quelquefois suivre l'un d'entre eux comme un guide, c'est probablement par suite d'une tendance à l'imitation qui accompagne toujours les premières lueurs de l'intelligence.

Quoi qu'il en soit, ces animaux, ainsi réunis en troupes, font souvent de longs voyages, tantôt pour gagner la mer, tantôt pour remonter les rivières ou pour changer de parages. Certains poissons mènent une vie presque sédentaire et restent toujours dans la localité qui les a vus naître ; d'autres sont toujours errants, et un grand nombre de ces animaux font périodiquement des voyages plus ou moins longs. A l'époque du frai, ils se rapprochent ordinairement des côtes, ou entrent dans les rivières. Chaque année, vers la même époque, des bandes de certains poissons voyageurs arrivent dans les mêmes parages, et l'on croit généralement que plusieurs de ces espèces émigrent régulièrement du nord vers le sud et du sud vers le nord, en suivant une route déterminée ; mais peut-être serait-il plus exact de croire que lorsqu'ils disparaissent du littoral, ils se retirent seulement dans les grandes profondeurs de la mer. Le *Hareng* est un des poissons les plus remarquables sous ce rapport, et le plus célèbre par l'importance des pêches dont il est l'objet. Il habite les mers du Nord et arrive chaque année en légions innombrables sur diverses parties des côtes de l'Europe, de l'Asie et de l'Amérique, mais ne descend guère au-dessous du 45ᵉ degré de latitude nord.

Aux mois d'avril et de mai, les harengs commencent à se montrer dans les eaux des îles Shetland, et, vers la fin de juin ou en juillet, ils y arrivent en nombre incalculable et en formant de vastes bancs serrés qui couvrent quelquefois la surface de la mer dans une étendue de plusieurs lieues et ont plusieurs centaines de pieds d'épaisseur. Peu après, ces poissons se répandent sur les côtes de l'Ecosse et de l'Angleterre. Pendant les mois de septembre et d'octobre, ils y donnent lieu à de grandes pêches ; et, depuis la mi-octobre jusque vers la fin de l'année, ils abondent dans la Manche, principalement depuis le détroit de Calais jusqu'à l'embouchure de la Seine. En juillet et août, ils restent d'ordinaire en pleine mer ; mais ensuite ils entrent dans les eaux peu profondes, et cherchent un endroit convenable pour y déposer leurs œufs, où ils séjournent jusque vers le mois de février. Les harengs les plus vieux fraient les premiers, et les jeunes plus tard ; mais la température et d'autres circonstances paraissent influer aussi sur ce phénomène, car dans certaines localités on en trouve d'œuvés pendant presque toute l'année. Après la ponte, ils sont maigres et peu estimés ; les pêcheurs les appellent alors des *Harengs guais*. Leur multiplication est prodigieuse : on a trouvé plus de 60 000 œufs dans le ventre d'une seule femelle de moyenne grandeur.

Les *Sardines*, les *Maquereaux*, les *Thons* et les *Anchois* sont aussi des poissons de passage qui visitent périodiquement nos côtes et y donnent lieu à des pêches importantes. Le *Saumon* est également remarquable par ses voyages : il habite toutes les mers arctiques, et chaque printemps il entre en grandes troupes dans les rivières pour les remonter jusque près de

Fig. 188. *Thon commun.*

leurs sources. Dans ces émigrations, les saumons suivent un ordre régulier, en formant deux longues files réunies en avant et conduites par la plus grosse femelle qui ouvre la marche, tandis que les plus petits mâles sont à l'arrière-garde. D'ordinaire ils avancent lentement et en se jouant ; mais, si quelque danger paraît les menacer, la rapidité de leur natation devient telle que l'œil peut à peine les suivre. Si une digue ou une cascade s'oppose à leur marche, ils font les plus grands efforts pour la franchir. En s'appuyant sur quelque rocher et en redressant tout à coup avec violence leur corps courbé en arc, ils s'élancent hors de l'eau et sautent quelquefois de la sorte à une hauteur de 4 à 5 mètres dans l'atmosphère pour aller tomber au delà de l'obstacle qui les arrêtait. Les saumons remontent ainsi les fleuves jusque vers leurs sources, et vont chercher dans les petits ruisseaux et les endroits tranquilles un fond de sable et de gravier propre à y déposer leurs œufs; puis, maigres et affaiblis par tant de fatigues, ils redescendent en automne vers l'embouchure des fleuves et vont passer l'hiver dans la mer. Les œufs sont déposés dans un enfoncement que la femelle creuse dans le sable. Le mâle vient ensuite les féconder. Les jeunes saumons grandissent très promptement, et lorsqu'ils ont atteint la longueur d'environ 3 décimètres, ils abandonnent le haut des rivières pour gagner la mer, qu'ils quittent, à leur tour, pour rentrer dans les fleuves lorsqu'ils sont longs de 4 à 5 décimètres, c'est-à-dire vers le milieu de l'été qui a suivi leur naissance. Nous avons déjà vu que les hirondelles, qui, à l'approche de la saison froide, émigrent vers le sud, reviennent chaque année dans les mêmes lieux. Il paraît que les saumons ont le même instinct.

La *Sardine* est un petit poisson très voisin du hareng qui fréquente en grand nombre les côtes de la Bretagne pendant l'été, et qui est très estimé.

L'*Anchois* a aussi beaucoup d'analogie avec le hareng, et se pêche principalement dans la Méditerranée.

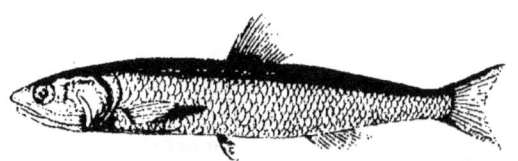

Fig. 189. *Anchois.*

La *Morue* fréquente nos mers, mais abonde surtout sur la côte de Terre-Neuve, où ce poisson donne lieu à une pêche très importante. Par sa conformation elle ressemble beaucoup à un des poissons les plus communs sur nos marchés, le merlan; mais elle a souvent plus d'un mètre de long.

On donne le nom de PLEURONECTES à des poissons à corps très comprimé qui nagent sur le flanc et qui ont les deux yeux du même côté de la tête : la *Sole*, le *Turbot*, la *Plie* appartiennent à ce groupe.

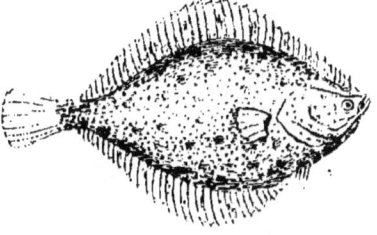

Fig. 190. *Plie commune.*

184 ZOOLOGIE.

§ 114. Comme exemples de Poissons CARTILAGINEUX nous citerons la *Raie* et les *Squales*. La famille des raies comprend un genre de *poissons électriques* appelés TORPILLES, qui ont la faculté de donner

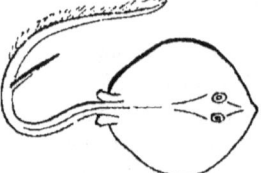

Fig. 191. *Raie.* 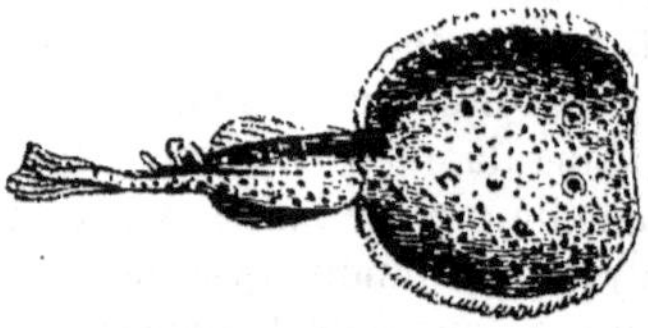   Fig. 192. *Torpille commune.*

des commotions très fortes aux personnes qui les touchent, particularité dont nous aurons à nous occuper dans la partie physiologique de ce cours.

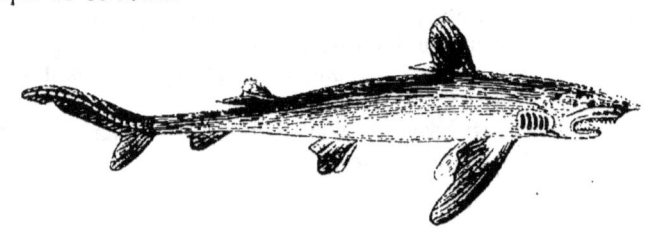

Fig. 193. *Requin.*

Les *Requins*, qui sont célèbres par leur grande taille et leur voracité, appartiennent à la famille des squales ; il en est de même des poissons appelés vulgairement *Chiens de mer*.

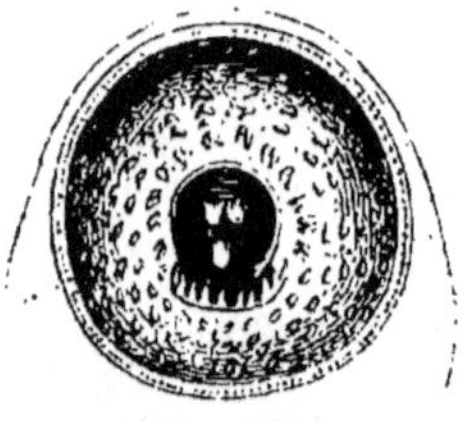

On range encore parmi les poissons cartilagineux les *Lamproies* qui ont la bouche en forme de ventouse et organisée pour la succion seulement (*fig.* 194).

Fig. 194.

Fig. 195. *Grande Lamproie.*

VIᵉ ET VIIᵉ LEÇONS.

PROGRAMME OFFICIEL.

DIVISION DES ANIMAUX ARTICULÉS EN CLASSES.
CRUSTACÉS, ARACHNIDES, ANNÉLIDES. EXEMPLES CHOISIS PARMI LES
ESPÈCES UTILES OU NUISIBLES. CLASSE DES INSECTES, DE SES PRINCIPAUX ORDRES ;
MÉTAMORPHOSES. EXEMPLES PRIS PARMI LES INSECTES UTILES
OU NUISIBLES A L'AGRICULTURE.

---

§ 145. En traitant de la classification générale du règne animal, nous avons vu que les insectes, les écrevisses et les vers constituent un groupe de même valeur zoologique que l'embranchement des vertébrés, et appelé EMBRANCHEMENT DES ARTICULÉS, OU ENTOMOZOAIRES.

Les animaux qui composent cette grande division présentent non seulement une structure intérieure très différente de celle qui est propre aux trois autres embranchements du règne animal, mais aussi des caractères extérieurs en général si tranchés et si évidents, qu'il est presque toujours facile de les reconnaître au premier coup d'œil. Tout leur corps, en effet, est divisé en tronçons, et semble composé d'une suite d'anneaux placés à la file les uns des autres. Chez les uns, cette disposition annulaire résulte seulement de l'existence d'un certain nombre de plis transversaux

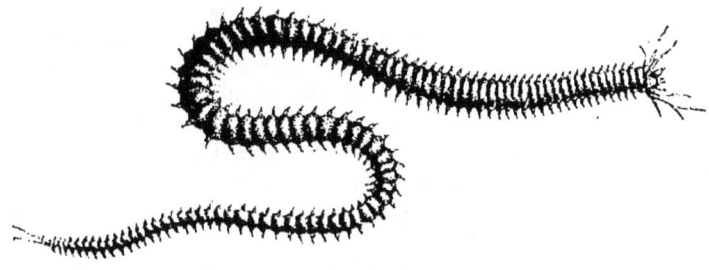

Fig. 196. *Néréide.*

qui sillonnent la peau et ceignent le corps ; mais, chez la plupart, l'animal est renfermé dans une sorte d'armure solide, composée d'une série d'anneaux soudés entre eux ou réunis de manière à permettre des mouvements. Cette armure a des usages analogues à ceux de la charpente intérieure des animaux vertébrés ; car elle détermine la forme générale du corps, elle protége les parties molles, elle donne des points d'attache aux muscles, et elle fournit à ces organes des leviers propres à assurer la précision et la rapidité des mouvements : aussi l'appelle-t-on souvent un *squelette extérieur*. Mais ce serait à tort que l'on voudrait y voir le représentant ou l'analogue du squelette des vertébrés ; car, dans la réalité, elle n'est autre chose que la peau devenue dure et rigide, ou même encroûtée par une sorte d'épiderme calcaire, de consistance pierreuse. Pour donner une idée vraie de ses usages aussi bien que de sa nature, il serait par conséquent préférable de la nommer un *squelette tégumentaire*.

Fig. 197. *Talitre* (grossi).

§ 116. Le ver de terre et la sangsue, avons-nous dit, appartiennent à cet embranchement aussi bien que les insectes et les écrevisses ;

Fig. 198. *Sangsue*.

mais ces animaux présentent entre eux des différences considérables. En effet, les insectes et les écrevisses sont pourvus de pattes composées de plusieurs pièces mobiles réunies par des jointures ou articulations, tandis que les vers dont il vient d'être question sont privés de pattes, et chez d'autres vers marins où il existe des membres pour la locomotion, ces organes ne sont pas articulés, et ne consistent qu'en un certain nombre de tubercules mous armés de poils roides (*fig.* 196).

Aussi les entomozoaires forment-ils deux groupes principaux ou sous-embranchements, savoir : les *Arthropodaires* ou animaux articulés, et les *Vers*.

Le sous-embranchement des Arthropodaires comprend les araignées et les millepieds ou scolopendres aussi bien que les insectes et les écrevisses. Or ces derniers animaux diffèrent entre eux par des caractères importants, et par conséquent on subdivise le groupe des arthropodaires en autant de classes, savoir : la classe des

INSECTES. 187

Insectes ; la classe des *Arachnides*, comprenant les araignées ; la classe des *Myriapodes*, dont les scolopendres (*fig.* 32) sont les représentants les plus communs ; et la classe des *Crustacés*, qui se compose des écrevisses, des crabes, etc.

La plus importante de ces divisions est la

CLASSE DES INSECTES.

§ 117. Les Insectes sont les seuls animaux non vertébrés qui soient organisés pour le vol et pourvus en conséquence d'ailes. Mais ces organes manquent chez quelques espèces de cette classe (la puce, par exemple), et pour caractériser ce groupe d'une manière plus nette,

Fig. 199. *Æshne à tenailles* (mâle).

il faut avoir égard à la manière dont la respiration s'effectue et à la conformation générale du corps. En effet, les insectes sont tous des animaux à respiration aérienne, tandis que les crustacés ont la respiration aquatique, et ils se distinguent facilement des arachnides et des myriapodes, dont la respiration est également aérienne, par le nombre de leurs pattes et le mode de division de leur corps.

Tous les insectes ont trois paires de pattes, et ces organes s'insèrent à une portion moyenne du corps nommée *thorax*, qui n'est confondue ni avec la tête ni avec la portion postérieure du tronc ou abdomen. Il en résulte que le corps de ces animaux se trouve composé de trois portions : la *tête*, le *thorax* et l'*abdomen*.

La *tête* (*fig.* 200) porte les yeux, l'appareil buccal, et une paire

188   ZOOLOGIE.

d'appendices frontaux qui ressemblent à des espèces de cornes mobiles et grêles que l'on nomme *antennes*.

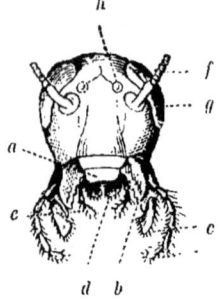

Fig. 200. *Tête de Blatte vue par devant* (1).

Le *thorax* porte les ailes aussi bien que les pattes, et se compose de trois segments ou anneaux appelés *prothorax*, *mésothorax* et *métathorax*. Chacun de ces anneaux donne insertion à une paire de pattes, et les deux derniers portent en général chacun une paire d'ailes ; mais le prothorax ne donne jamais attache aux organes du vol, dont le nombre, par conséquent, ne dépasse pas deux paires. Quelquefois une de ces paires d'ailes manque, et alors il n'existe que deux de ces organes (chez les mouches, par exemple).

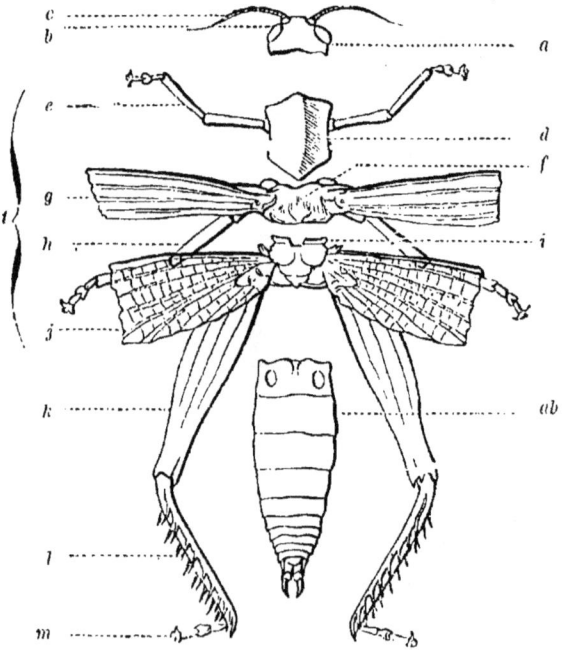

Fig. 201. *Squelette tégumentaire d'un Insecte* (2).

Enfin l'*abdomen*, qui fait suite au thorax et se compose d'un

(1) *a*, labre ; — *b*, mandibules ; — *c*, mâchoire ; — *d*, languette ; — *e*, palpes labiaux ; — *f*, portion des antennes ; — *g*, yeux composés ; — *h*, ocelles.

(2) Anatomie du squelette tégumentaire d'un insecte : — *a*, tête séparée du thorax ; — *b*, yeux ; — *c*, antennes ; — *t*, thorax ; — *d*, premier anneau du thorax, portant les

nombre assez considérable d'anneaux articulés à la file, ne porte ni pattes ni ailes, mais est souvent garni à son extrémité de

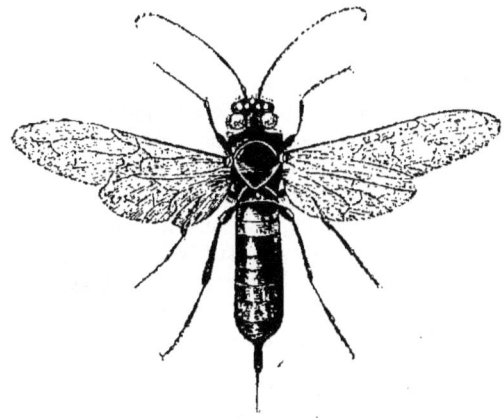

Fig. 202. *Sirex géant.*

quelques appendices grêles disposés de manière à constituer un dard ou une tarière.

On distingue dans les pattes des insectes une hanche composée de deux articles, une cuisse, une jambe, et une espèce de pied nommé *tarse*, qui est divisé en petits articles dont le nombre varie de deux à cinq, et qui est terminé par des ongles. Leur conformation

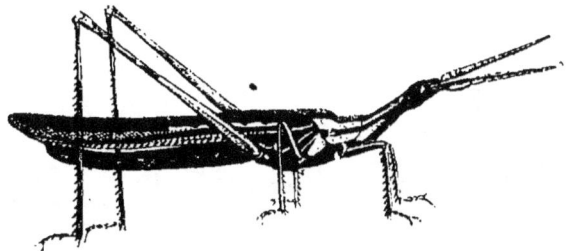

Fig. 203. *Truxale.*

varie, mais, comme on le pense bien, est toujours en rapport avec les mœurs de ces animaux. Ainsi les insectes dont les pattes postérieures présentent une grande longueur sautent, en général, plutôt

pattes de la première paire *e* ; — *f*, second anneau du thorax, supportant les ailes de la première paire *g* et les pattes de la seconde paire *h* ; — *i*, troisième anneau du thorax, supportant les ailes de la seconde paire *j*, et les pattes de la troisième paire ; *k*, cuisses ; *l*, jambes ; *m*, tarse ; — *ab*, abdomen.

qu'ils ne marchent. Chez les insectes nageurs, tels que les dytisques et les gyrins, appelés vulgairement *Tourniquets*, les tarses sont ordinairement aplatis, ciliés et disposés comme des rames, et chez ceux qui peuvent marcher suspendus à des surfaces lisses (les mouches, par exemple), on trouve sous le dernier article de ces organes une espèce de pelote ou de ventouse propre à les faire adhérer aux corps qu'ils touchent. Quelquefois aussi les pattes antérieures sont élargies comme celles des taupes, afin de servir à creuser la terre : la courtilière, qui occasionne souvent dans nos campagnes des dégâts considérables en coupant les racines qui se trouvent sur son passage, nous offre un exemple remarquable de ce mode de structure. Il existe aussi des espèces chez lesquelles ces mêmes pattes constituent des organes de préhension : un grand insecte du midi de la France,

Fig. 204. Gyrin.

Fig. 205. *Courtilière*.

la mante religieuse, est conformée de la sorte. Enfin on connaît aussi des insectes (certains papillons, par exemple) chez lesquels les pattes antérieures, réduites à un état rudimentaire et reployées contre

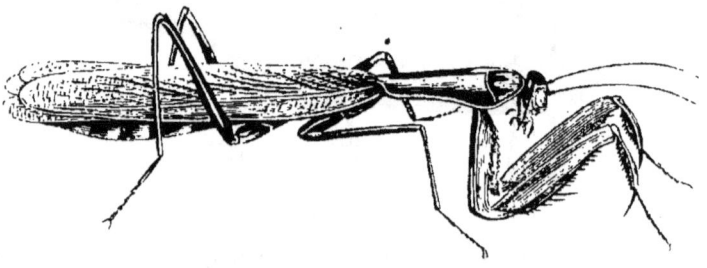

Fig. 206. *Mante religieuse*.

la poitrine, ne servent plus aux mouvements et échappent facilement à la vue, de façon qu'au premier abord on croirait ces animaux pourvus de quatre pattes seulement : plusieurs papillons diurnes sont dans ce cas.

INSECTES.

Les ailes des insectes sont des appendices lamelleux, composés d'une double membrane, soutenus à l'intérieur par des nervures plus solides. Lorsqu'elles sont encore à peine développées, elles sont molles et flexibles ; mais bientôt elles se dessèchent et demeurent roides et élastiques. Leur forme varie. Lorsqu'elles servent réellement au vol, elles sont minces et transparentes ou recouvertes par une sorte de poussière colorée formée par des écailles d'une petitesse microscopique, comme cela se voit chez les papillons ; mais souvent celles de la première paire deviennent épaisses, dures et opaques, et constituent des espèces de boucliers ou d'étuis nommés *élytres* (fig. 207, *a*), qui dans le repos recouvrent les ailes membraneuses (*b*) et servent à les protéger. D'autres fois, ces mêmes ailes, encore membraneuses vers leur extrémité, deviennent dures et opaques vers leur base, et sont alors désignées sous le nom de demi-étuis, ou *hémélytres* (fig. 208). On connaît aussi des insectes chez lesquels les ailes, au lieu d'avoir une structure lamelleuse, sont fendues en une multitude de lanières barbues sur les bords, et semblables à des plumes disposées en éventail : cela se voit dans un genre voisin des papillons. Enfin, lorsque les ailes postérieures manquent, elles sont d'ordinaire remplacées par deux petits filets mobiles terminés en massue, que l'on nomme *balanciers*.

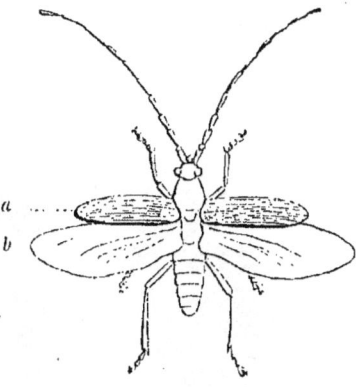

Fig. 207.

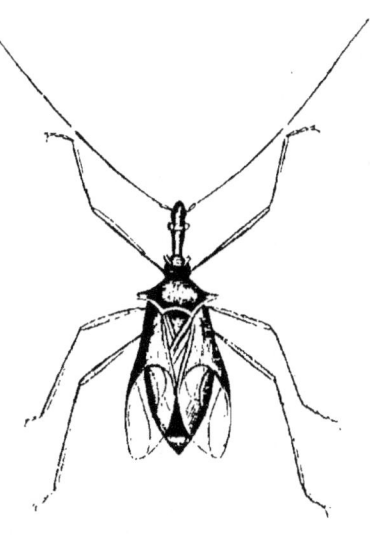

Fig. 208. *Réduve tuberculé.*

§ 118. Les insectes subissent des métamorphoses remarquables dans le jeune âge. Ils n'ont jamais d'ailes quand ils naissent, et, en général, ils changent beaucoup de forme avant que d'arriver à l'état parfait.

Les vers à soie, ou bombyces du mûrier (1), peuvent nous servir très bien pour l'étude de ces métamorphoses.

Ces animaux en sortant de l'œuf ont la forme de petites chenilles, et sont alors désignés par les naturalistes sous le nom de *larves*.

Leur corps est allongé, cylindrique, annelé, ras, et ordinairement de couleur grisâtre; à son extrémité antérieure on distingue une tête formée par deux espèces de calottes dures et écailleuses sur lesquelles on remarque des points noirs qui sont des yeux; la bouche occupe la partie antérieure de cette tête, et est armée de fortes mâchoires; les trois anneaux suivants portent chacun une paire de petites pattes écailleuses,

Fig. 209. *Vers à soie*.

et représentent le thorax; enfin l'abdomen est très développé et ne porte pas de membres sur les deux premiers segments, mais est garni postérieurement de cinq paires de tubercules charnus qui ressemblent à des moignons, et qui constituent autant de pattes membraneuses.

Les vers à soie se nourrissent de feuilles de mûrier, et vivent à l'état de larves environ trente-quatre jours. Pendant cette partie de leur existence, ils changent en général quatre fois de peau : le temps compris entre ces mues successives constitue ce que les agriculteurs appellent les divers *âges* de ces petits animaux. A l'approche de chaque mue, ils s'engourdissent et cessent de manger; mais, après avoir changé de peau, leur faim redouble. On appelle *petite frèze* le moment de grand appétit qui précède chacune des quatre

(1) Le *Bombyce du mûrier* est de tous les insectes le plus utile à l'homme, car sa larve n'est autre chose que le *Ver à soie*, dont l'éducation contribue si puissamment à la prospérité agricole de nos provinces méridionales, et dont les produits alimentent tant de riches industries.

Cet insecte est originaire des provinces septentrionales de la Chine, et ne fut introduit en Europe que dans le VIe siècle. Des missionnaires grecs en apportèrent des œufs à Constantinople sous le règne de Justinien, et, à l'époque des premières croisades, sa culture se répandit en Sicile et en Italie; mais ce ne fut guère que du temps de Henri IV que cette branche d'industrie agricole acquit quelque importance dans nos provinces méridionales, dont elle forme aujourd'hui l'une des principales richesses.

premières mues, et *grande frèze* celui qui se remarque durant le cinquième âge du ver. La quantité de nourriture qu'ils consomment augmente rapidement. On compte que pour les larves provenant d'une once de graine, il faut environ 7 livres de feuilles pendant le premier âge, dont la durée est ordinairement de cinq jours; 21 livres pendant le second âge, qui dure seulement quatre jours; 70 livres dans le troisième âge, qui dure sept jours; 210 livres pendant le quatrième âge, dont la durée est égale à celle du troisième âge, et 12 à 1300 livres pendant le cinquième âge. C'est le sixième jour du dernier âge qu'a lieu la grande frèze. Les vers dévorent alors 2 à 300 livres de feuilles, et font, en mangeant, un bruit qui ressemble à celui d'une forte averse. Le dixième jour, ils cessent de manger et s'apprêtent à subir leur première métamorphose. On les voit alors chercher à grimper sur les branches des petits fagots qu'on a soin de placer au-dessus des claies où jusqu'alors ils sont restés. Leur corps devient mou, et il sort de leur bouche un fil de soie qu'ils traînent après eux. Bientôt ils se fixent, jettent autour d'eux une multitude de fils d'une finesse extrême, qu'on appelle *banc* ou *banne*, et, suspendus au milieu de ce lacis, filent leur cocon, qu'ils construisent en tournant continuellement sur eux-mêmes en divers sens, et en roulant ainsi autour de leur corps le fil qu'ils font sortir de la filière dont leur lèvre est percée. La soie ainsi formée se produit dans des glandes qui ont beaucoup d'analogie avec les glandes salivaires des autres animaux, et la matière dont elle est composée est molle et gluante au moment de sa sortie, mais ne tarde pas à se durcir à l'air. Il en résulte que les divers tours de ce fil unique s'agglutinent entre eux, et constituent une enveloppe dont le tissu est ferme et dont la forme est ovoïde. La couleur de cette soie varie: tantôt elle est jaune, tantôt d'un blanc éclatant, suivant la variété du ver qui l'a produite, et la longueur de chaque fil dépasse souvent 600 mètres, mais varie beaucoup, ainsi que le poids des cocons. Les vers nés d'une once de graine peuvent en donner jusqu'à 130 livres; mais une telle récolte est rare, et souvent on n'en retire que 70 à 80 livres de cocons.

En général, trois jours et demi à quatre jours suffisent aux larves pour achever leur cocon, et si l'on ouvre ensuite cette espèce de cellule, on voit que l'animal n'offre plus le même aspect qu'avant sa réclusion, mais s'est changé en un corps auquel on donne le nom de *chrysalide* ou de *nymphe* : il a pris une couleur brune, sa peau ressemble à de vieux cuir, et sa forme est ovoïde, un peu pointue à son extrémité postérieure (*fig.* 211). On n'y distingue plus ni tête ni mâchoires; mais sa portion postérieure est occupée par des anneaux mobiles, tandis qu'en avant on remarque une bande oblique disposée en écharpe, et représentant les ailes futures de l'animal parfait. Le temps pendant lequel les bombyces restent ainsi renfermés à l'état de chrysalide varie suivant la température : si la chaleur est de 15 à 18 degrés, ils en sortent à l'état d'*insecte parfait* du dix-huitième au vingtième jour. Pour percer leur cocon, ils

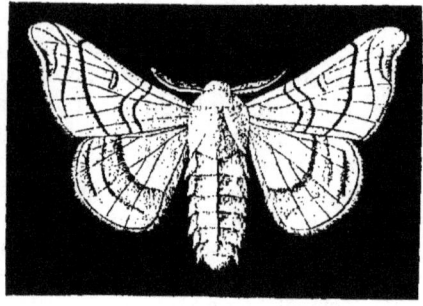
Fig. 210. *Bombyce du mûrier.*

Fig. 211. *Chrysalide.*

en humectent une extrémité avec une liqueur particulière qu'ils dégorgent, et ensuite ils heurtent avec violence leur tête contre le point ainsi ramolli. Lorsque le bombyce a de la sorte achevé ses métamorphoses, il se présente sous la forme d'un papillon à ailes blanchâtres ; sa bouche n'est plus armée de mâchoires, comme dans le jeune âge, mais se prolonge en une trompe roulée en spirale ; ses pattes sont grêles et allongées ; il n'a plus de pattes membraneuses à l'abdomen, et sa conformation intérieure diffère autant de celle de la larve que sa forme extérieure. Presque aussitôt après leur naissance, les papillons se recherchent entre eux ; ensuite les femelles pondent leurs œufs, dont le nombre s'élève à plus de cinq cents pour chacun de ces insectes ; enfin, après avoir vécu à l'état parfait pendant dix à vingt jours, ils meurent.

En résumé, nous voyons donc que ces insectes affectent durant le cours de la vie trois formes distinctes : ils naissent à *l'état de larve*, passent ensuite à *l'état de chrysalide* ou de *nymphe*, et durant cette période de leur existence, ils restent inactifs et cessent de prendre de la nourriture ; enfin ils achèvent leurs métamorphoses lorsque leurs ailes se sont développées, et lorsqu'ils sont ainsi arrivés à l'âge adulte, on les appelle des insectes parfaits.

On appelle *Insectes à métamorphoses complètes* ceux qui subissent les divers changements que nous venons de décrire chez les vers à soie ; mais tous les animaux de cette classe ne présentent pas des différences aussi grandes en passant de l'état de larve à l'état de nymphe, puis à l'état d'insecte parfait, et n'ont que des *demi-métamorphoses*.

Ainsi les sauterelles, quand elles sont à l'état de larves, ne diffèrent des insectes parfaits que par l'absence de tout vestige d'ailes, et lorsqu'elles passent à l'état de nymphes, elles ne cessent ni de se mouvoir ni de se nourrir, et ne diffèrent de ce qu'elles étaient pendant la première période de leur vie que par l'existence d'ailes rudimentaires cachées sous la peau ; enfin la nymphe n'éprouve guère d'autre changement en passant à l'état d'insecte parfait que celui dû au développement complet de ses ailes.

Quelques insectes, tout en subissant des changements considérables dans le jeune âge, ne passent point par la série complète de transformations dont nous venons de parler ; ils semblent, pour ainsi dire, s'arrêter en route, et n'arrivent jamais à posséder des ailes. Les puces sont dans ce cas. En sortant de l'œuf, elles sont privées de pieds et ont la forme de petits vers de couleur blanchâtre. Ces larves sont très vives et se roulent en cercle ou en spirale. Bientôt elles deviennent rougeâtres, et, après avoir vécu dans cet état pendant une douzaine de jours, elles se renferment dans une petite coque soyeuse d'une finesse extrême pour s'y transformer en nymphes ; enfin, au bout de quinze jours environ de réclusion, si le temps est chaud, elles sortent de leur enveloppe à l'état parfait.

Enfin, il est aussi des insectes qui ne subissent pas de métamorphose et qui naissent avec tous les organes dont ils doivent être pourvus ; mais ce sont toujours des insectes aptères qui nous offrent ce mode de développement. Les poux sont dans ce cas.

§ 119. Les insectes, si remarquables par leur organisation, le sont encore davantage par leurs mœurs et par l'instinct admirable dont la nature a doué un grand nombre d'entre eux. Les ruses qu'ils emploient pour se procurer leur nourriture ou pour se soustraire à leurs ennemis, et l'industrie qu'ils déploient dans leurs travaux, étonnent tous ceux qui en sont témoins, et, lorsqu'on les voit se réunir en sociétés nombreuses pour suppléer à leur faiblesse individuelle, s'aider entre eux, se partager les travaux nécessaires à la prospérité de la communauté, pourvoir à leurs besoins futurs, et souvent même régler leurs actions d'après les circonstances accidentelles où ils se trouvent, on reste confondu de trouver chez des êtres si petits, et en apparence si imparfaits, des instincts si variés et si puissants et des combinaisons intellectuelles qui ressemblent tant à du raisonnement. Le sujet ne tarirait pas si nous voulions rapporter ici des exemples de ces phénomènes curieux ; mais les limites étroites de ces leçons ne nous permettent pas d'y consacrer en ce moment plus de temps.

§ 120. Les insectes diffèrent beaucoup entre eux par la manière dont ils se nourrissent et par le mode de conformation de leurs ailes. Aussi est-ce principalement d'après les caractères fournis par la

196   ZOOLOGIE.

structure de la bouche et des organes du vol qu'on les divise en groupes secondaires ou ordres.

§ 121. Un de ces deux groupes les plus remarquables est celui des Papillons, ou Lépidoptères.

Fig. 212. *Thaïs hypsipyle.*

Ces insectes ont deux paires d'ailes recouvertes d'une sorte de poussière colorée, qui se compose de petites feuilles écailleuses et pédonculées. Leur bouche est munie d'une trompe roulée en spirale et n'est propre qu'à aspirer les liquides sucrés qui leur servent de nourriture et qui se trouvent à la surface des plantes. Enfin, tous ces insectes subissent, comme les bombyces dont il a déjà été question, des métamorphoses complètes, et leurs larves, connues sous le nom de *chenilles*, sont pourvues de pattes articulées au thorax, et de pattes membraneuses à l'abdomen; il est aussi à noter que leur bouche, au lieu de se prolonger en forme de trompe, comme chez l'insecte adulte, est armée de fortes mandibules à l'aide desquelles elles rongent la

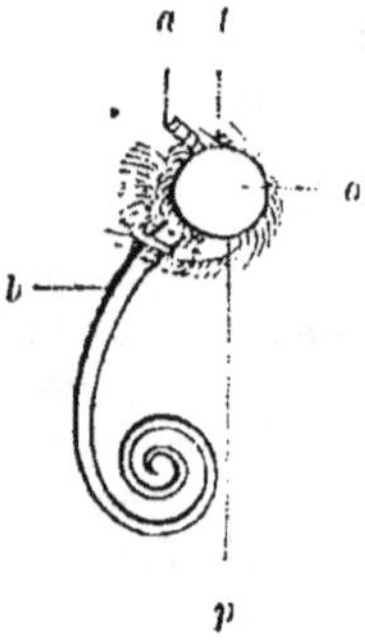

Fig. 213 (1).

Fig. 214. *Chenille du papillon Machaon.*

substance des feuilles ou des autres corps solides dont elles se nourrissent.

(1) Tête d'un papillon : — *t*, tête ; — *o*, œil ; — *a*, base de l'antenne ; — *b*, bouche en forme de trompe ; — *p*, palpe.

INSECTES.   197

Parmi les lépidoptères, les uns volent de jour, les autres ne se montrent qu'à la brune, et d'autres encore restent comme engourdis durant le jour, et ne sortent que la nuit.

§ 112. Les Diurnes se reconnaissent à leurs ailes élevées verticalement pendant le repos, et sont remarquables par la variété et la vivacité de leurs couleurs. On les désigne plus spécialement sous le

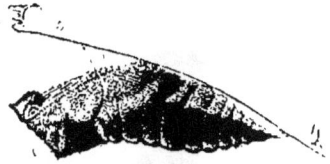

Fig. 215. *Chrysalide du Machaon.*

Fig. 216. *Papillon Machaon.*

nom de *Papillons*, et il est à noter que lorsqu'ils sont à l'état de nymphe ou chrysalide, ils ne sont pas renfermés dans un cocon, mais seulement suspendus à quelque corps étranger, au moyen d'un fil de soie.

Fig. 217. *Danaïde.*   Fig. 218. *Chrysalide.*

Nous citerons comme exemples de la famille des lépidoptères diurnes, les *Papillons proprement dits* ou *Chevaliers*, les *Parnassiens*, les

17.

198 ZOOLOGIE.

Thaïs, les *Piérides*, les *Coliades*, les *Danaïdes*, les *Vanesses*, les *Satyres* et les *Polyommates*.

Fig. 219. *Vanesse Paon de jour*.

§ 123. Les Lépidoptères crépusculaires n'ont pas, comme les pré-

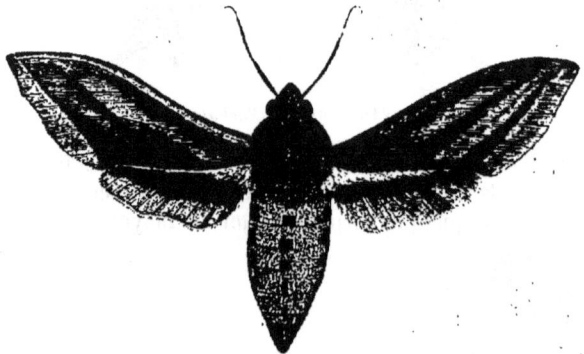

Fig. 220. *Sphinx de la vigne*.

cédents, les ailes relevées pendant le repos, et celles de la seconde paire se trouvent accrochées aux ailes antérieures par une sorte d'épine; enfin leurs antennes, au lieu d'être terminées par un petit bouton ou une masse allongée comme chez les diurnes, sont en général fusiformes. Nous citerons comme exemples de cette famille les *Sphynx* et les *Zygènes*.

Fig. 221. *Zygène syntomide*.

INSECTES. 199

§ 124. Enfin les Lépidoptères nocturnes ont comme les crépusculaires les ailes rabattues pendant le repos, mais leurs antennes sont sétacées ou plumeuses, et demeurent de même grosseur de la base au

Fig. 222. Érèbe limace.

sommet. La plupart de ces papillons de nuit ont des couleurs ternes et leurs chenilles se filent un cocon pour y subir leurs métamorphoses.

Cette famille est très nombreuse et se compose de plusieurs tribus dont la plus importante a pour représentant principal le *Bombyce du mûrier* ou *Papillon du ver à soie*, et a reçu le nom de tribu des Bombycites. On reconnaît les lépidoptères de ce groupe aux caractères suivants : la trompe est courte ou même rudimentaire ; les antennes sont fortement pectinées chez le mâle (souvent même dans les deux sexes); les ailes sont grandes, plates pendant le repos et celles de la seconde paire débordent celles de la première. Il est aussi à noter que chez tous les bombycites, les chenilles vivent à nu, se nourrissent de feuilles et se renferment dans une coque de soie pour y subir leurs métamorphoses.

Dans les espèces appartenant au genre Bombyx, les ailes sont inclinées en forme de toit pendant le repos. Nous avons déjà parlé des mœurs du bombyce du mûrier, par conséquent nous n'y reviendrons pas ici ; mais à côté de cet insecte si utile se trouvent quelques autres espèces qui nuisent beaucoup à l'agriculture et méritent ainsi de fixer également notre attention.

Tel est le *Bombyce livrée* (*Bombyx neustria*), qui a les ailes jaunâtres avec des bandes fauves. Sa chenille, très poilue et rayée longitudinalement de blanc, de bleu et de rouge, vit principalement sur les arbres fruitiers, mais envahit parfois les forêts en nombre très considérable et nuit beaucoup à la végétation en détruisant les feuilles. La femelle dépose ses œufs autour des petites branches en forme d'anneau ou de bracelet, et pendant l'hiver il est facile de les reconnaître et de les détruire.

Une autre espèce de lépidoptères de ce genre, le *Bombyce pro-*

cessionnaire, mérite aussi d'être citée, à cause des mœurs de sa larve. Ces chenilles vivent sur le chêne en sociétés nombreuses et se filent en commun une toile qui les abrite et qui est composée de soie mêlée d'un grand nombre de poils roides (1). Le soir on les voit sortir de leur demeure, en formant une phalange régulière. Un seul individu, dont les autres suivent tous les mouvements, ouvre la marche ; deux autres viennent ensuite, puis trois, puis quatre, et ainsi de suite, chaque rangée étant formée d'une chenille de plus que la rangée précédente : c'est de là que leur vient le nom de *Chenilles processionnaires*. Au moment de se transformer en chrysalides, elles se filent chacune une coque les unes à côté des autres.

Les entomologistes distinguent sous le nom générique d'Attacus,

Fig. 223. *Bombyce petit Paon de nuit.*

ou de Saturnie, d'autres bombycites dont les ailes sont horizontales pendant le repos et dont les chenilles donnent souvent beaucoup de soie susceptible d'être employée dans l'industrie. La plupart des vers à soie de l'Inde appartiennent à ce genre qui, chez nous, a pour représentants principaux, les papillons appelés *grand* et *petit Paon de nuit*.

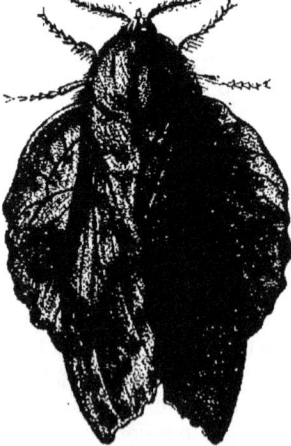

Enfin, les Lasiocampes sont des papillons qui ressemblent aux bombyces par la disposition de leurs ailes, mais qui ont la bouche conformée un peu autrement. Plusieurs espèces de ce genre sont très communes en France, et sont souvent très nuisibles à la végétation (2).

On a donné le nom de faux Bombycites à des lépidoptères qui ressem-

Fig. 224. *Bombyx feuille de chêne.*

(1) Ces poils entrent facilement dans la peau et produisent une urtication très vive lorsqu'on manie ces nids.
(2) Le *Lasiocampa quercifolia* (fig. 224) a reçu le nom vulgaire de *Feuille-morte*, à

blent beaucoup aux précédents, mais qui ont les ailes inférieures complétement couvertes par les supérieures pendant le repos, et accrochées à celles-ci par une sorte d'épine sétacée. C'est à ce groupe qu'appartiennent la plupart des chenilles qui abondent le plus sur les grands arbres de nos promenades et de nos jardins, la chenille du *Liparis chrysaorrhœa*, par exemple, dont les nids sont construits sur des branches élevées et servent de retraite pendant l'hiver à une foule de ces animaux (1).

§ 125. Dans une autre tribu de lépidoptères nocturnes, celle des Noctuélites, les ailes sont conformées à peu près comme chez les précédents, mais les antennes sont en général simples, et la trompe longue et enroulée en spirale. Ce groupe comprend aussi plusieurs espèces très nuisibles à l'agriculture. La

Fig. 225. *Noctuelle.*

Noctuelle granivore (*Noctua graminis*), par exemple, dont la chenille ravage quelquefois les prairies.

On donne le nom de Phalènes ou Géomètres, à une quatrième tribu de papillons de nuit dont les chenilles sont remarquables par la manière dont elles marchent. Lorsqu'elles veulent avancer, elles se fixent par les pattes antérieures, puis relèvent leur corps en anneau, de façon à en rapprocher les deux extrémités ; se cramponnant au moyen des pattes postérieures, et se redressant ensuite, portent en avant leur tête et vont prendre avec leurs pattes de devant un nouveau point d'appui pour recommencer le même manége. Dans l'immobilité, leur attitude est également singulière. Fixées à une branche par les pattes de derrière seulement, elles restent pendant plusieurs heures et même des jours entiers le corps suspendu en l'air, parfaitement droit et tout à fait immobile.

Une espèce de ces chenilles, dites *Arpenteuses*, se trouve souvent sur le sureau, une autre sur le lilas et une troisième sur le groseillier.

---

raison de la forme et de la couleur de ses ailes ; sa chenille grise et velue attaque souvent les arbres fruitiers. Une autre espèce du même genre (*Lasiocampa pini*) vit sur les arbres verts et en détermine quelquefois la mort en détruisant toutes les feuilles.

(1) C'est cette chenille qui, en 1851 et 1852, a occasionné de grands ravages dans le bois de Boulogne.

Une autre espèce du même genre, le *Liparis dispar*, se plaît aussi sur les ormes, les chênes, etc., et pullule quelquefois au point de devenir un véritable fléau pour la sylviculture. Ainsi, à plusieurs reprises, les arbres du bois de Vincennes ont été complétement dépouillés de leurs feuilles par des légions innombrables de ces chenilles.

§ 126. D'autres chenilles, au lieu de vivre à découvert sur les plantes dont elles se nourrissent comme toutes celles que nous venons de mentionner, se construisent des demeures, soit avec des feuilles enroulées, soit avec d'autres matières étrangères. Ces lépidoptères, généralement de petite taille, composent deux tribus: celle des TORDEUSES ou des PYRALIENS, et celle des TINÉITES.

Dans le premier de ces groupes, les ailes antérieures sont arquées à leur base, courtes et larges; d'où le nom de *Phalènes à larges épaules*, que quelques auteurs ont donné à ces papillons.

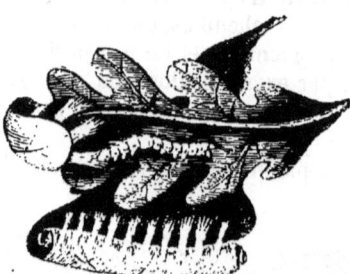

Fig. 226. *Nid du Tortrix*.

L'espèce la plus intéressante de cette tribu est la *Pyrale de la vigne*, qui à diverses époques a occasionné de grands dégâts dans les vignobles du Mâconnais et de quelques autres parties de la France. Les chenilles ne se bornent pas à dévorer les feuilles de la vigne et à nuire ainsi à la végétation du cep, elles détruisent aussi les grappes en les entourant des fils dont elles construisent leurs cocons. Pendant l'hiver elles se retirent dans les fentes des écorces et s'y engourdissent: aussi a-t-on pu mettre en usage un procédé très simple pour les détruire : c'est d'échauder les ceps avec de l'eau bouillante lorsqu'ils sont ainsi infectés.

Fig. 227. *Pyrale de vigne* (2).

Les petites chenilles qu'on trouve souvent dans l'intérieur des pommes, et qui ressemblent à des vers, appartiennent à un papillon très voisin de la pyrale, nommé *Carpocapsa pomonana* (2).

---

(1) Feuille de vigne attaquée par la pyrale : — *4*, le mâle ; — *4 a*, la femelle ; — *4 b* la chenille ; — *4 c*, les œufs ; — *4 d*, *4 e*, les chrysalides.

(2) Ce petit pyralien, dont les ailes sont d'un gris cendré, avec des stries brunes, est très commun en France et se montre d'ordinaire en avril ou en mai, vers le soir. La

Enfin, le *Cochylis de la vigne*, ou *Teigne de la vigne*, appartient également à cette tribu, et sa chenille, qui n'attaque jamais les feuilles, comme le fait la pyrale, mais dévore la grappe de raisin, est parfois très nuisible aux vignobles, particulièrement en Champagne (1).

§ 127. Dans la TRIBU DES TINÉITES, les chenilles sont toujours pourvues de seize pattes au moins, et, au lieu de vivre sur les parties extérieures des végétaux, comme dans les groupes précédents, elles se tiennent cachées dans des habitations en forme de fourreau, qu'elles se construisent et qu'elles traînent avec elles, ou bien qu'elles fixent d'une manière immobile. C'est avec les substances dont elles se nourrissent qu'elles font cette gaîne dont la forme varie beaucoup. On a donné le nom de *fausses Teignes* à celles dont la gaîne est fixe, et l'on a appelé *Teignes* celles qui transportent leur fourreau avec elles. Ces dernières, connues aussi sous le nom vulgaire de *vers*, attaquent principalement les étoffes de laine, le crin et les fourrures, qu'elles coupent avec leurs mâchoires, pour s'en faire des fourreaux. Les fausses teignes se bornent ordinairement à miner l'intérieur des substances végétales et animales, dont elles se nourrissent, et à y construire de simples galeries. Celles qui vivent ainsi dans le tissu des feuilles sont appelées des *chenilles mineuses*. A l'état parfait, les tinéites sont de très petite taille. Leur forme varie. Chez

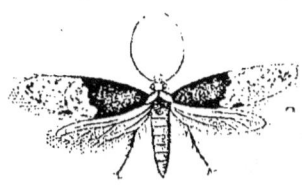

Fig. 228. *Teigne des tapisseries.*

---

femelle dépose ses œufs dans le calice des fleurs du poirier et du pommier ; les petites larves naissent quelques jours après et pénètrent dans le parenchyme du fruit en voie de développement ; elles en rongent la substance, et lorsqu'elles ont achevé leur croissance, elles en sortent pour aller dans les fentes de l'écorce se transformer en chrysalide. Vers la fin de juillet ou en août, les carpocapses achèvent leurs métamorphoses, et l'on voit apparaître une nouvelle volée de papillons qui pondent en septembre. Les larves de cette seconde génération attaquent les poires et les pommes, comme celles de la première, et s'y trouvent souvent lorsque le fruit est mûr.

(1) Les vignerons donnent quelquefois le nom de *Ver rouge* ou *Ver de la vendange* à cette larve.

Le *Cochylis* est un petit papillon dont les ailes sont rabattues sur les côtés du corps en manière de fourreau pendant le repos ; les antérieures sont jaunes avec une bande transversale brune, les postérieures gris-perle. Il fait sa première apparition en avril, et pond sur les bourgeons de la vigne ; les larves qui naissent, en général, au moment de la floraison de la vigne sont très agiles et se nourrissent des jeunes grappes. Vers la fin de juin ou en juillet ils se construisent un cocon au milieu des grains flétris, s'y transforment en nymphes, puis douze ou quinze jours après se montrent à l'état de papillons pour donner bientôt naissance à une seconde génération. Les larves d'automne font beaucoup plus de dégâts que celles de la génération précédente et déterminent une sorte de pourriture dans les grappes qu'elles attaquent ; enfin, vers la fin de septembre ou en octobre, elles descendent dans les fissures de l'écorce de la tige ou dans les fentes des échalas pour s'y métamorphoser et y hiberner. Cette dernière circonstance permet aux vignerons de les détruire par le procédé de l'échaudage, comme cela se pratique pour la pyrale.

les unes, les ailes forment une sorte de triangle allongé et plus ou moins aplati, et il existe à la bouche quatre palpes distincts : telles sont les *Aglosses* (1), les *Galleries* (2), etc. Chez d'autres, les ailes supérieures sont longues, étroites et appliquées perpendiculairement sur les côtés du corps, ou bien couchées et roulées sur l'abdomen, autour duquel elles semblent se mouler, ainsi que cela se voit dans les *Teignes proprement dites* (3).

L'*Alucite* (4), qui depuis quelques années occasionne des dégâts très considérables dans divers départements du centre et du sud-ouest de la France en attaquant le blé, est un petit papillon très voisin des précédents.

Enfin, on range aussi dans la famille des lépidoptères nocturnes,

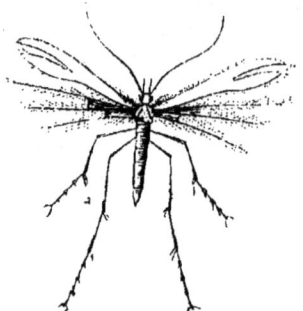

Fig. 229. *Ptérophore*.

Fig. 230. *Ornéode*.

à côté des tinéites, quelques petits papillons dont les ailes posté-

---

(1) Les AGLOSSES n'ont qu'une trompe rudimentaire, et se reconnaissent à leurs ailes aplaties. On en trouve assez souvent dans les maisons, appliquées contre le mur. Une espèce, l'*Aglosse de la graisse*, lorsqu'elle est à l'état de larve, se nourrit principalement de matières grasses, mais ronge aussi le cuir, les couvertures de livres, etc., et se construit sur les corps dont elle vit un long tuyau, dont la surface est recouverte de petites granulations. La larve d'une autre espèce d'aglosse mange la farine.

(2) Les GALLERIES diffèrent des précédentes par leurs ailes relevées postérieurement en forme de crête. La *Gallerie de la cire* est cendrée avec quelques taches brunes. Sa chenille fait de grands dégâts dans les ruches, dont elle perce les rayons.

(3) Les TEIGNES PROPREMENT DITES ont une forme étroite et allongée ; leurs ailes sont inclinées, enveloppantes, et ne dépassent guère l'abdomen ; leur tête est huppée, et leur trompe est très courte. Une des espèces les plus communes est la *Teigne des draps*, petit lépidoptère d'un gris argenté, ayant un point blanc de chaque côté du thorax. Sa chenille se creuse des galeries dans l'épaisseur des étoffes de laine, qu'elle ronge rapidement, et se construit avec les brins, ainsi détachés, un tuyau qu'elle allonge par le bout ; elle y reste très longtemps, et, lorsque son corps est devenu trop gros pour être à l'aise dans cette demeure étroite, elle fend son fourreau et l'élargit en y ajustant une pièce. Ses excréments ont la couleur de la laine qu'elle a mangée. La *Teigne des pelleteries* se distingue de la précédente par la présence d'un ou deux points noirs sur les ailes. Sa chenille vit dans un tuyau feutré sur les pelleteries, dont elle coupe les poils à la racine. La *Teigne à front jaune* ravage de la même manière les collections d'histoire naturelle, et il est une autre espèce, appelée *Teigne des grains*, qui ronge le blé, et occasionne ainsi de grands dégâts.

(4) C'est le *Butalis cerealella* ou *OEcocophora cerealella* des entomologistes ; il a les

rieures, au lieu d'être entières, comme d'ordinaire, sont divisées en un certain nombre de lanières étroites et frangées comme des plumes : ce sont les *Ptéroptères* et les *Ornéodes*.

§ 128. Si nous comparons maintenant aux lépidoptères, dont l'étude vient de nous occuper, une abeille ou une guêpe, nous verrons que ces derniers insectes ont quatre ailes comme les précédents, que tous ces organes sont aussi minces et membraneux, mais qu'au lieu d'être opaques et couvertes d'une sorte de poussière colorée, elles sont nues et membraneuses ; nous verrons également des différences très grandes dans la conformation de la bouche, car au lieu d'une trompe grêle et enroulée en spirale, nous trouvons des mâchoires et

Fig. 231. *Abeille mâle.*

une sorte de langue longue et flexible qui est disposée pour lécher les sucs des fleurs plutôt que de les aspirer.

Ces insectes ne peuvent donc prendre place dans l'ordre des lépidoptères, et ils appartiennent effectivement à un autre groupe de même rang, auquel on donne le nom d'ordre des Hyménoptères.

§ 129. L'Abeille, ou *Mouche à miel*, est un des insectes dont l'histoire offre le plus d'intérêt tant à cause des instincts admirables dont la nature l'a douée qu'à cause des produits de son industrie. Elle est originaire de l'ancien continent, probablement de la Grèce, mais a été transportée dans toute l'Europe, ainsi que dans le nord de l'Afrique et de l'Amérique septentrionale. Ces insectes établissent leurs demeures dans quelque cavité, telle que les trous des vieux arbres ou les espèces de huttes que les agriculteurs leur préparent et qu'on nomme des *ruches*. Chaque colonie se compose d'un nombre très considérable d'*ouvrières* ou *mulets* (quinze ou vingt mille, quelquefois jusqu'à trente mille), de six à huit cents mâles, appelés à tort *Bourdons* par les cultivateurs, et communément d'une seule femelle, qui paraît y régner en souveraine et qui a reçu le nom de *reine*. Ces trois sortes d'individus diffèrent entre eux par leur forme aussi bien que par les fonctions qu'ils sont destinés à remplir dans ces communautés. Les ouvrières (*fig. 232*),

Fig. 232. *Abeille ouvrière.*

ailes supérieures droites d'une teinte café au lait uniforme, frangées au bout et se croisant l'une sur l'autre dans le repos.

18

qui sont des femelles stériles, sont les plus petites et se distinguent des mâles par leurs antennes composées de douze articles, leur abdomen court et formé de six anneaux, leurs mandibules en forme de cuiller et sans dentelures, et leurs pattes postérieures pourvues d'une corbeille (1) et d'une brosse pour la récolte du pollen. Les abeilles femelles ou reines ont l'abdomen plus long et les mandibules échancrées; enfin les mâles (*fig.* 231) ont treize articles aux antennes et manquent d'aiguillon.

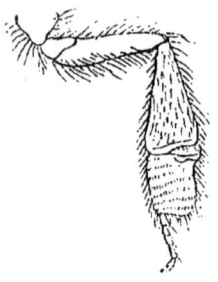

Fig. 233.

Ce sont les abeilles ouvrières qui exécutent tous les travaux nécessaires à l'existence et à la prospérité de la société, et ces animaux se les partagent entre eux Les unes, nommées *cirières*, sont chargées de la récolte des vivres et des matériaux de construction ainsi que des bâtisses à élever; les autres, appelées, à raison de leurs fonctions, les *nourrices*, s'occupent presque exclusivement du soin intérieur du ménage et de l'éducation des petits.

Pour faire sa récolte, l'abeille cirière entre dans une fleur bien épanouie, dont les étamines sont chargées de la poussière appelée *pollen* par les botanistes. Cette poussière s'attache aux poils branchus dont son corps est couvert, et en se frottant avec les brosses qui garnissent ses tarses, l'insecte la rassemble en pelotes, qu'elle empile dans les corbeilles ou palettes creusées à la face interne de ses jambes postérieures. A l'aide de leurs mandibules, les ouvrières détachent aussi de la surface des plantes une matière résineuse, appelée *propolis*, et en remplissent leurs corbeilles. Ainsi chargées, ces abeilles retournent à leur demeure commune, et, aussitôt arrivées, se débarrassent de leur fardeau pour retourner à la recherche de nouvelles provisions ou pour employer celles déjà recueillies. Les travaux de l'intérieur sont plus compliqués: les abeilles commencent par boucher avec du propolis toutes les fentes de leur habitation et n'y laissent qu'une seule ouverture, dont les dimensions sont peu considérables; elles s'occupent ensuite de la construction des *rayons* ou *gâteaux*, destinés à servir de nid pour les petits et de magasins pour les provisions de la communauté. Ces gâteaux sont faits avec de la *cire*, matière qui se trouve sur diverses plantes, et qui est sécrétée aussi par les abeilles dans des organes particuliers

---

(1) On donne le nom de *corbeille* à une dépression qui se voit à la face externe des jambes postérieures des ouvrières, et qui est bordée de poils de façon à servir au transport du pollen; la *palette* est formée par le premier article du tarse (ou pied) qui, au lieu d'être grêle comme les autres, s'élargit beaucoup, et sa face interne est garnie d'un duvet soyeux qui constitue la *brosse*.

situés sous les anneaux de leur abdomen. Ils sont composés de deux couches de cellules (ou *alvéoles*) hexagones, à base pyramidale, adossées l'une à l'autre, et sont suspendus perpendiculairement par une de leurs tranches. En général, c'est à la voûte de la ruche qu'ils sont fixés, et ils sont toujours rangés parallèlement, de manière à laisser entre eux des espaces vides, dans lesquels les abeilles peuvent circuler. Les cellules, comme on le voit, sont par conséquent disposées horizontalement et ouvertes par un de leurs bouts. C'est avec leurs mandibules que les ouvrières les façonnent : elles en taillent les pans pièce à pièce, et elles portent dans leur construction une précision étonnante. La plupart de ces loges ont exactement les mêmes dimensions et servent à loger les larves ordinaires ou deviennent des magasins ; mais quelques unes, destinées à contenir des larves de femelles et appelées pour cette raison des *cellules royales*, sont beaucoup plus grandes et de forme presque cylindrique. Quand les abeilles ont fait une récolte abondante de pollen ou de miel, elles déposent leur superflu dans quelques unes des cellules ordinaires, pour subvenir soit à leur consommation journalière, soit à leurs besoins futurs. Elles ont aussi la précaution de boucher avec un couvercle de cire les cellules contenant leur réserve de miel, et, si quelque accident vient menacer de miner leurs constructions, elles savent aussi élever des colonnes et des arcs-boutants, pour empêcher la chute de leurs gâteaux.

Quand une jeune reine a achevé ses métamorphoses et rongé les bords du couvercle de sa cellule, pour sortir de son nid, on voit se manifester dans toute la colonie une grande agitation. D'un côté, les ouvrières bouchent avec de nouvelles quantités de cire les ouvertures qu'elle pratique, et la retiennent prisonnière dans sa loge ; d'un autre côté, la vieille reine cherche à s'en approcher pour la percer de son aiguillon et se défaire ainsi d'une rivale dangereuse ; mais des phalanges d'ouvrières s'interposent, pour l'en empêcher. Au milieu du tumulte qui résulte de tout ce manége, la vieille reine sort de la ruche avec toute l'apparence de la colère, et suivie d'une grande partie de la société d'ouvrières et de mâles dont elle était le chef unique. Les jeunes abeilles, trop faibles pour émigrer de la sorte, restent dans la ruche, et bientôt leur nombre augmente par la sortie de celles qui étaient encore à l'état de larves ou de nymphes ; les jeunes reines se dégagent aussi de leurs cellules pendant ce tumulte. S'il y en a plusieurs, elles se battent entre elles, et celle qui, après le combat, se trouve seule, devient la souveraine de la nouvelle société. L'essaim qui a abandonné de la sorte sa demeure avec la vieille reine ne se disperse pas, mais va à quelque distance se suspendre en groupe et fonder une nouvelle colonie qui recommence tous les travaux dont nous venons de parler, et qui à son tour fournit au bout d'un certain temps un second essaim dont la sortie est déterminée par les mêmes causes que nous avons vues occasionner l'émigration du premier. Une ruche donne quelquefois trois ou quatre essaims par saison; mais les derniers sont toujours faibles.

La mort de l'abeille reine, la faiblesse d'une colonie et les attaques de ses ennemis déterminent quelquefois les abeilles à se disperser; les fugitives vont alors chercher asile dans une ruche plus fortunée, mais elles en sont impitoyablement repoussées à coup d'aiguillon par les propriétaires de la demeure qu'elles voudraient partager, car aucune abeille étrangère, même isolée, n'est reçue dans une ruche où elle n'est pas née. Quelquefois aussi toute une colonie en attaque une autre pour en piller les magasins, et, si les agresseurs ont le dessus, ils détruisent complétement la population vaincue et enlèvent tout le miel de leurs victimes, pour le déposer dans leur ruche. Les abeilles ont aussi à redouter plusieurs insectes qui leur nuisent beaucoup, soit en dévorant leur miel ou la cire de leurs rayons, soit en les attaquant directement (1).

§ 130. Les Bourdons vivent en sociétés composées de trois sortes d'individus, comme les colonies des abeilles, et se construisent aussi des demeures avec beaucoup d'art (2).

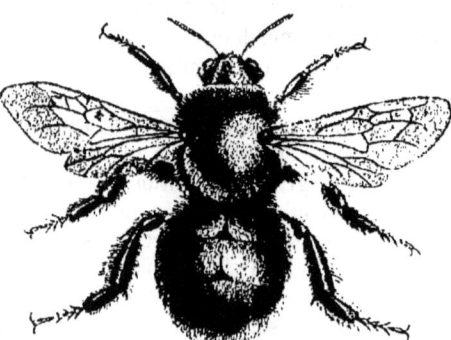

Fig. 234. *Bourdon.*

D'autres hyménoptères qui ressemblent beaucoup aux abeilles, mais qui vivent solitaires, se nourrissent à peu près de la même manière et ont également les pattes postérieures pourvues d'une palette pour la récolte du pollen, mais sans avoir ni corbeille ni brosse, constituent avec les précédentes

(1) Par exemple, les petites tinéites du genre gallerie dont il a déjà été question page 202.
(2) Les entomologistes donnent le nom de Bourdon à un genre voisin de celui des abeilles, mais qui s'en distingue par plusieurs caractères, tels que l'existence de deux épines à l'extrémité des jambes postérieures. Ces insectes ont aussi le corps plus gros et plus arrondi; ils vivent réunis en sociétés d'une cinquantaine d'individus ou davantage, dans des habitations souterraines, revêtues de cire et garnies de mousse bien cardée; mais ces sociétés ne sont que temporaires et se dispersent en automne. Les ouvrières, les mâles et les vieilles femelles ne tardent pas à périr par l'action du froid; mais les jeunes femelles qui sont déjà destinées à donner des œufs le printemps suivant se cachent dans quelque trou de mur ou même dans la terre, et y passent l'hiver dans un état de sommeil léthargique.

INSECTES. 209

un groupe naturel que l'on appelle la FAMILLE DES MELLIFÈRES. Plusieurs de ces insectes sont remarquables par l'industrie qu'ils mettent à construire et à approvisionner les nids dans lesquels leurs œufs doivent éclore et leurs larves se développer; mais ils ne donnent pas d'autres soins à leur progéniture, et il n'y a pas comme chez les abeilles des ouvrières aussi bien que des mâles et des femelles. Cette division des apiaires solitaires comprend les XYLOCOPES, ou *Abeilles perce-bois*, les MÉGACHILES, etc. (1).

Fig. 235. *Xylocope.*

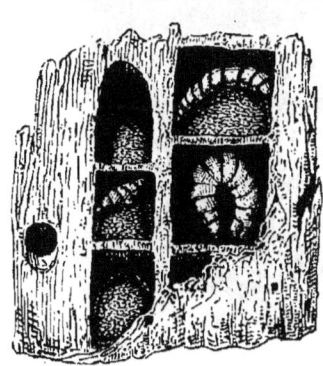

Fig. 236. *Nid de Xylocope.*   Fig. 237. *Guêpe cartonnière.*

§ 134. Les GUÊPES sont des hyménoptères dont l'abdomen est armé d'un aiguillon comme chez les abeilles et les autres mellifères, mais dont les ailes antérieures sont ployées longitudinalement; il est aussi à noter que leur corps est lisse et glabre au lieu d'être poilu comme celui des abeilles, ce qui est en accord avec leurs mœurs, car elles ne récoltent pas le pollen et se nourrissent seulement des sucs sucrés des plantes. L'instinct architectural est aussi très développé

---

(1) Les XYLOCOPES ont l'habitude de creuser dans le vieux bois des canaux divisés par des cloisons et servant à loger leurs œufs, ainsi que la pâture destinée aux larves : aussi leur a-t-on donné les noms de *menuisières*, *abeilles perce-bois*, etc. Une grande espèce de ce genre, longue de près d'un pouce, avec le corps noir et les ailes violacées, est très commune dans nos environs. D'autres apiaires solitaires, dont les naturalistes ont formé le genre MÉGACHILE, construisent contre les murs un nid avec une espèce de mortier terreux, ou bien creusent en terre, pour y loger leurs œufs, des trous cylindriques, qu'ils ferment avec un couvercle, et qu'ils garnissent de petits morceaux de feuilles découpées à l'aide de leurs mâchoires. D'autres encore ne préparent pas de demeure pour leur progéniture, mais déposent leurs œufs dans les nids de quelque autre insecte de la même tribu.

18.

chez ces insectes, et leurs nids, construits tantôt de lames foliacées,

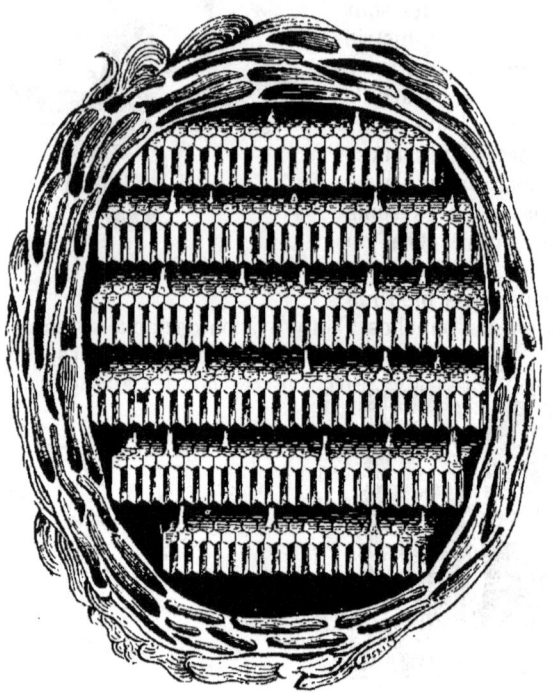

Fig. 238. *Nid de Guêpe commune* (1).

tantôt d'une matière qui ressemble à du carton, sont très remarquables (2).

(1) Dans cette figure on a représenté le nid ouvert à l'aide d'une section verticale.

(2) Les guêpes vivent en sociétés nombreuses, composées de trois sortes d'individus, comme chez les abeilles. Les femelles et les ouvrières font avec des parcelles de vieux bois, qu'elles détachent à l'aide de leurs mandibules, et qu'elles convertissent en une pâte semblable à du carton, des gâteaux ou rayons garnis en dessous de cellules hexagonales et suspendus en dessus par des pédicules ; tantôt ces agrégations d'alvéoles sont à nu ; d'autres fois les rayons sont renfermés dans une enveloppe commune, dont la forme varie et dont l'ouverture externe est en général située en dessous. Les femelles commencent seules la construction de ce nid, qu'elles placent tantôt en plein air, tantôt dans le creux d'un vieux arbre ou en terre. Les premiers œufs qu'elles y pondent produisent des individus stériles ou ouvriers, qui aident à agrandir le guêpier et à élever les petits. En automne, il naît des femelles et des mâles, et un peu plus tard toutes les larves et les nymphes qui ne peuvent achever leurs métamorphoses avant le mois de novembre sont arrachées de leurs cellules et tuées par les ouvrières, qui elles-mêmes périssent avec les mâles au retour de la saison froide. Quelques femelles seules passent l'hiver et deviennent au printemps les fondatrices de nouvelles colonies. La *Guêpe commune* construit son nid en terre, avec une matière semblable à du papier fin, et y place un grand nombre de

INSECTES.

Ces insectes, ainsi que d'autres guêpes qui vivent solitaires, forment dans l'ordre des hyménoptères une seconde famille, et ont reçu le nom commun de Diploptères.

§ 132. D'autres hyménoptères, qui, de même que tous les précédents, sont pourvus d'un aiguillon, mais dont les ailes ne son pas ployées ni les pattes postérieures propres à la récolte du pollen, constituent une troisième famille, celle des Fouisseurs, ainsi nommée parce que les femelles ont l'instinct d'enfouir à côté de leurs œufs le corps d'un insecte ou d'une araignée destiné à servir de nourriture à leur progéniture. Ils forment plusieurs genres auxquels on a donné les noms de Scolie, Crabro, Trypoxylon, etc.

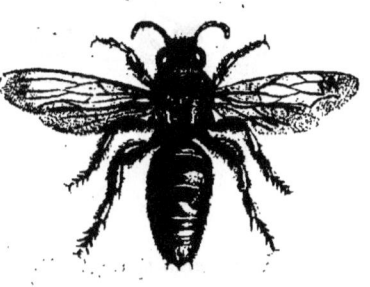

Fig. 239. *Scolie.*

§ 133. Enfin les *Hyménoptères porte-aiguillon* forment encore une quatrième famille, celle des Hétérogynes, dont les représentants les plus remarquables sont les Fourmis (1).

Ces insectes nous offrent encore un exemple de sociétés nombreuses composées de mâles, de femelles et surtout d'individus imparfaits et stériles, que l'on désigne sous les noms d'*ouvrières* ou de *neutres*. Les mœurs de ces petits animaux sont des plus singulières et, si elles n'avaient été étudiées par des observateurs dignes de toute notre confiance, on serait tenté de traiter de fables les récits qu'on nous en fait.

Les fourmis ouvrières sont dépourvues d'ailes et d'yeux lisses et se font remarquer aussi par la grosseur de leur tête, la force de leurs mandibules et quelques particularités de forme ; elles constituent, comme nous l'avons déjà dit,

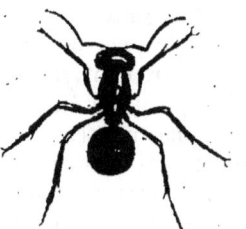

Fig. 240. *Fourmi fauve neutre.*

rayons renfermés dans une enveloppe composée de plusieurs couches disposées par bandes (fig. 238). La *Guêpe frelon* place son nid dans les trous des murs ou les vieux arbres et ne lui donne ni autant de solidité ni un aussi grand nombre de rayons. Cette espèce détruit les autres insectes, et particulièrement les abeilles, dont elle vole aussi le miel. Une troisième espèce, la *Guêpe cartonnière* (fig. 237), propre à l'Amérique méridionale, est célèbre par l'architecture de son nid, qui est suspendu aux arbres, et qui est composé d'un carton très fin.

(1) Les hétérogynes se distinguent des mellifères par la forme grêle de leurs pattes postérieures, des diploptères par leurs ailes non ployées, et des fouisseurs par leurs antennes

la portion la plus nombreuse des colonies dont elles font partie, et sont seules chargées des travaux nécessaires à la prospérité générale. Les unes bâtissent leur demeure commune en terre, les autres en bois.

Fig. 241. Fourmi fauve femelle.

Les premières creusent dans le sol une multitude de galeries, ainsi que de chambres disposées par étages, et rejetant les déblais au dehors, élèvent souvent au-dessus de leur nid un monticule, dans l'intérieur duquel ces travailleuses infatigables creusent de nouveaux étages semblables à ceux situés au-dessous ; quelquefois on les voit aussi construire avec cette terre des galeries qui montent le long des tiges des arbustes où ces insectes vont chercher leur nourriture, et qui les abritent dans leurs courses journalières. Les fourmis qui construisent leurs fourmilières en bois, s'établissent dans des arbres déjà attaqués par des larves d'autres insectes et ramollis par la pourriture. Avec leurs mandibules, elles détachent les particules de bois, et creusent dans l'intérieur de l'arbre plusieurs étages séparés par des planchers et soutenus par des piliers formés de bois non rongé ou de sciure détachée des parties voisines et pétrie avec de la salive. Si quelque accident vient détruire une partie de leur édifice, on voit aussitôt toutes les ouvrières qui ont échappé à ce désastre déployer une activité extrême, retirer des décombres celles qui y ont été ensevelies, transporter en lieu de sûreté leurs compagnes blessées et ajouter de nouvelles bâtisses à celles encore debout. Les mâles et les femelles ne participent pas à ces travaux. Les premiers ne restent dans la fourmilière que fort peu de temps, et périssent presque aussitôt qu'ils en sont sortis ; les femelles quittent aussi la demeure commune avec les mâles ; mais, après s'être séparées de ceux-ci et s'être dépouillées de leurs ailes, elles sont ramenées dans la fourmilière par les ouvrières, et placées dans les chambres les plus retirées, où elles restent prisonnières, et sont nourries par leurs gardiennes. Dès qu'elles pondent un œuf, une fourmi ouvrière s'en empare et le transporte avec soin dans une chambre particulière. Les œufs destinés à produire des femelles ne sont pas logés dans les mêmes cellules que ceux d'où naîtront les ouvrières. Les larves reçoivent aussi de la part des ouvrières des

coudées, la conformation de leur bouche et quelques autres caractères sur lesquels nous ne pouvons nous arrêter ici, faute de temps. Il est aussi à noter que chez les hétérogynes l'aiguillon est souvent rudimentaire : chez la plupart des fourmis, par exemple.

soins assidus; chacune d'elles est appâtée par celle-ci avec des sucs qui lui conviennent, et, lorsque le temps est beau, on voit ces nourrices actives transporter leurs élèves hors de la fourmilière pour les exposer aux rayons du soleil, les défendre contre leurs ennemis, les rapporter dans leur nid à l'approche du soir, et les entretenir dans un état de propreté extrême. Les fourmis ne font de provisions ni pour elles-mêmes ni pour leurs nourrissons, mais vont chaque jour chercher les aliments dont elles ont besoin. Pendant que certaines ouvrières s'occupent de l'entretien des bâtisses et des nouvelles constructions nécessaires à leurs colonies croissantes, d'autres vont chercher sur les fleurs des liquides sucrés, et surtout y récolter un suc particulier qui suinte du corps des pucerons et de quelques autres petits hémiptères. Certaines fourmis ne se contentent pas de prendre la gouttelette sucrée que le puceron leur abandonne lorsqu'il se sent caressé par leurs antennes. Souvent elles portent ces insectes dans leurs demeures et les y élèvent comme des fermiers le font pour leurs vaches laitières. On a vu les habitants de deux fourmilières voisines se disputer leurs pucerons, et les vainqueurs emporter leurs prisonniers avec le même soin qu'elles le font pour leurs larves. Mais cette singulière habitude de prévoyance n'est pas encore le trait le plus extraordinaire de leurs mœurs. Il est des fourmis qui, après avoir vaqué pendant une partie de leur vie à leurs travaux ordinaires, semblent comprendre le plaisir de l'oisiveté et vont faire la guerre à des espèces plus faibles, pour en enlever les larves et les nymphes, transporter celles-ci dans leur propre demeure et charger les esclaves qu'elles se sont ainsi procurés de tous les travaux de la communauté.

Les fourmis se reconnaissent aisément à la disposition de leur abdomen, dont le pédicule est en forme de nœud, soit simple, soit double. Leurs antennes sont coudées, et leurs mandibules ordinairement très fortes. Les mâles sont beaucoup plus petits que les femelles.

§ 134. L'ordre des hyménoptères comprend aussi beaucoup d'insectes qui ne sont pas pourvus comme les *Porte-aiguillon* d'un appareil venimeux armé d'un dard, mais qui portent à l'extrémité de leur abdomen une sorte de tarière à l'aide de laquelle ils taraudent la substance des végétaux ou le corps des animaux, dans lesquels leurs œufs sont déposés et leur larve se nourrit. On désigne ces derniers insectes

Fig. 242. *Noix de galle.*

sous le nom commun d'HYMÉNOPTÈRES TÉRÉBRANTS, et l'on comprend dans ce groupe les *Ichneumons*, les *Cynips*, etc. (1).

Fig. 243. *Ichneumon*.

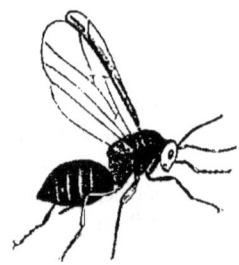

Fig. 244. *Cynips*.

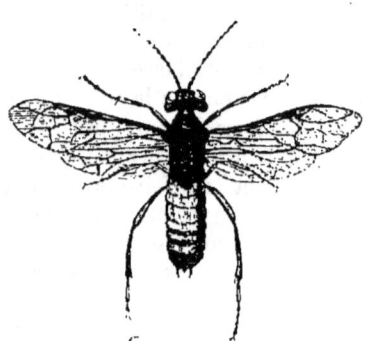

Fig. 245. *Tenthrède*.

§ 135. Enfin d'autres hyménoptères dont l'abdomen n'est pas rétiné à sa base (*fig.* 202) comme chez tous les précédents, et dont les larves, au lieu d'être apodes et vermiformes, ressemblent à des chenilles et ont beaucoup de pattes, ont été appelés HYMÉNOPTÈRES PORTE-SCIE (ou *Mouches à scie*), à cause de l'espèce de scie qui remplace la tarière ou l'aiguillon des précédents. Les *Tenthrèdes*, dont plusieurs espèces nuisent à l'agriculture en coupant les jeunes pousses des plantes, appartiennent à ce groupe.

(1) Les ichneumons et les cynips ont l'abdomen pédicellé comme les hyménoptères ordinaires, et les antennes filiformes. Les premiers ont le corps très grêle et détruisent beaucoup d'insectes nuisibles à l'agriculture, en déposant leurs œufs dans l'intérieur du corps de ces animaux aux dépens de la substance desquels vivent les larves.

Les cynips sont de très petits insectes qui attaquent de la même manière les végétaux et y déterminent de la sorte la formation d'excroissances qu'on nomme *galles*. Les larves vivent tantôt solitaires, tantôt en société dans l'intérieur de ces petites tumeurs dont elles rongent la substance, et y restent plusieurs mois. Les unes y subissent leurs métamorphoses; les autres la quittent pour s'enfoncer dans la terre, où elles demeurent jusqu'à leur dernière transformation. Des trous ronds, qui se voient à la surface des galles, annoncent que l'animal en est sorti. Un de ces insectes, appelé *Cynips de la galle à teinture* (*fig.* 244), dépose ses œufs sur une espèce de chêne du Levant et détermine ainsi la formation des *noix de galle*, dont on fait un si grand usage pour la teinture en noir et pour la fabrication de l'encre (*fig.* 242).

Les excroissances qu'on voit souvent sur les rosiers, et qu'on nomme *bédégars*, sont produites de la même manière, par la piqûre d'un cynips.

INSECTES.

En résumé, nous voyons donc que les insectes de l'ordre des hyménoptères peuvent être classés de la manière suivante :

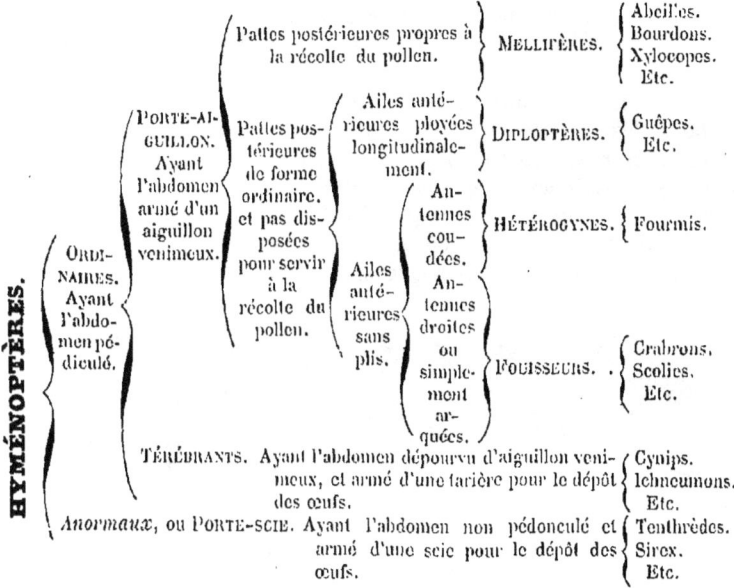

§ 436. Les hyménoptères ne sont pas les seuls insectes qui aient

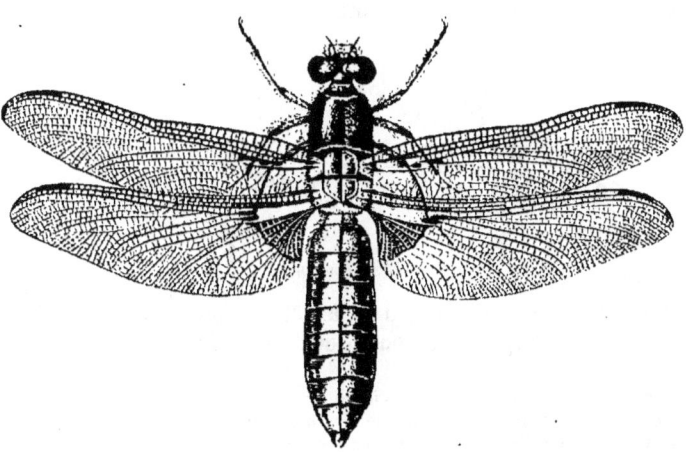

Fig. 246. *Libellule déprimée.*

quatre ailes membraneuses et transparentes; ceux auxquels on donne le nom vulgaire de *Demoiselles*, c'est-à-dire les *Libellules*, et beaucoup d'autres, présentent aussi cette conformation, mais ils diffèrent des précédents par leur régime et par la structure de la bouche, car ils se nourrissent d'aliments solides et sont pourvus de mandibules et de mâchoires propres à la mastication. Ils constituent un troisième ordre auquel on a donné le nom d'ordre des NÉVROPTÈRES.

Cette division comprend les *Libellules*, les *Éphémères*, les *Fourmis-lions*, les *Termites*, les *Friganes*, etc.

Les LIBELLULES, ou DEMOISELLES, que les entomologistes distinguent en *Libellules proprement dites*, *Æshnes* et *Agrions*, ont le corps très allongé, les antennes fort courtes et les quatre ailes très grandes. A l'état de larves,

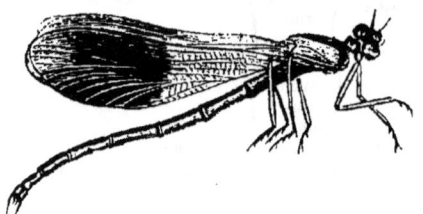

Fig. 247. *Agrion.*   Fig. 248. *Nymphe de l'Agrion.*

elles vivent dans l'eau, et de même que lorsqu'elles sont arrivées à l'état parfait, elles se nourrissent de proie.

Les ÉPHÉMÈRES ont aussi les antennes très courtes, mais diffèrent

Fig. 249. *Éphémère.*

des libellules par l'existence d'un article de plus aux tarses (4 au lieu de 3), par l'inégalité de leurs deux paires d'ailes, etc. (1).

(1) Les ÉPHÉMÈRES doivent leur nom à la courte durée de leur vie à l'état parfait : ils paraissent ordinairement, dans le voisinage des eaux, vers le coucher du soleil, dans les beaux jours d'été ou d'automne, et quelques heures après on les voit tomber à terre et mourir. Pendant ce temps, ils ne prennent même pas de nourriture, et, réunis en troupes nombreuses, ils voltigent et se balancent dans les airs, puis se réunissent par couples sur quelques plantes ; bientôt après, la femelle dépose dans l'eau ses œufs, réunis en un petit paquet, et ces insectes légers ne tardent pas alors à tomber à terre et à périr. Leur

INSECTES. 217

Les Fourmis-lions, qui doivent leur nom à la manière dont leurs larves dévorent les fourmis, ressemblent beaucoup aux névroptères

Fig. 250. *Fourmi-lion*.

précédents, mais s'en distinguent par leurs antennes allongées et grosses vers le bout. Une espèce assez commune en France est re-

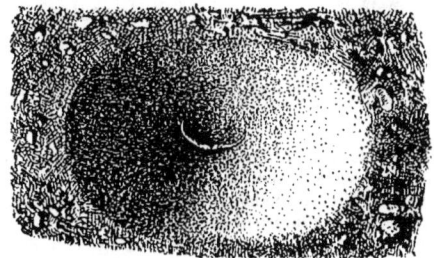

Fig. 251.
Larve de Fourmi-lion.

Fig. 252. *Piége du Fourmi-lion.*

marquable par l'instinct que sa larve déploie dans la construction des piéges à l'aide desquels elle s'empare de sa proie (1).

nombre est quelquefois si considérable, que le sol est tout couvert de leurs cadavres, et l'on assure que, dans certains cantons, on les ramasse par charretées pour fumer les terres. Mais, si l'on considère ces animaux pendant toute la durée de leur vie, on voit que leur existence n'est pas si brève; car, loin de naître pour mourir aussitôt, ils vivent par le fait deux ou trois ans, seulement ils restent pendant tout ce temps à l'état de larve ou de nymphe, et demeurent dans l'eau. La larve des éphémères ressemble assez à l'insecte parfait; cependant la bouche offre deux saillies en forme de cornes, et l'abdomen a de chaque côté une rangée de lames ou de feuillets, servant à la respiration et à la natation. La nymphe ne diffère de la larve que par la présence des fourreaux renfermant les ailes. Au moment où ces organes doivent se développer, l'insecte sort de l'eau; mais, par une exception remarquable, après avoir subi cette métamorphose, il change encore une fois de peau avant d'être parfaitement adulte. Dans ce dernier état, les éphémères ont le corps mou, long, effilé et terminé par deux ou trois longues soies (*fig.* 249), les pieds fort grêles, et les ailes élevées perpendiculairement ou un peu inclinées en arrière comme chez les agrions.

(1) Le *fourmi-lion*, à l'état de larve, quoique pourvu de six pattes, marche trop mal pour saisir sa proie à la course, et lui tend un piége en forme d'entonnoir, qu'il creuse

218   ZOOLOGIE.

Les Termites, que l'on connaît aussi sous le nom vulgaire de *Fourmis blanches*, sont de petits insectes extrêmement destructeurs qui se trouvent principalement dans les pays chauds, mais qui font aussi des dégâts considérables dans quelques parties de la France, à La Rochelle et à Rochefort, par exemple, où ils rongent avec une activité incroyable les bois de charpente et les autres matières végétales ou même animales. Ils ont le corps déprimé, les ailes très grandes et horizontales, les antennes fort longues et les pattes courtes (1).

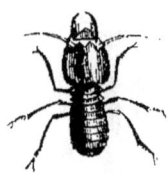

Fig. 254.
Larve de Termite.

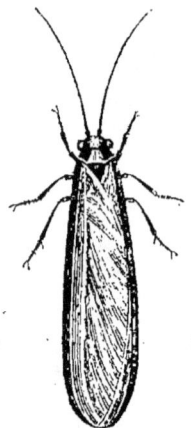

Fig. 253. *Termite fatal.*

Les termites vivent en troupes innombrables, composées de mâles, de femelles, de larves, de nymphes, d'individus adultes, mais incomplets, qu'on nomme soldats (*fig.* 254). Ils se tiennent toujours cachés dans l'intérieur de la terre, des arbres ou des

dans le sable le plus fin (*fig.* 252); cachée au fond de cette retraite, la larve attend patiemment qu'un insecte tombe dans le petit précipice qu'elle a ainsi formé, et, s'il cherche à s'échapper ou s'il est trop loin pour qu'elle puisse s'en saisir, elle l'étourdit et le fait rouler au fond du trou, en lui jetant avec la tête et les mandibules une grande quantité de sable; elle l'entraîne ensuite et le suce, puis rejette loin d'elle son cadavre. Lorsqu'elle doit passer à l'état de nymphe, elle file un cocon soyeux, d'où l'insecte parfait sort au bout de quinze à vingt jours. Il est alors long d'environ 27 millimètres, noirâtre, tacheté de jaune, avec les ailes égales, disposées en toit, transparentes, à nervures noires et tachetées vers le bord antérieur.

(1) Les habitations de quelques uns de ces termites sont faites avec de la terre gâchée, et s'élèvent au-dessus du sol, à une hauteur de plus de 2 mètres (*fig.* 255); tantôt elles ont la forme d'un pain de sucre, d'autres fois celle d'un dôme, et, dans quelques parties de la côte d'Afrique, le nombre de ces monticules est si considérable que, de loin, on croirait voir un village. Elles se couvrent ordinairement de gazon, et leur solidité est également très grande: non seulement elles résistent aux intempéries des saisons, mais elles peuvent supporter un poids considérable sans se briser. Des voyageurs assurent que souvent on voit des taureaux sauvages monter sur ces monticules de moyenne grandeur, pour y rester en sentinelle pendant que le reste du troupeau paît à l'entour. D'autres termites établissent leurs nids sur les arbres à des hauteurs très considérables et pratiquent toujours une longue galerie couverte pour descendre de leur habitation à terre (*fig.* 255). Ce sont les larves qui élèvent tous ces édifices remarquables: aussi les désigne-t-on ordinairement sous le nom d'*ouvriers*. Les soldats, reconnaissables à leur grosse tête et à leurs longues mandibules, sont moins nombreux et ne participent pas à ces travaux; mais, ainsi que leur nom l'indique, ils veillent à la défense de la communauté, et, dès qu'une brèche est faite à leur habitation, ils se présentent en foule et pincent avec force leurs ennemis. Devenus insectes parfaits, les termites quittent leur retraite, et s'envolent vers le soir, mais, le lendemain, dès le lever du soleil, leurs ailes se dessèchent et tombent. La plupart deviennent alors la proie des oiseaux ou des reptiles insectivores; mais on assure que, lorsque les larves ou les soldats rencontrent un couple de ces insectes, ils

solives, et quelques espèces s'y construisent un nid commun, entouré d'une multitude de galeries couvertes.

Fig. 255. *Nids de Termites* (1).

Enfin les FRIGANES ont les ailes inclinées en manière de toit,

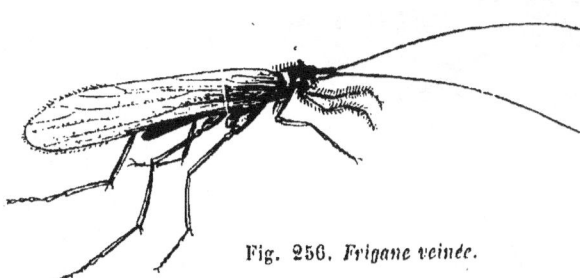

Fig. 256. *Frigane veinée.*

pendant le repos, et sont remarquables par la manière dont leurs les recueillent dans leur habitation, les emprisonnent dans une cellule particulière, les nourrissent avec soin et transportent dans des chambres voisines les œufs à mesure que la femelle les pond.

(1) Les grands nids représentés ici (d'après Smeathman), appartiennent aux *termes bellicosus*; l'un a été coupé verticalement pour en montrer l'intérieur. Le petit nid (a) appartient aux *termes arborum*, et l'on voit en *b* la galerie qui le fait communiquer avec le sol.

larves, qui sont aquatiques, se construisent des demeures (1).

§ 137. Les *Sauterelles* et les autres insectes qui composent l'ORDRE DES ORTHOPTÈRES, ont les ailes de la seconde paire membraneuses et transparentes, comme chez les hyménoptères et les névroptères; mais leurs ailes antérieures sont coriaces, épaisses, et au lieu de servir au vol, elles constituent seulement des sortes de boucliers appelés *élytres* (*fig.* 264). Ces insectes qui, pour la plupart se nourrissent de végétaux, ont la bouche armée de mâchoires et de mandibules très puissantes; ils ne subissent que des métamorphoses incomplètes, et les larves ressemblent tout à fait aux adultes, si ce n'est qu'elles manquent d'ailes.

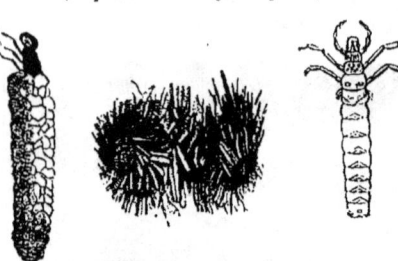

Fig. 257. *Larves de Friganes.*

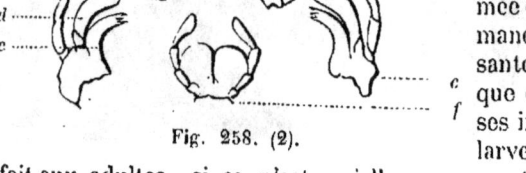

Fig. 258. (2).

Les SAUTERELLES et les CRIQUETS ont les pattes postérieures très longues, ce qui en fait des insectes sauteurs. Ces orthoptères voyagent quelquefois par légions innombrables et dévastent complètement

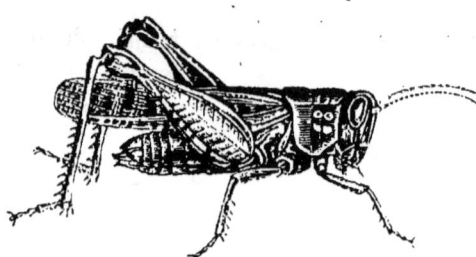

Fig. 259. *Criquet.*

(1) Les FRIGANES ressemblent un peu à de petites phalènes (*fig.* 256). Elles volent principalement la nuit et se trouvent souvent réunies en troupes au-dessus des eaux. Les larves vivent dans des fourreaux recouverts de différentes matières, qu'elles trouvent dans l'eau, telles que des graines, des petits coquillages, ou des fragments de plantes qu'elles lient ensemble avec des fils soyeux (*fig.* 257); elles ne quittent jamais cette habitation, mais la traînent avec elles quand elles marchent, et alors se bornent à en faire sortir l'extrémité antérieure de leur corps. Lorsqu'elles doivent se transformer en nymphe, elles fixent leur tube contre quelque corps solide, et en ferment les deux bouts avec une sorte de porte grillée, qu'elles percent plus tard lorsque cette première métamorphose est achevée. Elles sont alors très agiles. Les grandes espèces sortent tout à fait de l'eau pour se transformer en insectes parfaits; les petites se rendent seulement à sa surface, et l'insecte ailé se repose sur son ancienne dépouille comme sur un bateau, jusqu'à ce que ses ailes soient devenues assez fermes pour lui permettre de prendre son vol.

(2) Organes de la mastication chez un orthoptère (le criquet) : — *a*, labre ou lèvre supé-

les pays où ils se montrent. Ils occasionnent souvent de grands dégâts en Algérie et dans les autres parties de l'Afrique.

Les Grillons (1) et les Courtilières appartiennent au même

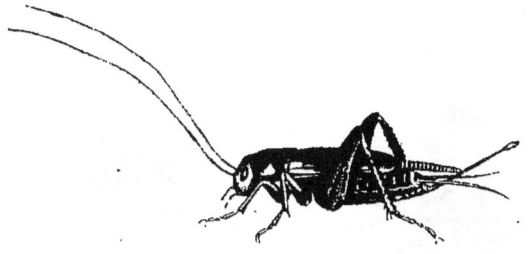

Fig. 260. *Grillon domestique.*

ordre. Ces derniers, qui vivent à la manière des taupes, sont remarquables par la conformation de leurs pattes antérieures qui ressemblent à des bêches (*fig.* 205).

Dans le midi de la France on trouve assez communément un autre

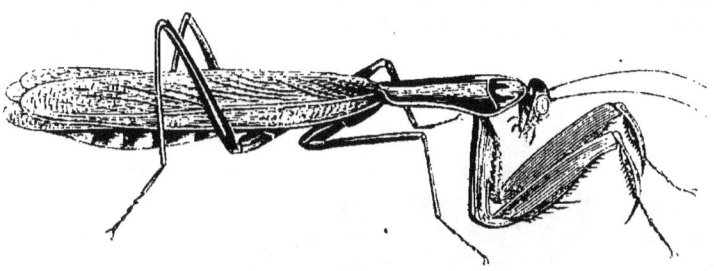

Fig. 261. *Mante religieuse.*

orthoptère d'assez grande taille, appelé *Mante*, qui a les pattes de devant organisées en manière de griffe.

Enfin, c'est encore à cet ordre qu'appartiennent les Blattes ou *Kakerlacs*, insectes à corps ovalaire et déprimé, qui vivent dans

---

rieure; — *b*, mandibule; — *c*, mâchoire; — *d*, galette; — *e*, palpes maxillaires; — *f*, lèvre inférieure.

(1) Les Grillons n'ont pas de pieds propres à fouir. Nous en avons deux espèces assez communes : l'une noire, avec la base des élytres jaune, se creuse des terriers assez profonds dans les ravins secs et bien exposés au soleil, et s'y tient à l'affût des insectes : on le nomme le *grillon des champs*; l'autre, appelé *grillon domestique* (*fig.* 260), est jaunâtre, mêlé de brun, et fréquente l'intérieur de nos maisons, principalement les forges, les cheminées, etc. Le mâle produit un son aigu et désagréable, qui a valu à cet insecte le nom vulgaire de *cricri*.

l'intérieur des maisons, particulièrement dans les cuisines et les boulangeries, et qui attaquent nos comestibles. Ils abondent surtout dans les pays chauds

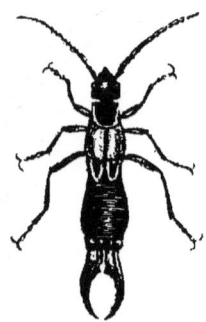

Fig. 262. *Blatte.* Fig. 263. *Forficule.*

§ 138. Les Perce-oreilles ou Forficules sont des insectes qui ressemblent beaucoup aux orthoptères, mais qui en diffèrent par la manière dont leurs ailes postérieures se replient et par quelques autres caractères, à raison desquels on en a formé un groupe zoologique particulier, sous le nom d'ordre des Dermoptères.

§ 139. Les hannetons nous serviront d'exemples d'un autre ordre qui est plus nombreux en espèces qu'aucun des précédents, et qui se compose des insectes à quatre ailes, dont les ailes antérieures constituent des élytres et les ailes postérieures se reploient en travers pendant le repos, tandis que chez les orthoptères ces organes se plissent longitudinalement en manière d'éventail (1). Ils ont, comme les orthoptères, la bouche armée

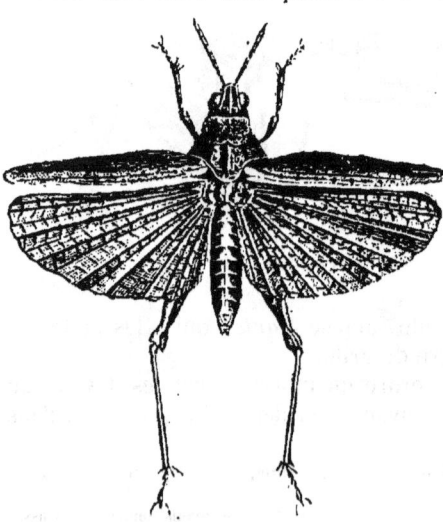

Fig. 264. *Criquet.*

(1) Chez les dermoptères les ailes présentent à la fois ces deux modes de plicature.

de mandibules et de mâchoires pour la mastication, et garnie en arrière d'une lèvre inférieure qui porte aussi une paire de palpes;

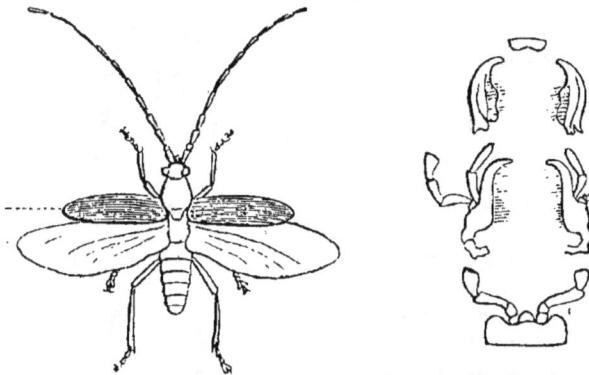

Fig. 265.   Fig. 266. *Appendices buccaux d'un Carabe.*

mais ces insectes subissent dans le jeune âge des métamorphoses complètes, tandis que les orthoptères n'éprouvent que des demi-métamorphoses. On donne à ce groupe le nom d'ordre des Coléoptères.

Les caractères les plus commodes à employer pour la distinction des coléoptères entre eux nous sont fournis d'abord par les pattes, dont la portion terminale, ou tarse, présente un nombre variable d'articles. On les divise ainsi en quatre sections, comme on peut le voir dans le tableau ci-joint :

Fig. 267. *Aile de Coléoptère reployée.*

COLÉOPTÈRES ayant { cinq articles à tous les tarses. . . . . PENTAMÈRES.
cinq articles aux tarses des quatre pattes antérieures et quatre seulement aux pattes de derrière. . . . } HÉTÉROMÈRES.
quatre articles aux tarses de tous les pieds. . . . . TÉTRAMÈRES.
trois articles aux tarses ou un moindre nombre. . . TRIMÈRES.

Chacune de ces sections se compose de plusieurs familles naturelles qui à leur tour se subdivisent en tribus et en ordres; mais le temps nous manquerait pour en faire ici l'exposé, et nous nous bornerons à citer quelques exemples dans chacun des groupes principaux.

Les Hannetons appartiennent à la section des pentamères et à une famille à laquelle on a donné le nom de *Lamellicornes*, parce que les antennes (*fig.* 269) y sont terminées par une série de petites lames disposées comme les feuillets d'un livre.

Fig. 268. *Bousier.*

224 ZOOLOGIE.

C'est aussi à la famille des lamellicornes qu'appartiennent les

Fig. 269. *Antenne.*

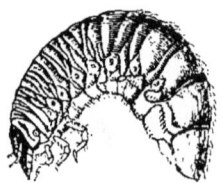
Fig. 270. *Larve de Hanneton.*

Scarabées, les Bousiers et les Lucanes, ou cerfs-volants. Les larves de ces insectes se ressemblent beaucoup; elles ont le corps courbé, l'abdomen très grand, trois paires de petites pattes et la tête cornée; plusieurs d'entre elles sont très nuisibles à l'agriculture (1).

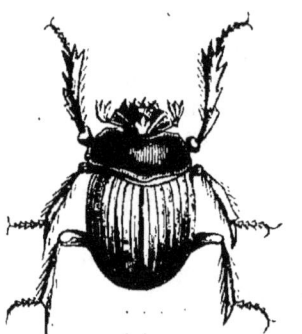
Fig. 271. *Ateuchus des Égyptiens.*

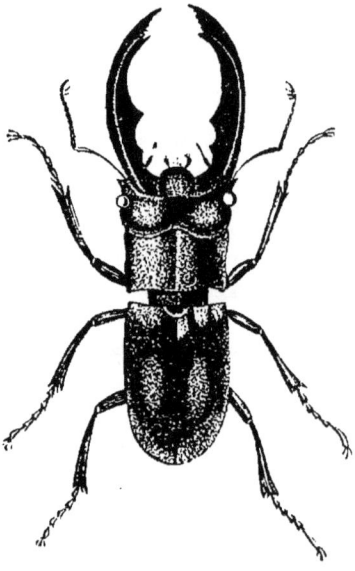
Fig. 272. *Lucane métallique.*

Les scarabées, du genre *Ateuchus* sont célèbres à cause de l'es-

(1) La larve du Hanneton commun est connue des cultivateurs sous le nom de *Ver-blanc* : elle vit près de trois ans sans subir de métamorphoses, et reste pendant tout ce temps enfoncée plus ou moins profondément en terre. En hiver, elle tombe dans une espèce de léthargie et ne prend aucune nourriture; mais, en été, elle est très vorace et ronge les racines des plantes. L'insecte achève ses métamorphoses vers le mois de février; mais il est alors très mou et il ne gagne la surface de la terre qu'au mois de mars ou d'avril, pour en sortir tout à fait vers le commencement de mai. A l'état parfait les hannetons se nourrissent de feuilles, et leur nombre est quelquefois si considérable, qu'ils dépouillent en peu de temps tout un bois. Pendant le jour, ils sont en général immobiles; mais, à l'approche de la nuit, ils s'élancent dans l'air. Leur vol est lourd et bruyant, et ils ont tant de peine à se diriger, qu'on les voit se heurter contre tout ce qu'ils rencontrent.

pèce de culte dont ils étaient l'objet chez les anciens Égyptiens (1).

Les Lucanes sont remarquables par l'énorme développement de leurs mandibules qui, chez le mâle, ressemblent à des cornes de cerf.

D'autres coléoptères pentamères sont carnassiers, et ont les antennes filiformes; tels sont les Carabes, qui se trouvent souvent dans nos jardins, et les Cicindèles, qu'on rencontre principalement dans les endroits sablonneux.

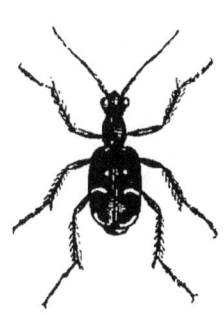
Fig. 273. Cicindèle.

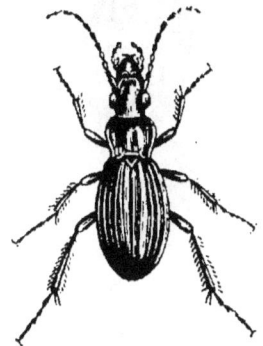
Fig. 274. Carabe.

D'autres encore sont conformés pour la nage et vivent dans l'eau : les *Dytiques*, les *Gyrins* ou *Tourniquets* et les *Hydrophiles*, par exemple.

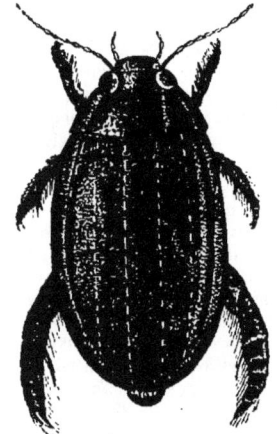
Fig. 275. Dytique.

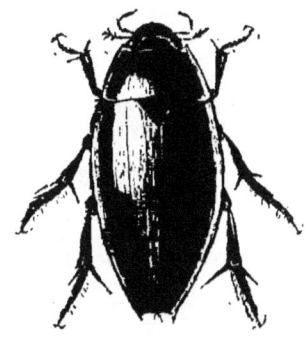
Fig. 276. Hydrophile spinipène.

Enfin, nous citerons aussi, parmi les coléoptères pentamères, les

(1) Ces insectes ont l'habitude de vivre dans des boules de fiente ou même d'excréments humains, semblables à de grosses pilules, qu'ils font rouler avec leurs pieds de derrière jusqu'à ce qu'ils aient trouvé un lieu propre à les enfouir. Souvent ils se réunissent plusieurs pour opérer ce transport, et c'est en marchant à reculons et en saisissant

Taupins, à cause de la manière singulière dont ils sautent lorsqu'ils se trouvent renversés sur le dos, et les Lampyres, à cause de la faculté qu'ils possèdent de produire de la lumière. C'est la femelle d'un de ces derniers insectes qui se voit si souvent dans les bois des environs de Paris, et qui est connue sous le nom de *Ver luisant* (1).

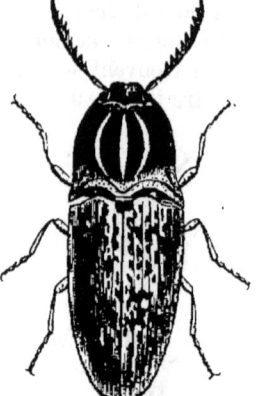

Fig. 277. *Taupin.*

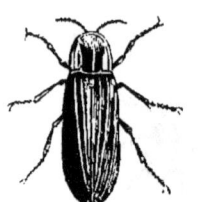 

Fig. 278. *Lampyres.*

Dans la section des *Coléoptères hétéromères*, nous mentionnerons ici les Cantharides, insectes qui sont très employés en médecine, à raison de leurs propriétés vésicantes (2).

la boule avec leurs pattes de devant, qu'ils la tirent après eux. Deux espèces de ces scarabées, l'*Ateuchus sacré* et l'*Ateuchus des Égyptiens*, dont l'une se trouve dans le midi de l'Europe aussi bien qu'en Égypte, et dont l'autre habite le Sennaar, étaient employées par les anciens Égyptiens comme une sorte d'amulette et comme un signe hiéroglyphique, aussi bien que comme un objet de culte religieux. Ce peuple singulier renfermait quelquefois ces scarabées dans ses cercueils et plus souvent encore plaçait auprès de ses morts l'effigie de ces insectes; enfin il n'est aucun de ses monuments qui ne les représente sculptés ou peints dans diverses positions et souvent avec des dimensions gigantesques.

Les Bouviers vivent dans le fumier; une espèce de couleur noire est assez commune aux environs de Paris, et porte de chaque côté du thorax une sorte de corne.

(1) La lumière phosphorescente que ces insectes répandent est produite par des taches situées sur le dessus des deux ou trois derniers anneaux de l'abdomen, qui émettent cette lueur dont l'animal peut à volonté faire varier l'intensité, et qui persiste pendant quelque temps après qu'on a séparé l'abdomen du reste du corps ou qu'on a placé l'insecte dans le vide. L'espèce appelée le *Lampyre splendidule* (fig. 278) est très commune en Europe. La femelle est privée d'ailes et répand une lumière vive, tandis que le mâle, qui est pourvu d'élytres noirâtres et d'ailes, n'est pas phosphorescent. Elle est nocturne et reste pendant le jour cachée sous l'herbe. En Italie, et surtout dans les pays chauds, on trouve un grand nombre de lampyres dont les deux sexes sont ailés; et ces insectes, en voltigeant pendant l'obscurité, produisent une sorte d'illumination naturelle.

(2) La *Cantharide vésicante* (fig. 280) est un insecte à corps étroit et à élytres d'un vert doré qui se distingue de la plupart des autres coléoptères hétéromères par la structure de ses tarses dont les crochets sont bifides, de façon à paraître doubles. Cette espèce est commune en Espagne et se trouve aussi dans le midi de la France; elle vit principalement sur les frênes et les lilas, dont elle dévore les feuilles.

On donne le nom de *Méloés* à d'autres insectes de la même section qui sont également vésicants.

Fig. 279.

INSECTES.

La section des *Coléoptères tétramères* comprend trois familles sur lesquelles il est nécessaire de fixer notre attention.

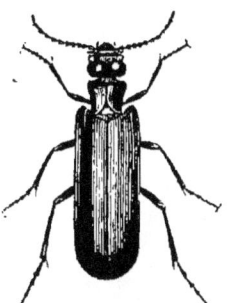

Fig. 280. *Cantharide.*

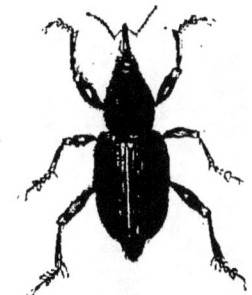

Fig. 281. *Calandre.*

L'un de ces groupes, la famille des Charançons, est remarquable par l'espèce de bec qui forme la partie antérieure de la tête, et se compose d'insectes granivores ou herbivores, dont plusieurs sont de véritables fléaux pour les cultivateurs. Telle est la Calandre du blé, ou *Charançon ordinaire* (1).

Une espèce de la même famille, appelée *Attelade de la vigne*, vit sur les feuilles de la vigne et des autres arbres, et parfois nuit beaucoup à ces plantes.

Une autre famille, celle des Xylophages, se compose, ainsi que son nom l'indique, d'insectes qui rongent le bois : les Scolytes et les Bostriches lui appartiennent, et nuisent beaucoup aux arbres en creusant des galeries entre le bois et l'écorce. De même que les charançons,

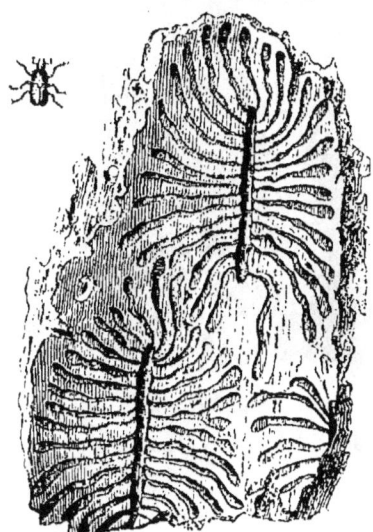

Fig. 282. *Écorce attaquée par des Scolytes.*

(1) Le Charançon ou *Calandre*, qui fait de grands ravages dans les magasins de blé, est un petit insecte à antennes coudées, qui a des élytres comme les autres coléoptères, mais qui manque d'ailes postérieures et par conséquent ne peut pas voler. Son corps est étroit et de couleur brune, avec le corselet ponctué, et aussi long que les élytres, qui sont striés profondément. Sa démarche est lente. Il paraît se nourrir en rongeant les grains de blé; mais c'est surtout à l'état de larve qu'il fait de grands dégâts. Les

228 ZOOLOGIE.

ils sont vermiformes et apodes lorsqu'ils sont à l'état de larves (1). C'est aussi à la section des *Tétramères* qu'appartient la FAMILLE DES LONGICORNES, qui est caractérisée par la longueur considérable des antennes, et comprend plusieurs espèces

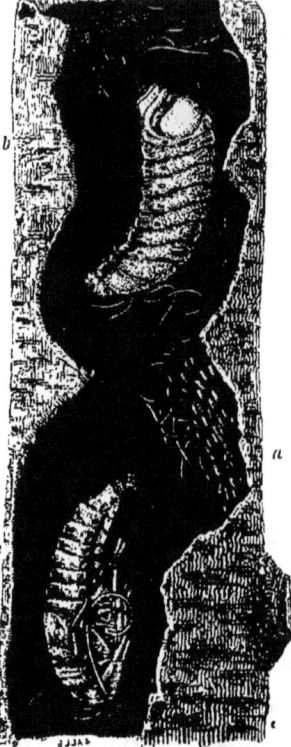

Fig. 283 (2).

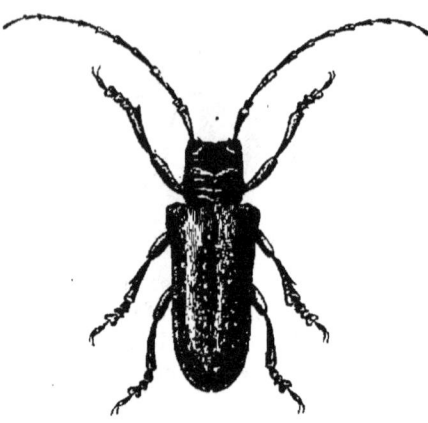

Fig. 284. *Lamie*.

(2) Tronçon d'une branche d'arbre attaquée par la *Lamia vomiscosa* (fig. 283). Une portion de l'écorce a été enlevée pour montrer le dépôt d'œufs (a) et les cavités creusées dans le bois par la larve (b). On y voit aussi la manière dont l'insecte se transforme en nymphe (c).

dont les larves (toujours apodes) rongent l'intérieur de nos arbres.

femelles déposent leurs œufs dans autant de grains de cette céréale et bouchent ensuite le trou oblique qu'elles ont pratiqué à cet effet. Ces œufs ne tardent pas à éclore, et il en naît une petite larve vermiforme, dont la tête est cornée et pourvue de fortes mandibules, au moyen desquelles elle ronge l'intérieur de la graine, qui lui sert en même temps de nourriture et de demeure. Elle n'en sort qu'après avoir achevé ses métamorphoses, et arrive à l'état parfait environ six semaines après la ponte de l'œuf dont elle provient. La rapidité avec laquelle ces insectes destructeurs se multiplient est extrême. On a calculé qu'un seul couple de calandre pouvait, dans l'espace d'une année, être la souche d'une famille composée de vingt-trois mille six cents individus, et, comme chaque larve dévore un grain de blé, on comprend facilement comment leur présence peut être en peu de temps la cause de grands dégâts. Une autre espèce, qui ressemble à la précédente, mais qui a deux taches jaunes sur chaque élytre, attaque le riz.

(1) Dans la FAMILLE DES XYLOPHAGES, la tête est conformée de la manière ordinaire, et les antennes, composées de moins de onze articles et toujours courtes, sont plus

INSECTES.   229

Enfin, la section des *Coléoptères trimères* comprend les Cocci-
nelles, ou *bêtes à Dieu*, et quelques autres insectes dont les mœurs
n'offrent rien de remarquable.

§ 140. Les *Punaises* et les *Cigales* ne peuvent trouver place dans
aucun des ordres dont l'étude vient de nous occuper. En effet, leurs

(1) Un hémiptère
vu en dessous pour
montrer le bec. Les
pattes et les antennes
ont été coupées près
de leur base.

Fig. 285. Pentatome.   Fig. 286 (1).

ailes antérieures sont en partie membraneuses, en partie épaissies,
comme des élytres, et leur bouche, au lieu d'être disposée pour la
mastication, est conformée en manière de pipette et ne peut servir
qu'à la succion ; aussi ces insectes forment-ils un groupe particulier
appelé l'ordre des Hémiptères.

grosses vers leur extrémité. Ces insectes vivent pour la plupart dans le tronc ou les
grosses branches des arbres et occasionnent souvent de grands dégâts, soit en détachant
ou en altérant l'écorce de façon à rendre le végétal malade, soit en perforant le bois et
en le rendant impropre aux ouvrages auxquels on le destine dans les arts. Les *Scolytes*
et les *Platypes* attaquent les arbres à feuilles caduques, tels que les ormes, les frênes,
les chênes, les peupliers, etc. Les *Bostriches*, etc., vivent principalement sur les arbres
verts, les pins et les sapins, par exemple, et il est aussi à noter qu'en général chacun
de ces xylophages affectionne une espèce particulière de ces arbres. Peu de temps après
leurs métamorphoses ils percent l'écorce d'un trou circulaire dirigé obliquement en haut
et en arrière à une certaine profondeur, puis creusent une galerie disposée parallèlement
à la surface de l'arbre et dirigée tantôt verticalement, tantôt horizontalement suivant les
espèces ; à droite et à gauche de cette galerie principale, l'insecte pratique ensuite deux
séries de petites excavations destinées à loger ses œufs, qu'il recouvre d'un peu de bois
vermoulu. Les larves qui en naissent continuent à ronger l'écorce ou le bois situé auprès
en s'éloignant de plus en plus de la galerie principale, et creusent de la sorte une multitude de petites galeries secondaires, formant avec la première un angle droit ou très
oblique ; chaque larve a d'ordinaire une galerie qui lui appartient en propre ; elle l'élargit
vers le bout afin d'y construire une espèce de nid où elle se transformera en chrysalide.
Enfin, lorsque ses métamorphoses sont achevées, l'insecte parfait sort de sa retraite, soit
en rentrant dans la galerie principale et en passant par l'orifice pratiqué par sa mère, soit
en perçant un nouveau trou dans le voisinage de son berceau. Les travaux que ces petits
coléoptères exécutent ainsi, sont très remarquables et ressemblent souvent à une sculp-
ture délicate pratiquée tantôt dans l'épaisseur de l'écorce, tantôt entre l'écorce et le bois,
de façon à attaquer à la fois ces deux parties de l'arbre.

Les dommages que les xylophages occasionnent sont quelquefois très considérables ;
pour en donner une idée il nous suffira de dire qu'aujourd'hui il existe dans le bois de
Vincennes plus de cinquante mille chênes attaqués par le *Scolyte pygmée*, et que le
nombre d'arbres détruits par le *Bostriche typographe* dans les forêts du Hartz a été évalué
à plus d'un million cinq cent mille dans l'espace d'une seule année (1783).

20

230   ZOOLOGIE.

Les Punaises des bois présentent ces caractères d'une manière bien complète ; mais chez la *Punaise des lits* les ailes manquent.

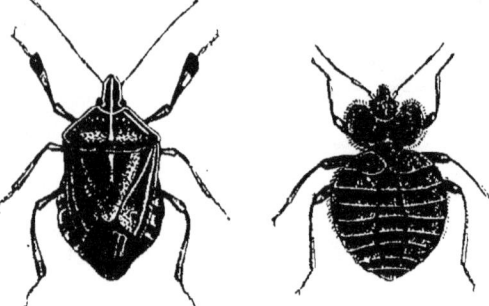

Fig. 287. *Pentatome.*   Fig. 288. *Punaise.*

D'autres hémiptères très voisins des précédents, sont conformés pour la nage et vivent dans l'eau; on les appelle Hydrocorises ou *Punaises d'eau*.

Les Cigales ont les ailes antérieures presque entièrement semblables aux ailes postérieures, et restent en général sédentaires sur les arbres dont elles sucent les humeurs. Les mâles font entendre un bruit monotone qui est produit par des organes particuliers placés à la base de l'abdomen. Elles sont communes dans le midi de la France (1).

Fig. 289. *Punaise aquatique* (Notonecte).

Enfin, c'est encore à cette division qu'appartiennent les Puce-

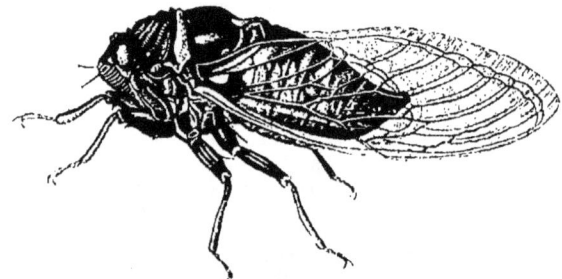

Fig. 290. *Cigale perlée.*

(1) C'est un insecte de ce genre qui, en piquant l'orme, fait découler de cet arbre le suc mielleux et purgatif appelé *manne*. On le trouve en Italie, dans le midi de la France, etc.

rons qui infestent nos rosiers et nos arbres fruitiers, et la Coche-

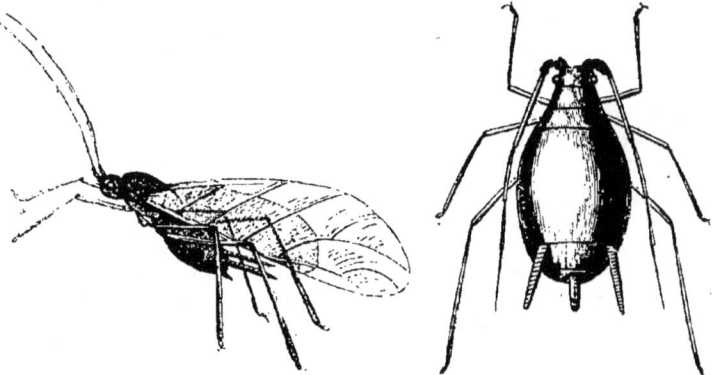

Fig. 201. *Puceron commun.* Fig. 202. *Larve du Puceron.*

nille, insecte précieux à cause de la belle matière colorante rouge que l'on en tire et que l'on emploie en teinture (2).

§ 441. Tous les insectes dont il a été question jusqu'ici sont pourvus, comme nous l'avons vu, de quatre ailes, mais les mouches, ainsi qu'il est facile de s'en assurer, n'en possèdent que deux, et ces animaux diffèrent aussi des espèces précédentes par la structure de leur trompe et par des particularités dans leur mode de métamorphose ; aussi les entomologistes en forment-ils un ordre distinct sous le nom de Diptères.

Fig. 294 (1).

Fig. 293. *Cochenille du Nopal.*

Les Mouches proprement dites sont les principaux représentants de ce groupe. Leurs larves sont vermiformes, apodes

---

(1) *Fig.* 293, le mâle très grossi ; la femelle (*fig.* 294) est également grossie.
(2) Les Pucerons forment une petite famille entomologique qui se distingue des autres divisions de l'ordre des hémiptères, par ses ailes membraneuses, ses antennes longues et filiformes, et ses pieds composés de deux articles seulement. Ces insectes sont de très petite taille, leur corps est mou et ils vivent mais en troupes très nombreuses, sur des végétaux qu'ils sucent avec leur trompe. Les piqûres qu'ils font ainsi aux feuilles ou à l'écorce y déterminent souvent des excroissances et affaiblissent beaucoup les arbres. La démarche des

et se nourrissent tantôt de matières animales en putréfaction (de charognes, par exemple), tantôt aux dépens de végétaux. Ces larves ne changent pas de peau avant de passer à l'état de nymphe, mais restent renfermées dans cette tunique qui, en se desséchant,

pucerons est lente et ils ne sautent pas. Beaucoup restent toujours privés d'ailes ou n'ont que des ailes rudimentaires : d'autres en portent quatre, qui sont assez grandes, transparentes et à nervures extrêmement fines. A l'état de larve, ils ressemblent tout à fait aux adultes aptères, et changent plusieurs fois de peau. Après la dernière de ces mues, on leur voit de chaque côté du corps deux fourreaux renfermant les ailes rudimentaires : ils sont alors à l'état de nymphe, et, par un nouveau changement de peau, ils deviennent insectes parfaits. Au printemps chaque société ne se compose que de femelles aptères ou n'ayant que des vestiges d'ailes, comme les nymphes. Ces pucerons produisent tous des petits, qui naissent vivants et qui sont également des femelles. Plusieurs générations de femelles se succèdent ainsi jusque vers la fin de la belle saison, et, à cette époque seulement, il naît des mâles. Dès lors ces singuliers insectes cessent d'être vivipares et pondent des œufs jusqu'à ce que les premiers froids viennent les faire périr tous. En hiver, il n'en existe plus un seul; mais les œufs qu'ils ont laissés accolés aux branches des arbres éclosent au printemps et produisent une nouvelle génération de femelles vivipares qui pullulent avec une rapidité extrême. On a constaté qu'une seule femelle pouvait produire une centaine de petits, qui, à leur tour, pouvaient devenir chacune mère d'un pareil nombre de jeunes, et l'on a vu ainsi, dans une seule saison, onze générations successives, composées exclusivement de femelles. Par conséquent on voit que, si des causes nombreuses de destruction ne venaient mettre des bornes à cette excessive fécondité, un seul puceron pourrait, dans l'espace de quelques mois, être la souche de plus d'un milliard de ces singuliers insectes, nombre si immense qu'il effraie l'imagination.

Les COCHENILLES forment une autre division, qui se distingue de la précédente par l'existence d'un seul article aux tarses, et qu'on appelle la FAMILLE DES GALLINSECTES.

A l'état de larve, les cochenilles sont d'abord très agiles et courent sur les plantes qu'elles habitent. Leur corps est plat et ovalaire, et elles sont alors si petites, que, pour les bien voir, il faut le secours d'une loupe. Les mâles n'ont pas de bec, mais se fixent néanmoins sur les branches lorsqu'ils se préparent à subir leurs métamorphoses. Bientôt après leur peau se durcit et devient une coque dans l'intérieur de laquelle ils se changent en nymphes. Parvenus à l'état parfait, cette enveloppe s'ouvre, et l'insecte en sort à reculons. Il ne fait guère usage de ses ailes et demeure auprès de sa femelle pendant le peu de temps qui précède sa mort. La larve de la femelle est au contraire pourvue d'un bec, qu'elle enfonce dans le tissu des feuilles ou des jeunes branches pour y pomper la sève, et pour se fixer lorsqu'elle se prépare à changer de peau. Ces mues se répètent plusieurs fois, et, lorsque la jeune femelle a pris un certain accroissement, elle se construit une espèce de petit nid formé de duvet cotonneux et s'accroche encore une fois de la sorte, mais pour ne plus se détacher. Pendant tout le reste de sa vie, elle demeure fixée, et son abdomen, qui prend un grand volume et ne tarde pas à se remplir d'œufs, lui donne l'apparence d'une graine plutôt que d'un animal. C'est dans cet état qu'elle pond ses œufs, dont le nombre est considérable; elle les fait passer entre la peau de son ventre et le duvet dont son nid est formé; puis elle meurt, et son cadavre, en se desséchant, devient une espèce de coque, qui recouvre et protège encore sa progéniture.

L'espèce la plus intéressante de ce genre est la *Cochenille du nopal*, qui vit sur des *cactus*, et fournit une magnifique couleur écarlate. Le mâle est très petit, son corps, allongé et terminé par deux soies, est d'un rouge foncé; ses pattes sont longues et ses ailes sont grandes et blanches. La femelle est beaucoup plus grande. Lorsque sa croissance est terminée, elle est de la grosseur d'un petit pois. Ses pattes sont très courtes et tout son corps est d'une couleur brun foncé, et recouvert d'une poussière blanche. Cet insecte précieux est originaire du Mexique, et sa propagation y est depuis longtemps une branche importante d'industrie agricole, que l'on essaie aujourd'hui d'introduire dans notre nouvelle colonie d'Alger.

On distingue dans le commerce deux sortes de cochenilles du Mexique, savoir : la

constitue une sorte de coque dont l'aspect rappelle un peu celui d'une graine brunâtre (1).

On donne le nom d'Œstres à des diptères très voisins des mouches, mais qui, à l'état de larves, vivent en parasites sur

cochenille fine ou mestèque, et la *cochenille sylvestre* ou *sauvage*; mais les naturalistes ignorent si ce sont de simples variétés d'une même espèce ou deux espèces distinctes. Quoi qu'il en soit, c'est la cochenille fine seulement que l'on cultive. Pour cela on fait de grandes plantations de cactus nopal, et aussitôt le retour de la belle saison, on prépare sur divers points de ces plantes à larges feuilles en forme de raquettes, des espèces de petits nids, formés d'une sorte de filasse, dans chacun desquels on dépose huit à dix femelles remplies d'œufs. Bientôt il naît des milliers de larves de cochenilles, et, si on juge nécessaire de les répartir sur un plus grand nombre de cactus, on a soin de procéder à cette opération avant qu'elles ne soient fixées; car, si on les détache quand leur bec est enfoncé dans le tissu de la plante, cet organe se rompt et l'insecte périt infailliblement. Ils restent à l'état de larve pendant dix jours et à l'état de nymphe pendant deux semaines. Les femelles vivent jusqu'à deux mois; mais les mâles périssent au bout d'un mois. Aussitôt que la ponte commence, on récolte les cochenilles, en raclant avec un couteau émoussé la plante sur laquelle elles sont fixées, et, lorsqu'on ne destine pas leurs œufs à la propagation de l'espèce, on les fait périr promptement à l'aide de la chaleur, afin de les empêcher de perdre de leur poids; puis on les sèche. Il paraît que le nombre des récoltes est de trois par an. Ce sont les campagnes d'Oaxaca et de Guaxaca dans la province de Honduras, qui nous fournissent le plus de cochenille. On la trouve dans le commerce sous la forme de petits grains irréguliers, convexes d'un côté, concaves de l'autre, et sur lesquels les traces d'anneaux sont toujours distinctes. La matière colorante qu'elle renferme donne le plus beau carmin, dont on fait un grand usage en peinture aussi bien que pour la teinture des étoffes.

Lorsque la cochenille du nopal n'était pas encore connue en Europe, on employait aux mêmes usages un autre insecte du même genre, la *Cochenille de Pologne*, dont la femelle, d'un brun rougeâtre, s'attache aux racines de quelques plantes, telles que la tormentille, le *scleranthus perennis*, etc.; elle fournit en effet une couleur presque aussi belle que la cochenille mexicaine; mais elle est difficile à cultiver et à récolter: aussi en a-t-on abandonné presque entièrement l'usage.

Le *Kermès* ou *Cochenille du chêne vert*, qui se trouve sur le chêne vert, dans le midi de la France, en Espagne, etc., est beaucoup plus gros que les espèces précédentes. La femelle, de couleur noir-violet, avec une poussière blanche répandue sur le corps, prend la grosseur d'un pois et fournit également une teinture écarlate dont on se sert encore dans le Levant et en Barbarie.

Enfin il est plusieurs autres espèces de cochenilles, qui, sans être d'aucune utilité, vivent sur nos figuiers, nos orangers et nos oliviers, et nuisent beaucoup à ces arbres.

(1) La Mouche a viande (*Musca vomitoria*) dont le thorax est noir, l'abdomen d'un bleu luisant avec des raies noires et le front fauve, dépose aussi ses œufs dans la viande dont elle accélère la putréfaction. La *Mouche dorée*, qui est de couleur vert doré avec les pieds noirs, pond dans les charognes, et c'est principalement de sa larve que les pêcheurs se servent sous le nom d'*asticots* pour amorcer leurs lignes; on les emploie aussi pour nourrir les jeunes faisans et les jeunes dindons. La *Mouche domestique* vit à l'état de larve dans le fumier; elle a le thorax d'un gris cendré avec quatre raies noires, et l'abdomen d'un brun noirâtre tacheté de noir. Les Sarcophages, qui diffèrent des mouches proprement dites par les yeux notablement écartés l'un de l'autre, présentent quelquefois une particularité physiologique remarquable: chez quelques uns de ces insectes, les œufs éclosent avant la ponte, de façon que les femelles sont ovo-vivipares. La *Mouche carnassière*, qui a le corps cendré, des raies sur le thorax, et des taches carrées noires sur l'abdomen et les yeux rouges, appartient à ce genre et dépose ses larves sur la viande, sur les cadavres et quelquefois même sur des plaies du corps de l'homme qui sont exposées à l'air.

20.

234 ZOOLOGIE.

d'autres animaux, tels que les chevaux, les bœufs et les moutons (1).

Les Taons sont des insectes qui ressemblent aux mouches et aux œstres, et qui tourmentent beaucoup les chevaux et les bœufs dont ils piquent la peau pour en sucer le sang.

Fig. 295. Œstre.　　Fig. 296.

Les Cousins (2) sont aussi des diptères, mais ils diffèrent des mouches par leurs antennes allon-

(1) Les ŒSTRES ressemblent à des mouches très velues et sont caractérisés par la conformation de la bouche qui n'offre que trois tubercules, ou seulement de faibles vestiges de la trompe et des palpes; leurs ailes sont ordinairement écartées et leurs antennes très courtes et terminées par une palette arrondie munie d'une soie. Ces insectes sont pour le bœuf, le cheval, l'âne, le mouton, le chameau, le renne et quelques autres mammifères des ennemis redoutables, car ils déposent leurs œufs dans le corps de ces animaux et leur occasionnent ainsi des tourments très grands. Chaque espèce d'œstre s'attache à un animal particulier, et loge sa progéniture dans une partie déterminée du corps. Les uns percent la peau de leurs victimes à l'aide d'une tarière écailleuse, et introduisent au fond de la plaie leurs œufs, dont la présence détermine la formation de tumeurs plus ou moins grosses, remplies d'humeurs purulentes, qui servent d'aliment à la larve, à laquelle les habitants de la campagne donnent le nom de *Taons*; d'autres déposent simplement leurs œufs dans le voisinage de l'une des ouvertures naturelles du corps, et les larves qui en naissent pénètrent par cette voie, soit dans les fosses nasales ou les sinus du nez, soit dans l'intérieur de l'estomac. Le corps de ces larves parasites (fig. 296) est en général conique et composé de onze anneaux garnis de tubercules ou de petites épines; elles n'ont pas de pattes, et leur bouche est tantôt garnie de mamelons, tantôt armée de deux forts crochets. Quand elles ont terminé leur croissance, elles sortent de leur demeure; celles qui ont vécu dans l'estomac, descendent dans l'intestin avec les matières excrémentitielles et s'échappent par l'anus; elles se laissent alors tomber à terre et se transforment en nymphe sous leur peau, comme les autres diptères de cette famille. L'*Œstre du mouton*, qui est long de 11 millimètres, avec le thorax grisâtre et l'abdomen jaunâtre tacheté de noir ou de brun, place ses œufs sur le bord interne des narines de ce quadrupède qui cherche à l'en empêcher en s'agitant et en se cachant le museau en terre; les larves remontent jusque dans les sinus du front où elles se fixent à l'aide des crochets dont leur bouche est armée, et y restent depuis le mois de mai ou de juillet, jusqu'au mois d'avril de l'année suivante. Ces parasites sont très communs surtout dans les pays montagneux et boisés, et lorsqu'il s'en trouve plusieurs dans les sinus d'un mouton, leur présence occasionne souvent des vertiges. Les larves de l'*Œstre du cheval*, de l'*Œstre hémorrhoïdal* et de l'*Œstre vétérinaire* vivent dans l'estomac des chevaux. L'*Œstre des bœufs*, qui a le thorax jaune avec une bande noire et l'abdomen blanc à la base, fauve à son extrémité, dépose au contraire ses œufs un à un sous la peau des bœufs, des chevaux et de plusieurs autres quadrupèdes.

(2) Ces insectes fuient la lumière vive du soleil, et se plaisent surtout dans les lieux aquatiques; le soir ils voltigent en troupes nombreuses et s'annoncent par un bourdonnement aigu. Chacun sait combien ils sont avides de notre sang. Pour s'en repaître, ils nous percent la peau avec les soies fines et dentelées de leur suçoir, et ils laissent dans la piqûre, ainsi produite, une liqueur venimeuse, qui y détermine une irritation vive et une enflure souvent considérable. On a observé que ce sont les femelles seules qui nous tourmentent de la sorte, et c'est dans les pays chauds surtout que leurs attaques sont à redouter. On les y désigne sous le nom de *Moustiques*. Du reste, ces insectes ne vivent pas seulement de sang, ils aiment aussi le suc des fleurs. La femelle dépose ses œufs

gées, la forme grêle de leurs corps et de leurs pattes, et par la conformation de leurs larves qui vivent dans l'eau.

§ 142. Enfin, il est aussi des insectes qui sont toujours aptères et qui, sous d'autres rapports aussi, diffèrent assez de tous les précédents, pour ne pouvoir être rangés dans aucun des ordres que nous venons de passer en revue; tels sont les puces, les poux et les podurelles.

§ 143. Les Puces ont la bouche organisée pour la succion et constituent un petit groupe appelé ORDRE DES APHANIPTÈRES. Les changements qu'ils éprouvent dans le jeune âge sont considérables. En sortant de l'œuf, ils sont privés de pieds et ont la forme de petits vers, de couleur blanchâtre. Ces larves sont très vives et se roulent en cercle ou en spirale. Bientôt elles deviennent rougeâtres, et, après avoir vécu dans cet état pendant une douzaine de jours, elles se renferment dans une petite coque soyeuse, d'une

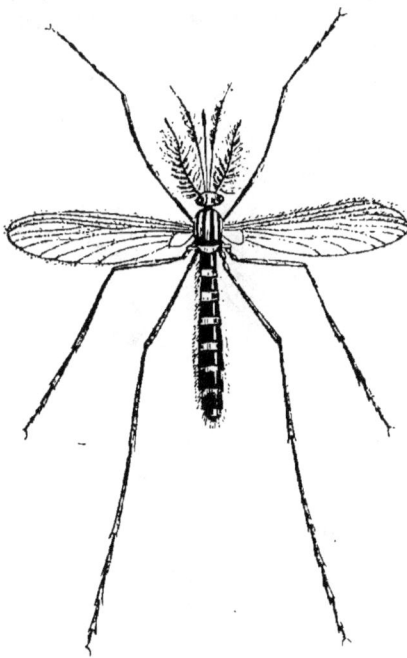

Fig. 297. Cousin (grossi).

sur l'eau et les réunit entre eux de manière à former une espèce de petit radeau qui flotte à la surface du liquide. Les larves sont aquatiques et fourmillent dans les eaux stagnantes au printemps et en été. Leur abdomen est allongé et terminé par des soies et des appendices disposés en rayons. Son pénultième segment porte sur le dos un tube assez long, à l'aide duquel l'animal puise dans l'atmosphère l'air dont il a besoin. Pour respirer ainsi, il se pend en quelque sorte à la surface de l'eau la tête en bas, et on le voit à de courts intervalles renouveler ce manège. La nymphe continue à vivre dans l'eau et à s'y mouvoir; mais, au lieu de respirer comme la larve, elle puise l'air dont elle a besoin au moyen de deux tuyaux placés sur le thorax. Elle flotte à la surface du liquide, et, après avoir achevé sa métamorphose, l'insecte parfait se sert de sa dépouille de nymphe comme d'un bateau, jusqu'à ce que ses jambes et ses ailes aient acquis assez de solidité pour lui permettre de marcher sur la surface de l'eau ou de s'envoler; car si son corps venait à être submergé, comme cela arrive souvent quand le vent renverse ces frêles embarcations, il se noierait infailliblement. Toutes ces métamorphoses se font dans l'espace de trois à quatre semaines : aussi les générations se renouvellent-elles plusieurs fois dans la même année. Une espèce du genre des Cousins proprement dits, de couleur cendrée, avec l'abdomen annelé de brun et les ailes sans taches, est très commune dans toute l'Europe.

finesse extrême, pour s'y transformer en nymphe, enfin, au bout d'environ douze jours de réclusion, si le temps est chaud, elles sortent de leur enveloppe à l'état parfait (1).

§ 144. Les Poux ne subissent pas de métamorphoses comme

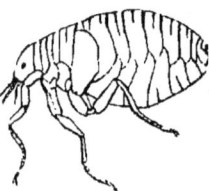
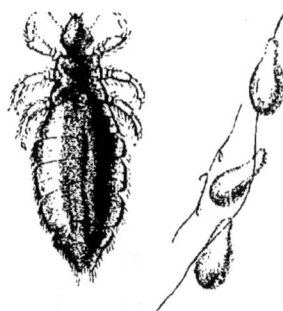

Fig. 298. *Puce.*   Fig. 299. *Pou.*

les insectes ordinaires et n'ont pas la bouche organisée comme les autres insectes aptères. Ils constituent un groupe distinct : l'ordre des Anopleures ou des Parasites (2).

§ 145. Enfin, les Podurelles et quelques autres petits insectes

(1) L'espèce la plus répandue est la *Puce commune*, qui se nourrit du sang de l'homme et de plusieurs de nos animaux domestiques; mais il en est plusieurs autres qui vivent aussi sur divers quadrupèdes et sur des oiseaux, et qui ne diffèrent que fort peu de la nôtre. La femelle est beaucoup plus grande que le mâle et pond une douzaine de petits œufs arrondis et un peu allongés, qui tombent à terre et se trouvent ordinairement en nombre considérable dans les endroits où les chiens et les chats ont l'habitude de se coucher.

En Amérique, on connaît sous le nom de *Chique* ou de *Puce pénétrante* une espèce qui a le bec beaucoup plus long que les précédentes, et qui mérite d'être signalée. La femelle s'introduit sous la peau du talon et sous les ongles du pied, et bientôt y acquiert le volume d'un petit pois par suite du gonflement énorme d'un sac membraneux placé sous le ventre et renfermant les œufs. Ces puces attaquent plus particulièrement les nègres, et leur présence sous la peau donne souvent lieu à des ulcères dangereux.

(2) Les Poux proprement dits ont la bouche tubulaire, située à l'extrémité antérieure de la tête et renfermant un suçoir; leurs tarses sont composés d'un gros article qui se replie contre la jambe et remplit ainsi les fonctions d'une pince. Les œufs connus sous le nom de *Lentes* (fig. 299) éclosent au bout de cinq à six jours; les jeunes changent plusieurs fois de peau, mais leur croissance est très rapide : dans l'espace d'environ dix jours, ils arrivent à l'âge adulte. Ils pondent un nombre considérable d'œufs, et on a constaté que dans l'espace de deux mois, deux poux suffiraient pour produire dix-huit mille individus. Trois espèces de ce genre sont propres à l'homme. La plus commune est le *Pou de la tête*, qui a le thorax bien distinct de l'abdomen, et a latéralement des taches brunes ou noirâtres sur un fond cendré. Le *Pou du corps humain* a la même forme, mais est d'un blanc sale sans taches; dans quelques maladies il pullule d'une manière effrayante. La troisième espèce a le corps arrondi et le thorax presque confondu avec l'abdomen; sa piqûre est très forte. Plusieurs autres mammifères ont aussi des espèces de poux qui leur sont particulières.

Les Ricins sont des anopleures très voisins des poux; ils ont la bouche inférieure et composée à l'extérieur de deux lèvres et de deux crochets. Il est une espèce qui vit sur le chien; les autres se trouvent exclusivement sur les oiseaux.

INSECTES.   237

aptères qui, de même que les anopleures, ne subissent pas de métamorphoses, ont la bouche organisée pour la mastication, et l'abdomen terminé par des appendices en forme de queue. Ils constituent l'ORDRE DES THYSANOURES.

§ 146. En résumé, nous voyons que la classe des insectes (qui est la classe la plus nombreuse du règne animal) se divise naturellement en plusieurs ordres, dont les plus importants se distinguent à l'aide des caractères indiqués dans le tableau suivant :

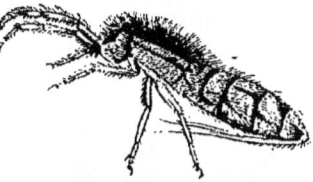

Fig 300. *Podurelle.*

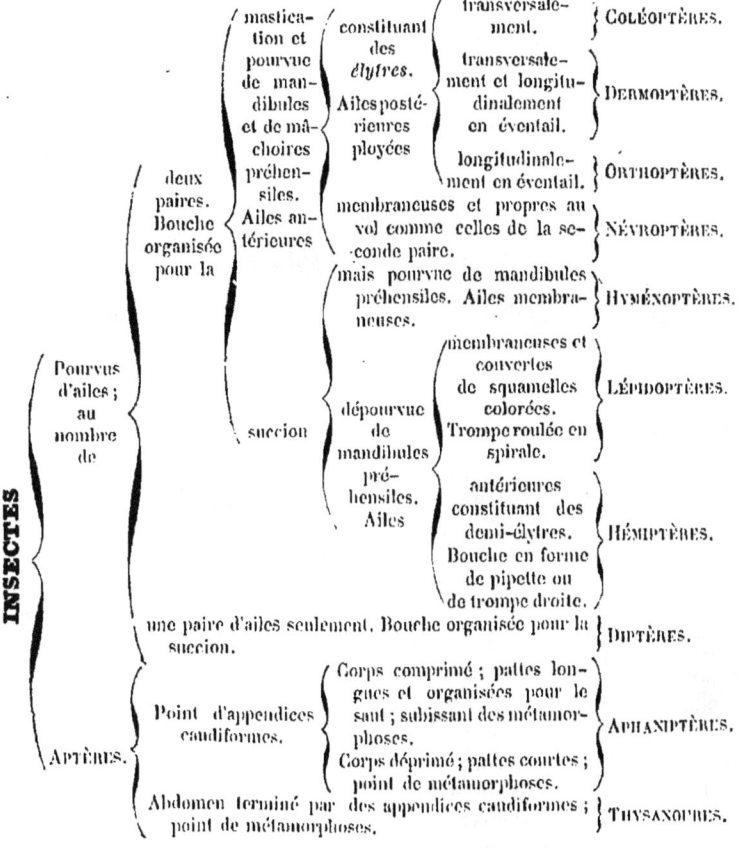

CLASSE DES MYRIAPODES.

§ 147. Les animaux articulés que l'on désigne sous le nom vulgaire de *Millepieds*, ont beaucoup d'analogie avec les insectes par leur mode de respiration et par plusieurs caractères anatomiques,

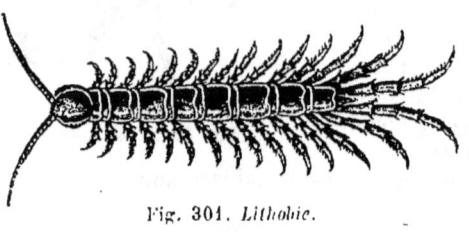

Fig. 301. *Lithobie*.

mais en diffèrent sous d'autres rapports et constituent un groupe particulier appelé CLASSE DES MYRIAPODES. Non seulement ils n'ont jamais d'ailes, mais leur corps, très allongé et divisé en un grand nombre d'anneaux, porte sur chacun de ses segments au moins une paire de pattes; aussi le nombre de ces organes s'élève-t-il toujours à vingt-quatre ou davantage, et n'existe-t-il aucune ligne de démarcation entre le thorax et l'abdomen. Ils ressemblent un peu à des vers qui auraient la peau de consistance cornée et seraient munis de pieds.

Fig. 302. *Iule*.

La tête des myriapodes est garnie de deux petites antennes et de deux yeux. Leur bouche est conformée pour la mastication et pré-

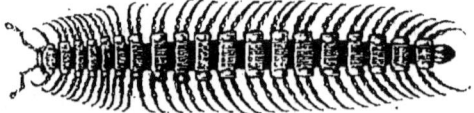

Fig. 303. *Polydesme*.

sente une paire de mandibules, suivies d'une espèce de lèvre à quatre divisions, et deux paires d'appendices semblables à de petits pieds. Le nombre des anneaux de leur corps varie, et quelquefois ces segments sont réunis deux à deux, de telle sorte que chaque tronçon mobile porte deux paires de pattes. Ces derniers organes ne se terminent que par un seul crochet. Enfin il existe de chaque côté du corps une série d'ouvertures qui livrent passage à l'air et servent à la respiration. Les myriapodes éprouvent dans le jeune âge des métamorphoses, mais ces changements ne sont pas analogues à ceux

ARACHNIDES. 239

que nous avons vus chez les insectes, et consistent seulement dans la formation de nouveaux anneaux et dans une augmentation correspondante du nombre des pattes.

Les principaux genres de ce groupe sont les scolopendres et les iules.

CLASSE DES ARACHNIDES.

§ 448. Les araignées, les scorpions et les mites ont la respiration aérienne comme les insectes et les myriapodes, mais ils s'en dis-

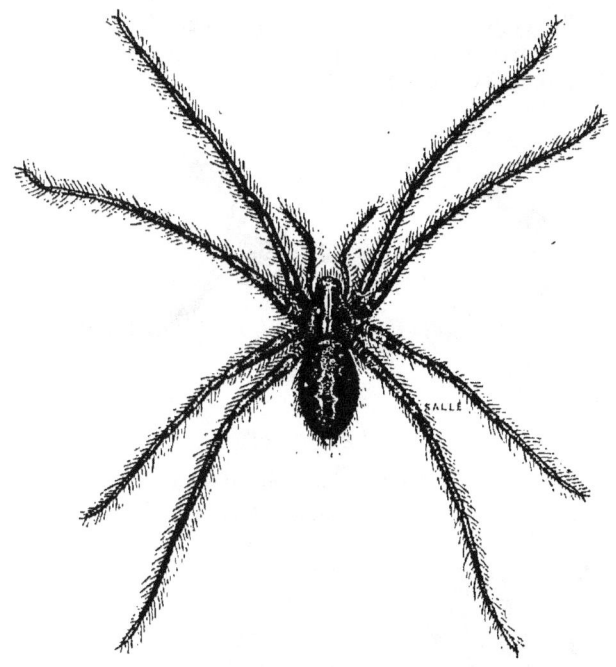

Fig. 304. *Araignée domestique.*

tinguent au premier coup d'œil par la forme générale de leur corps et par le nombre de leurs pattes.

Les insectes, comme nous l'avons déjà remarqué, ont trois paires de pattes ; les myriapodes en ont vingt-quatre paires ou davantage, tandis que, chez les animaux articulés dont il est ici question, il y en a quatre paires.

Chez ces derniers la tête est toujours confondue avec le thorax auquel s'insèrent les pattes, et la masse céphalo-thoracique ainsi constituée est distincte de l'abdomen, tandis que chez les insectes nous avons vu que ces trois régions du corps sont toutes séparées les unes des autres, et que chez les myriapodes la tête est distincte du thorax, mais le thorax n'est pas distinct de l'abdomen.

On donne le nom de CLASSE DES ARACHNIDES au groupe naturel ainsi constitué.

§ 149. Les ARAIGNÉES, qui en sont les principaux représentants, ont l'abdomen pédonculé, et pourvu à son extrémité d'un appareil particulier destiné à la production de la *soie* dont ces animaux se servent pour la construction de leur toile. Elles sont carnassières, et leur front est armé de crochets venimeux, à l'aide desquels elles engourdissent et tuent rapidement les petits insectes dont elles se nourrissent. Plusieurs de ces animaux sont remarquables par leur instinct architectural.

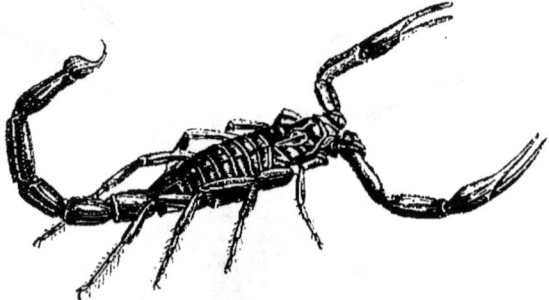

Fig. 305. *Scorpion.*

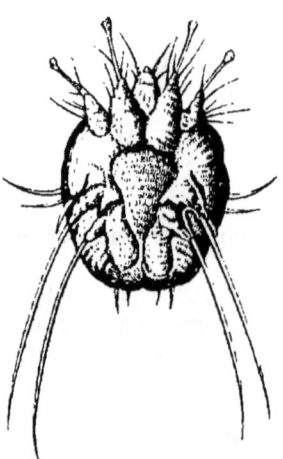

Fig. 306. *Sarcopte de la gale.*

§ 150. Les SCORPIONS diffèrent des araignées par la forme allongée et articulée de leur abdomen, dont l'extrémité est armée d'un crochet venimeux, et par la disposition des appendices placés de chaque côté de la bouche et terminés par une pince de deux doigts. On en trouve dans le midi de la France, mais ils sont surtout abondants en Afrique et dans les autres pays très chauds.

§ 151. Enfin les MITES, ou ACARIENS, sont de petites arachnides qui n'ont ni filières ni crochet venimeux à l'extrémité de leur abdomen, et qui, pour la plupart, vivent en parasites sur d'autres animaux ou sur des matières organiques en décomposition, ou bien encore sur des plantes. Les *Mites* du *fromage* et l'*Acarus de la gale* appartiennent à ce groupe.

Ce petit acarus s'insinue sous la peau et paraît être la cause de la maladie connue sous le nom de *gale;* l'acarus de la gale de l'homme est une espèce distincte de celui de la gale du cheval.

CLASSE DES CRUSTACÉS.

§ 152. Les écrevisses et les crabes, ainsi que nous l'avons déjà vu, sont des *Arthropodaires* ou animaux articulés comme ceux des trois classes que nous venons de passer en revue, mais au lieu d'être organisés pour vivre dans l'air, ils sont destinés à vivre dans l'eau, et ils respirent, comme les poissons, à l'aide de branchies.

Ces animaux et les autres arthropodaires à respiration aquatique doivent par conséquent être séparés des insectes, des myriapodes et des arachnides pour constituer un groupe particulier. Or c'est ce groupe que l'on appelle la CLASSE DES CRUSTACÉS.

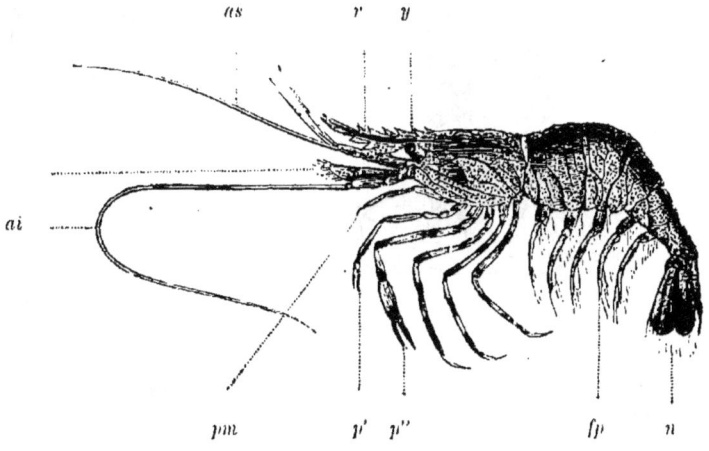

Fig. 307. *Palémon* (1).

La plupart de ces animaux se reconnaissent au premier coup d'œil à raison de la nature presque pierreuse de leur squelette tégumentaire, qui contient beaucoup de carbonate de chaux.

Presque tous se distinguent aussi des animaux articulés précédents par la forme générale de leur corps et par le nombre de leurs pattes. Ces derniers organes sont tantôt au nombre de cinq paires,

(1) *as*, antennes de la première paire; — *ai*, antennes de la seconde paire ou antennes inférieures; — *l*, appendice lamelleux qui en recouvre la base; — *r*, rostre; — *y*, yeux; — *pm*, patte-mâchoire externe; — *p'*, patte thoracique de la seconde paire; — *fp*, fausses pattes natatoires de l'abdomen; — *n*, nageoire caudale.

242 ZOOLOGIE.

d'autres fois de sept, et sont tous insérés à la portion moyenne ou thoracique du corps. La tête, qui est souvent confondue avec le thorax, comme chez les arachnides, porte deux paires d'antennes, et les yeux sont en général placés à l'extrémité de tiges mobiles; enfin l'abdomen est garni en dessus d'une double série d'appendices qui diffèrent des pattes thoraciques par leurs formes, et constituent d'ordinaire des petites rames foliacées ou de véritables nageoires, ainsi que cela se voit à l'extrémité postérieure du corps de l'écrevisse.

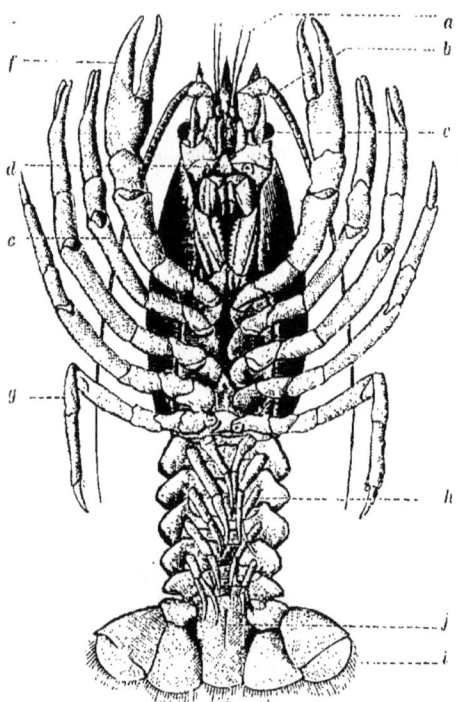

Fig. 308. Écrevisse (1).

La plupart des crustacés sont des animaux marins; plusieurs acquièrent une assez grande taille, et on les recherche comme comestibles.

Les *Crabes*, les *Écrevisses*, les *Homards*, les *Langoustes*, etc., ont tous la portion céphalothoracique du corps recouverte par une sorte de grand bouclier dorsal appelé *carapace*, et leurs pattes sont au nombre de cinq paires. Ils forment un groupe particulier appelé ordre des Décapodes.

La plupart des crabes sont des animaux marins, mais il en est qui vivent dans les ruisseaux ou même à terre; tels sont les *Thelphuses* qu'on trouve en Italie et en Grèce, et les *Tourlouroux* ou gécarcins des Antilles. Sur les côtes de la France on trouve plusieurs espèces de crabes marins : par exemple le *Tourteau*, le *Maïa* (*fig.* 309) et les *Portunes*.

D'autres crustacés manquent de carapace et ont sept paires

(1) *a*, antennes de la première paire; — *b*, antennes de la deuxième paire; — *c*, yeux; — *d*, tubercule auditif; — *e*, pattes-mâchoires externes; — *f*, pattes thoraciques de la première paire; — *g*, pattes thoraciques de la cinquième paire; — *h*, fausses pattes abdominales; — *i*, nageoire caudale; — *j*, anus.

CRUSTACÉS. 243

de pattes : les *Cloportes*, par exemple (1). Ils n'ont pas les yeux

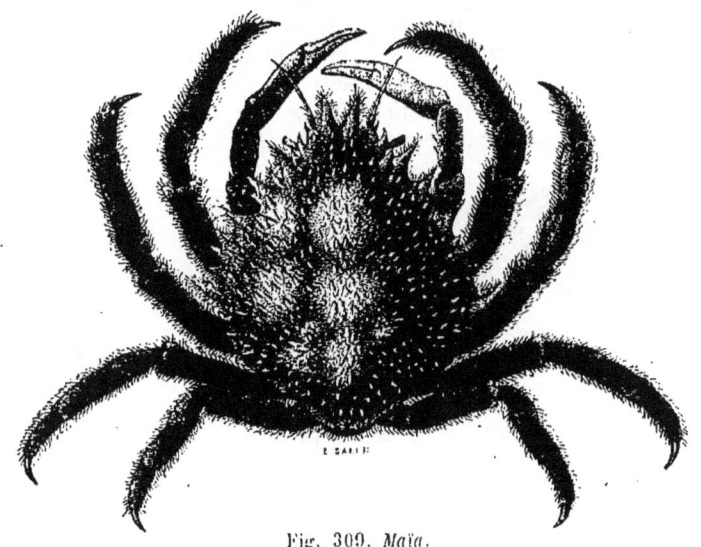

Fig. 309. *Maïa*.

mobiles comme les décapodes, et constituent une division particulière sous le nom d'*Edriophthalmes*.

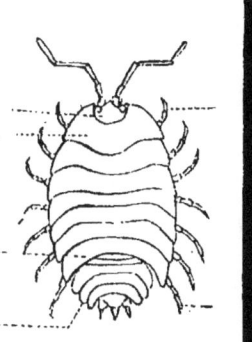

Fig. 310. *Cloporte*.

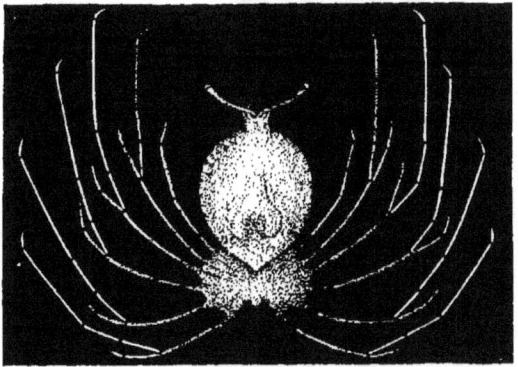

Fig. 311. *Phyllosome*.

On connaît un grand nombre d'autres crustacés, mais le temps nous manque pour en parler ici, et nous nous bornerons à citer comme exemples quelques uns de ces animaux dont les formes sont

(1) Les *Cloportes* ne sont pas des animaux aquatiques, comme les crustacés ordinaires, mais ils sont organisés de la même manière.

244 ZOOLOGIE.

les plus bizarres : tels que les *Phyllosomes*, dont le corps est mince et transparent comme une lame de verre ; les *Squilles*, qui se trouvent dans la Méditerranée et ont des pattes à griffes comme les insectes du genre mante, dont il a déjà été question ; les *Lernées*, qui vivent en parasites sur les poissons, et les *Limules*

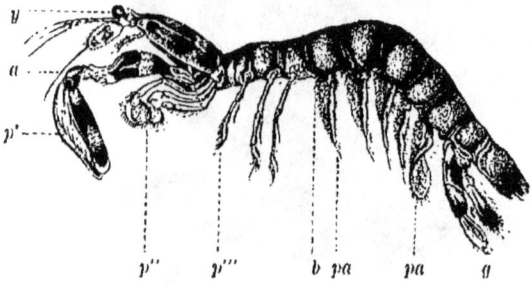

Fig. 312. *Squille* (1).

Fig. 313. *Lernée.*

ou crabes des Moluques, qui ont la bouche placée entre les hanches.

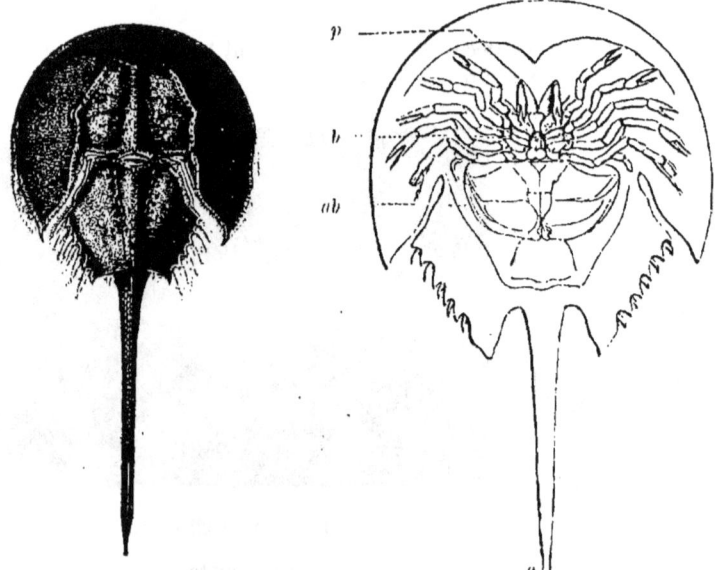

Fig. 314. *Limule.*   Fig. 315 (2).

(1) *y*, yeux ; — *a*, antennes ; — *p'*, pattes de la première paire ; — *p''*, pattes des trois suivantes ; — *p'''*, pattes thoraciques des trois dernières paires ; — *pa*, fausses pattes abdominales ; — *b*, branchies ; — *g*, nageoire caudale.

(2) Limule vue en dessous : — *b*, la bouche ; — *p*, pattes dont la base fait office de mâchoires ; — *ab*, appendices abdominaux portant les branchies ; — *q*, stylet caudal.

ENTOMOZOAIRES.

SOUS-EMBRANCHEMENT DES VERS.

§ 153. Nous avons vu précédemment que les entomozoaires ou animaux à corps annelé n'ont pas toujours, comme les insectes ou les crustacés, des pattes à jointures mobiles, et que, chez un grand nombre d'entre eux, le corps est complétement apode ou n'est pourvu que de tubercules charnus garnis de poils roides qui tiennent lieu de pieds.

Le *Ver de terre* ou LOMBRIC TERRESTRE présente ce mode d'organisation, et appartient à une classe d'animaux appelés ANNÉLIDES.

Fig. 316. *Sangsue.*

Les SANGSUES appartiennent à la même classe, mais au lieu d'avoir des soies roides pour organes de locomotion, elles sont pourvues à chaque extrémité de leur corps d'une ventouse à l'aide de laquelle elles s'attachent aux corps étrangers, et c'est en éloignant l'une de ces ventouses, puis en la faisant suivre de l'autre, que ces vers s'avancent ou reculent (1).

La plupart des annélides sont

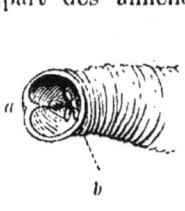

Fig. 317 (2).   Fig. 318. *Serpules.*

des animaux marins qui ont le sang rouge, et qui respirent à l'aide

---

(1) C'est au fond de la ventouse antérieure que se trouve la bouche des sangsues, et cette ventouse leur sert pour sucer aussi bien que pour ramper. La *Sangsue médicinale* a la bouche armée de trois petites mâchoires cornées à l'aide desquelles cet annélide entame la peau des animaux dont il veut sucer le sang. Il habite les eaux douces.

(2) *a*, ventouse buccale d'une sangsue médicinale ; — *b*, ses trois mâchoires.

246 ZOOLOGIE.

de branchies composées de franges ou d'autres appendices de forme variable (1).

Beaucoup de ces animaux vivent dans des tubes qui offrent souvent une grande ressemblance avec les coquilles des mollusques : les *Serpules*, par exemple.

§ 154. D'autres vers dont le corps n'est pas armé de soies, et dont le sang est presque toujours incolore, vivent en

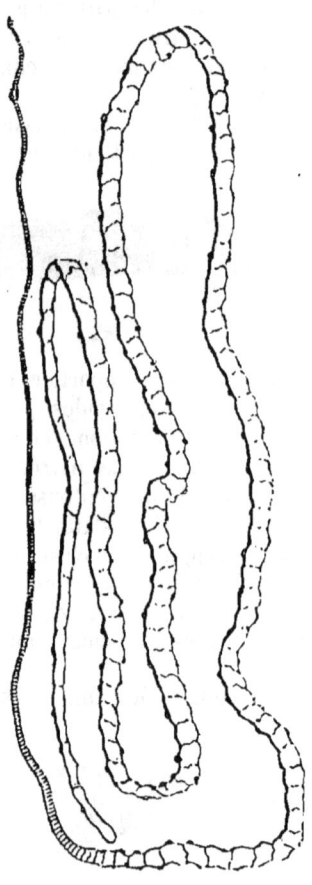

Fig. 319. *Ascaride.* Fig. 320. *Tænia.*

parasites dans les intestins ou dans d'autres organes de divers animaux, et sont connus sous le nom de Helminthes ou de Vers

---

(1) La *Sabelle* (fig. 7), dont nous avons donné une figure au commencement de ce livre, est un annélide. C'est aussi à cette division qu'appartient l'*Arénicole* qui vit dans le sable aux bords de la mer. Chez la plupart des annélides les soies qui servent à la locomotion sont portées par des pieds qui ont la forme de tubercules charnus et occupent les côtés du corps.

intestinaux. Nous citerons comme exemples de ce groupe les *Ascarides* (fig. 319) et les *Tænia* ou *Vers solitaires* (fig. 320).

§ 155. En résumé, nous voyons donc que le grand embranchement des Entomozoaires, ou *animaux à corps annelé*, se divise de la manière suivante :

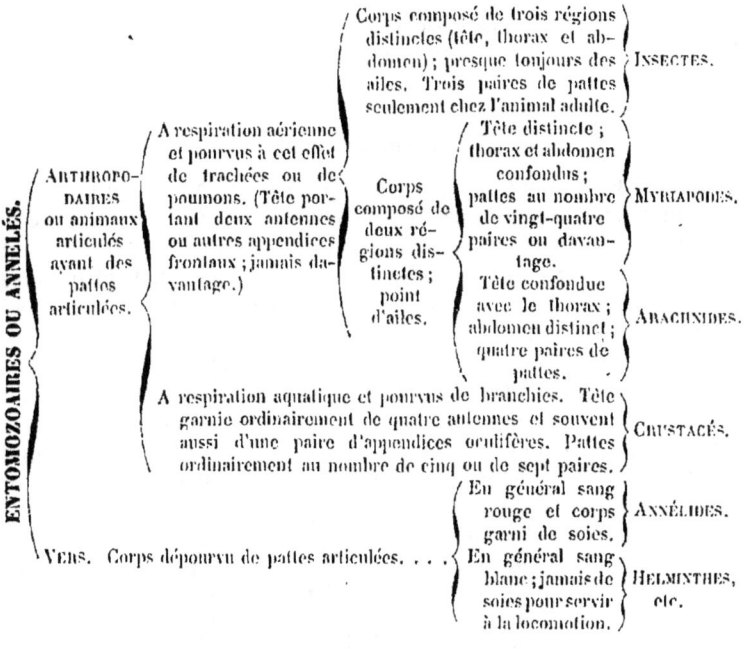

VIIIe LEÇON.

PROGRAMME OFFICIEL.

DES MOLLUSQUES ET DES ZOOPHYTES; EXEMPLES PRIS PARMI LES ESPÈCES UTILES OU NUISIBLES.

EMBRANCHEMENT DES MOLLUSQUES.

§ 156. En traitant des différences principales que la nature a introduites dans la conformation des animaux, nous avons vu que le colimaçon et l'huître s'éloignent beaucoup par leur structure, soit des animaux vertébrés, soit des entomozoaires, et doivent prendre place dans une division particulière du règne animal appelée l'EMBRANCHEMENT DES MOLLUSQUES.

Nous avons vu aussi que chez ces animaux le corps n'est jamais soutenu intérieurement par une charpente solide comparable au squelette intérieur des vertébrés, et n'est pas composé d'une série de tronçons ou d'anneaux comme chez les entomozoaires; enfin que la peau ne constitue pas, comme chez ces derniers, un squelette extérieur formé de pièces solides articulées entre elles, et propres à servir comme organes de locomotion, mais se revêt le plus souvent d'une sorte de croûte lamelleuse appelée *coquille*.

Le corps de ces animaux, abstraction faite de la coquille, est donc toujours mou; mais ce caractère ne suffit pas pour les distinguer de tous les vers, et les zoologistes fondent principalement la séparation entre les mollusques et les autres animaux sur des particularités anatomiques dont il serait prématuré de parler ici; sur la disposition du système nerveux, par exemple. Nous ajouterons seulement que les mollusques sont des animaux à sang incolore, dont la respiration est ordinairement aquatique, et

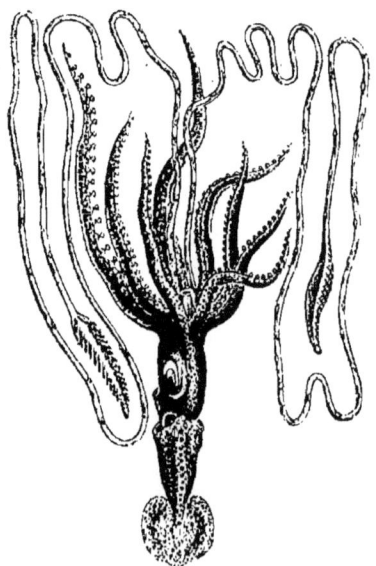

Fig. 324. *Mollusque du genre Calmaret.*

MOLLUSQUES. 249

dont le corps n'est jamais pourvu de pattes disposées par paires comme chez les animaux vertébrés et les animaux articulés.

Chez quelques uns, il existe bien des appendices grêles et allongés qui servent à la locomotion ; mais au lieu d'être disposés en deux séries longitudinales sur la partie moyenne et postérieure du corps, ces organes sont fixés sur la tête et groupés en cercle autour de la bouche (*fig.* 321). Ce singulier mode d'organisation se rencontre chez divers mollusques marins que l'on désigne sous le nom de *Poulpes* (*fig.* 324), de *Seiches*, etc.

Chez le colimaçon, la limace et beaucoup d'autres mollusques, on

Fig. 322. *Testacelle*.

ne voit rien de semblable, et la locomotion ne s'effectue qu'à l'aide d'une expansion charnue qui occupe la face ventrale du corps.

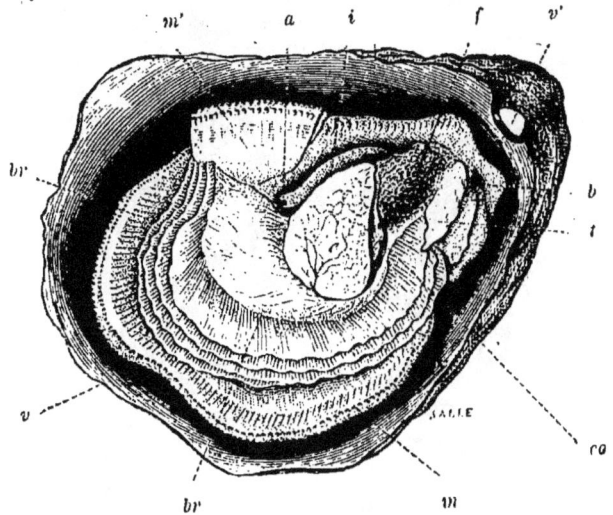

Fig. 323. *Anatomie de l'Huître* (1).

Chez l'Huître, il n'y a pas d'organes locomoteurs, et il est aussi

(1) *v*, l'une des valves de la coquille ; — *v'*, sa charnière ; — *m*, l'un des lobes du manteau, — *m'*, portion de l'autre lobe reployée en dessus, — *c*, muscles de la coquille, — *br*, branchies, — *b*, bouche, — *t*, tentacules labiaux, — *f*, foie, — *i*, intestins, — *a*, anus, — *co*, cœur.

250   ZOOLOGIE.

à noter que le corps de ces animaux ne se termine pas antérieurement par une tête distincte, comme chez les colimaçons ou les poulpes.

Enfin, il existe aussi d'autres mollusques qui, de même que les huîtres, n'ont ni organes de locomotion ni tête distincte, mais qui ne sont pas pourvus comme celles-ci d'une coquille. Ces animaux vivent en général fixés sur les rochers, et forment un groupe zoologique particulier; on leur a donné le nom de Molluscoïdes, tandis que l'on appelle *Mollusques proprement dits* tous les précédents qui ont soit une coquille, soit un appareil locomoteur organisé pour la reptation.

§ 457. Les Mollusques proprement dits sont les seuls dont nous ayons à nous occuper ici, et d'après ce que nous avons déjà dit du mode de conformation du poulpe, du colimaçon et de l'huître, on voit que ces animaux présentent trois formes bien distinctes; aussi les divise-t-on en trois groupes, savoir :

1° La classe des Céphalopodes, comprenant le *Poulpe* et tous les

Fig. 324. *Poulpe commun.*

autres mollusques qui ont une tête distincte, et pourvus d'organes locomoteurs en forme de bras charnus ou tentacules.

2° La classe des Gastéropodes, comprenant le colimaçon et tous les autres mollusques qui ont aussi une tête distincte, mais qui n'ont pas la bouche entourée de bras locomoteurs, et se meuvent au moyen d'une espèce de pied charnu formé par la face inférieure de leur corps.

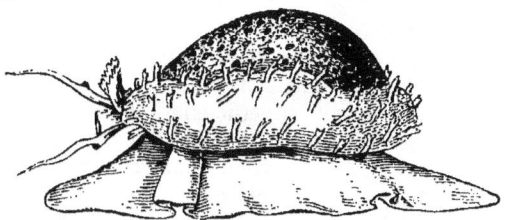

Fig. 325. *Mollusque gastéropode* (du genre porcelaine).

3° La classe des Acéphales, comprenant l'huître et les autres mollusques dont le corps est dépourvu de tête et d'organes de reptation, mais est protégé par une coquille comme chez la plupart des précédents.

Fig. 326. *Telline.*

§ 458. La coquille des mollusques est produite par une portion de leur enveloppe cutanée appelée *manteau*, qui occupe la face dorsale de leur abdomen, et qui d'ordinaire se prolonge plus ou moins sur les côtés et en avant, sous la forme d'une sorte de voile ou de sac. La coquille naît à la surface de ce manteau, et ressemble d'abord à une petite lame cornée ou épidermique, mais en général se durcit bientôt par le dépôt d'une quantité considérable de carbonate de chaux dans son épaisseur.

La manière dont la coquille s'accroît est facile à comprendre. Si l'on examine une écaille d'huître, par exemple, on voit qu'elle se compose d'une multitude de lames superposées dont on peut même déterminer la séparation à l'aide de la chaleur. Ces lames ont été formées successivement par le manteau de l'animal qu'elles recouvrent, et par conséquent c'est la plus extérieure qui doit être la plus ancienne ; c'est elle aussi qui est la plus petite, et chaque nouvelle lame qui vient s'y ajouter dépasse la lame située au-dessus,

Fig. 327. *Mactre.*

de façon que la coquille, en même temps qu'elle augmente d'épaisseur, s'élargit rapidement. En général, la distinction des lames composantes est moins marquée, et souvent les matières nouvelles se déposent sur le bord de la coquille seulement, et de manière que leurs molécules correspondent exactement aux molécules de la partie déjà consolidée ; ce qui donne au tout une structure fibreuse.

Les couleurs les plus diverses et les plus agréablement disposées ornent les coquilles et varient souvent avec l'âge. Presque toujours elles sont tout à fait superficielles et semblent dépendre d'une sorte de teinture opérée par la peau de l'animal, qui est peint d'une manière correspondante à celle de son enveloppe. La matière colorante paraît être déposée sur la coquille au moment de sa formation : aussi est-elle d'autant plus vive que cette dernière est plus jeune. C'est le bord du manteau qui la produit.

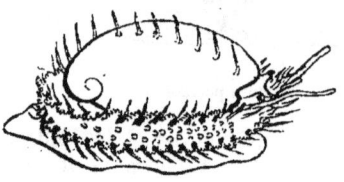

Fig. 328. *Ormier commun*.

Chez les mollusques gastéropodes, la coquille recouvre, comme une sorte de capuchon, la partie

Fig. 329. *Coquille de Vermet*.

supérieure et postérieure du corps, et y constitue tantôt une sorte de bouclier évasé (*fig. 328*), tantôt une gaîne conique dont la longueur augmente avec

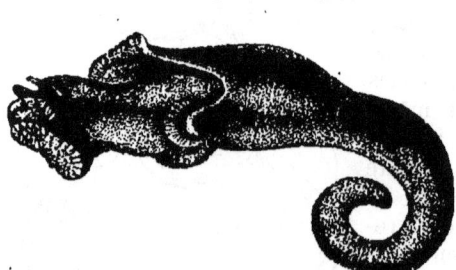 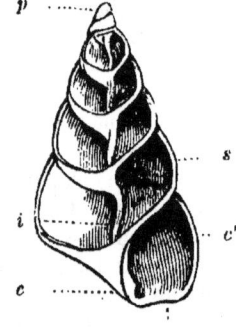

Fig. 330. *Vermet*.   Fig. 331 (1).

l'âge, et dont le diamètre augmente en même temps. L'espèce de

---

(1) Une coquille turbinée ouverte pour montrer comment elle s'enroule en spirale : — *b*, bouche ou ouverture de la coquille ; — *c*, columelle ; — *c'* portion de la columelle

MOLLUSQUES.

cornet, ainsi constitué, s'enroule d'ordinaire en spirale, et est en général assez capace pour que le corps de l'animal puisse, en se contractant, y rentrer en entier, ainsi que cela se voit chez le colimaçon. Chez beaucoup de gastéropodes, il existe aussi à la partie postérieure et supérieure du pied une plaque calcaire de forme discoïde, qui est appelée *opercule*, et qui est disposée de façon à venir fermer l'entrée de la coquille quand le mollusque s'y retire.

Chez l'huître et les autres mollusques acéphales, la coquille est formée de deux battants ou valves, qui sont réunies par une charnière sur le dos de l'animal, et qui descendent de façon à constituer une sorte de boîte.

Les acéphales sont les seuls mollusques à coquille bivalve; chez les céphalopodes, le corps est souvent nu, et chez ceux où il existe une coquille extérieure, cet organe pro-

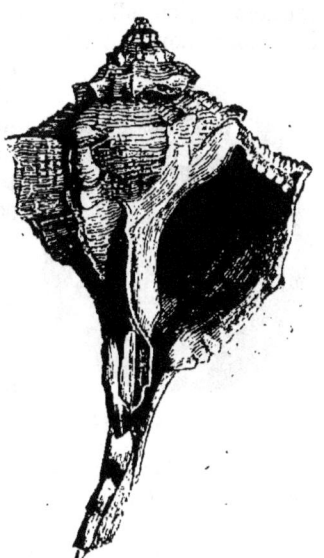

Fig. 332. *Murex*.

tecteur est conformé de la même manière que chez les gastéropodes. Mais il est à noter que chez plusieurs céphalopodes, il existe sur le dos une sorte de coquille intérieure qui est logée sous la peau : le corps calcaire appelé *os de la seiche*, est un produit de ce genre.

Les coquilles présentent souvent à leur face interne une structure particulière qui les rend vitreuses et chatoyantes ou nacrées. Quelquefois même, cette couche brillante y offre

Fig. 333. *Arche*.

une épaisseur assez grande, et elle constitue la substance que l'on emploie dans l'industrie sous le nom de *nacre*.

Les perles sont des corps de même nature que la nacre brillante dont l'intérieur de ces coquilles est revêtu. Elles se composent de couches concentriques de nacre très serrées, et elles se produisent

renfermée dans le dernier tour du spire ; — *s*, avant-dernier tour de spire ; — *p*, pointe ou sommet de la coquille.

lorsque cette matière, au lieu de s'étendre en couches plates sur celles déjà déposées, constitue de petits amas isolés comme des gouttelettes, ou adhérents à la coquille par un pédicule seulement. Leur formation dépend d'une espèce de maladie, ou du moins d'une activité anomale dans le travail sécrétoire qui donne naissance à la nacre : aussi toutes les circonstances qui peuvent stimuler cette sécrétion, telles que la présence d'un grain de sable ou de quelque autre corps étranger entre la coquille et le manteau de l'animal, tendent-elles à en déterminer la formation. Toutes les coquilles dont l'intérieur est nacré peuvent en contenir; nos moules communes en renferment quelquefois, et il n'est pas rare d'en trouver dans une grosse espèce de mulète qui habite les grandes rivières du nord de l'Europe ; mais c'est la pintadine mère-perle ou *aronde perlière* qui en fournit le plus et qui en donne les plus belles (1).

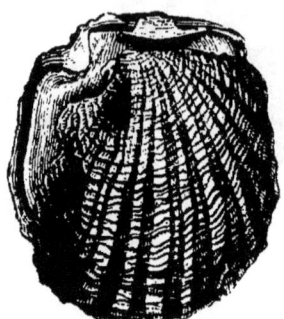

Fig. 334. *Aronde perlière.*

(1) L'ARONDE PERLIÈRE ou *Huître perlière* est un mollusque acéphale qui a beaucoup de ressemblance avec l'huître commune, mais sa coquille est bombée sur les deux valves, et elle est pourvue comme la moule d'un paquet de filaments appelés *byssus*, à l'aide duquel elle s'attache aux rochers.

C'est principalement dans le golfe de Manaar, sur les côtes de Ceylan, dans le golfe Persique, dans le golfe de Panama et sur la côte est de la Californie, que se pratique la pêche des perles ; mais il existe des bancs de pintadines mères-perles dans plusieurs autres localités, telles que les côtes du Japon, de Cumana, etc. Pour se procurer ces mollusques précieux, des hommes, habitués à cet exercice, plongent au fond de la mer, et vont les ramasser ainsi à des profondeurs de 7 à 18 mètres. Afin d'accélérer sa descente, le plongeur saisit avec ses orteils une grosse pierre, munie d'une corde, et, quand le besoin de respirer ou la crainte des requins lui fait désirer de remonter, il se débarrasse de ce poids et donne le signal pour que les matelots restés sur le bateau le tirent à eux. La pierre est ensuite ramenée à bord, et sert à un nouveau plongeur. Le temps pendant lequel les plongeurs restent sous l'eau est ordinairement d'une minute, quelquefois d'une minute et demie ou même deux minutes: on cite même des individus qui pouvaient y rester plus longtemps encore. Chacun d'eux est muni d'un sac ou filet destiné à recevoir les coquilles qu'il ramasse, et il n'est pas rare de les voir remonter chargés d'une centaine de ces mollusques : ils plongent quarante ou cinquante fois dans une journée, et la pêche d'un bateau, monté par dix plongeurs et dix hommes employés à les haler à bord, s'élève quelquefois à plus de trente mille pintadines par jour. Pour que les bancs ne soient pas dévastés, on en règle l'exploitation, et on pense qu'il faut sept ans pour que ces animaux acquièrent toute leur maturité. A Ceylan, la saison de la pêche dure depuis le milieu de février jusque vers la fin de mars. Les coquilles sont disposées sur la plage, dans des enclos particuliers ; et, lorsque les animaux sont morts et à demi pourris, on examine attentivement chaque coquille, pour en retirer les perles ; on choisit aussi les plus belles coquilles, propres à fournir la nacre ; puis on fait le triage des perles ; on les nettoie ; on les détache et on polit avec de la poudre de perles brisées ; enfin on les perfore et on les réunit en chapelet pour les livrer au commerce.

MOLLUSQUES.

§ 457. Les mollusques de la classe des Céphalopodes, tels que les poulpes (fig. 324), ont le corps en forme de sac plus ou moins arrondi postérieurement, et terminé en avant par une grosse tête pourvue d'yeux, et de huit ou dix grands bras charnus dont la face interne est garnie d'une multitude de ventouses à l'aide des-

Fig. 335. *Calmar commun*.

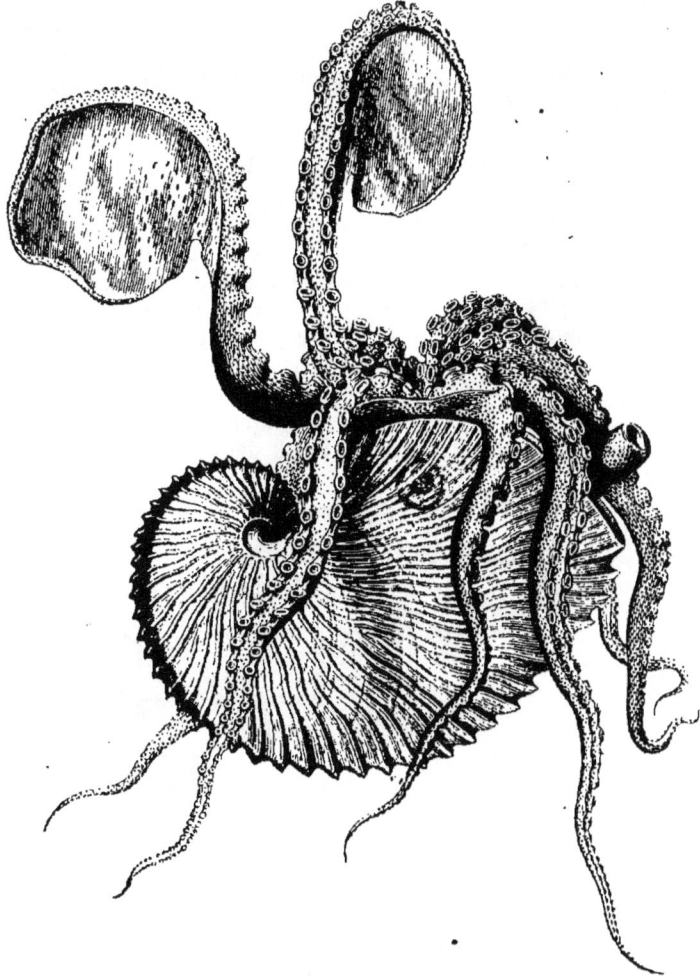

Fig. 336. *Argonaute* (dans sa coquille).

quelles ils s'attachent fortement aux objets dont ils veulent se saisir ; la bouche, comme nous l'avons déjà dit, est située au centre de l'espèce de couronne formée par ces bras, et elle est armée de deux mâchoires cornées qui ressemblent beaucoup à un bec de perroquet. L'anus est placé sous le cou, à la base d'une sorte d'*entonnoir* par lequel ces animaux expulsent au dehors une matière noire appelée *encre*. Enfin, il est aussi à noter que tous les céphalopodes sont marins, et qu'ils sont carnassiers. Les uns n'ont pas de coquille (le poulpe, les seiches et les calmars, par exemple); d'autres (tels que l'argonaute) sont logés dans une coquille univalve.

Il est aussi à noter que les coquilles qui se trouvent souvent dans la terre à l'état fossile, et qui sont connues sous le nom d'*Ammonites*, appartiennent à des mollusques de cette classe.

Fig. 337.
Ammonite noduleuse.

§ 158. Les Gastéropodes ressemblent tous au colimaçon par la forme générale de leur corps. Quelques uns, tels que la limace, n'ont pas de coquille, mais la plupart ont une coquille assez grande pour pouvoir s'y loger en entier. Il en est qui vivent à terre, et respirent l'air au moyen d'un poumon (le colimaçon et la limace, par exemple) ; mais en général ce sont des animaux aquatiques, à respiration branchiale, et la plupart d'entre eux vivent dans la mer.

Fig 338. *Lymnée des étangs.*

§ 159. Les Acéphales sont tous des mollusques aquatiques ; quelques uns, tels que les *Anodontes*, habitent nos eaux douces, mais la plupart vivent dans la mer, et d'ordinaire s'y fixent aux rochers ou s'enfoncent dans le sable ; quelques uns ont la faculté de tarauder les pierres et le bois pour s'y creuser une demeure (1).

Les espèces les plus communes de ce groupe sont les huîtres et les moules (2).

Les huîtres ont une coquille irrégulière, feuilletée et composée de de deux valves dissemblables et réunies par un petit ligament logé de part et d'autre dans une fossette, sans que la charnière présente ni dents ni lames saillantes. L'animal lui-même est d'une structure très simple. Son manteau, dont les lobes sont unis supérieurement près de la charnière, présente une double bordure frangée ; il n'y a aucune apparence de pied. Le muscle qui sert à rapprocher les valves est situé vers le centre du corps ; la bouche est cachée sous l'espèce de capuchon formée par la réunion de la portion supérieure

(1) Les tarets et les pholades, par exemple.

(2) Tous ces mollusques produisent des œufs, qui, au moment de la ponte, sont d'une petitesse extrême, et sont suspendus dans un liquide blanchâtre. Ce frai nage dans l'eau et s'agglutine bientôt aux coquilles voisines ou à quelque autre corps marin : aussi les jeunes huîtres sont-elles toujours adhérentes, soit entre elles, soit à une huître adulte ou aux rochers sur lesquels elles vivent ; mais, dans le premier cas, elles se détachent en général par les progrès de l'âge, et forment seulement de grands amas, que l'on appelle des *bancs*. Leur croissance est très rapide. Les pêcheurs assurent qu'à trois mois, nos huîtres communes ont déjà la grandeur d'une pièce de deux francs, et que, à la fin de la première année, elles ont environ 5 centimètres de diamètre ; enfin il leur faut trois ans pour acquérir la taille que présentent celles que l'on vend sur nos marchés, c'est-à-dire environ 8 centimètres de diamètre. On ne sait rien de précis sur la durée de leur existence.

On connaît plusieurs espèces d'huîtres : la plus répandue dans nos mers et la plus intéressante est l'*huître comestible*, qui nous fournit un aliment sain et agréable, dont on fait, depuis l'antiquité la plus reculée, une consommation immense. Ces mollusques se trouvent d'ordinaire rassemblés en nombre incalculable, et forment ainsi des bancs d'une étendue très grande, situés en général assez près des côtes, ou du moins dans les localités où la mer n'est pas très profonde. Ils sont l'objet d'une pêche active, et, pour les prendre, on traîne sur le fond de la mer une espèce de râteau, garni d'un filet, nommé *drague* ; mais, après les avoir recueillies, on ne les livre pas tout de suite à la consommation ; on les dépose dans des bassins particuliers, où on les fait parquer pendant un certain temps, et où elles engraissent et prennent un goût plus délicat. Les plus grosses sont d'ordinaire séparées de leur écaille et marinées ; mais les autres se mangent sans préparation et ne sont même estimées qu'autant qu'elles sont vivantes. En effet, l'habitude qu'ont ces animaux de fermer leur coquille dès qu'on les retire de l'eau, rend possible leur conservation pendant un temps assez long, et c'est à l'état vivant qu'on les sert sur nos tables. Quand elles meurent, leur coquille reste béante. Plusieurs points de nos côtes en fournissent ; mais c'est à Marennes, et surtout dans la baie de Cancale, que les huîtres abondent : c'est cette dernière localité qui approvisionne presque exclusivement les marchés de la capitale et de presque tout le nord de la France ; les bateaux de la Houlle, près Cancale, et de Granville, pêchent chaque année, dans cette baie, plus de vingt-quatre millions de ces mollusques, dont la majeure partie est envoyée à Courseulles et dans d'autres ports de la Normandie, où il existe des établissements considérables pour le parcage des huîtres et d'où on les expédie en poste pour Paris. C'est vers le commencement de l'été que ces mollusques jettent leur frai ; dans cette saison, on est dans l'habitude de ne pas les manger, et l'on croit généralement qu'ils deviennent malsains ; mais cette opinion ne paraît pas fondée.

des deux lobes du manteau ; les tentacules qui entourent cette ouverture sont grandes et les branchies entourent tout l'abdomen ; enfin l'anus se voit au-dessus du muscle.

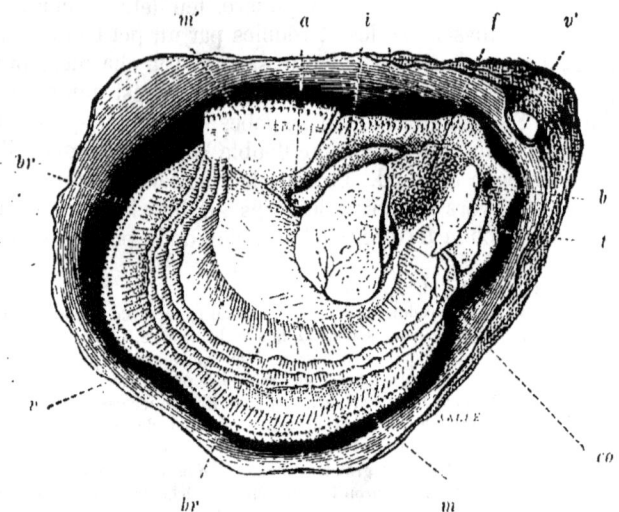

Fig. 330. *Anatomie de l'Huître* (1).

Les Moules abondent sur les rochers de nos côtes où elles vivent fixées par leur byssus, faisceau de filaments soyeux qui naît de leur abdomen ou pied. Leur coquille est close, et ses valves, de forme triangulaire, sont égales, bombées et réunies par un ligament étroit sur le côté de leur angle aigu. La bouche de l'animal est située près du sommet de la coquille dont l'extrémité opposée laisse passer le byssus ; l'anus est placé aussi près de la charnière ; et vis-à-vis de cet orifice, il existe une ouverture particulière ou un petit tube formé par le manteau ; vers l'angle arrondi de la coquille, là où passe l'eau nécessaire à la respiration, le bord du manteau est frangé ; enfin l'abdomen se prolonge de manière à former le pied grêle et cylindrique.

Les moules sont généralement employées comme aliment, mais elles déterminent quelquefois une espèce d'empoisonnement accompagné de symptômes très alarmants et suivis quelquefois de la mort. Le vulgaire attribue ces accidents à la présence d'un petit

---

(1) *v*, l'une des valves de la coquille ; — *v'*, sa charnière ; — *m*, l'un des lobes du manteau ; — *m'*, portion de l'autre lobe repliée en dessus ; — *c*, muscles de la coquille ; — *br*, branchies ; — *b*, bouche ; — *t*, tentacules labiaux ; — *f*, foie ; — *i*, intestins ; — *a*, anus ; — *co*, cœur.

crabe nommé *Pinnothère*, qui se trouve fréquemment dans l'intérieur de la coquille de ces mollusques; mais cette opinion n'est pas fondée, car ce crustacé n'est nullement vénéneux. Quelques auteurs pensent que la qualité malfaisante des moules dépend au contraire de ce qu'elles se sont nourries du frai des étoiles de mer, qui, assure-t-on, est de lui-même un poison ; enfin d'autres la considèrent comme résultant d'une maladie de ces mollusques; le fait est qu'on ne sait rien de positif à cet égard.

§ 160. Les sous-embranchements des *molluscoïdes* ne se composent guère que d'animaux de très petite taille qui sont tous aquatiques, et vivent en général fixés aux corps sous-marins. Souvent les individus qui naissent les uns des autres restent unis de façon à constituer des colonies d'animaux agrégés comme nous l'avons déjà vu pour divers zoophytes. Les petits molluscoïdes que les naturalistes désignent sous le nom d'*ascidies* vivent de la sorte.

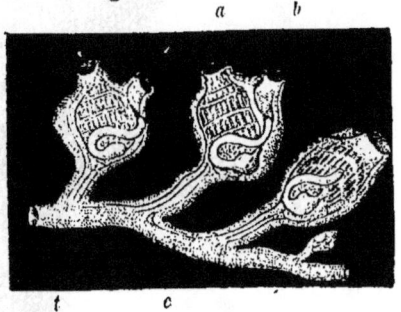

Fig. 340. Ascides sociales (1).

EMBRANCHEMENT DES ZOOPHYTES.

§ 161. Ce quatrième et dernier embranchement du règne animal comprend, ainsi que nous l'avons déjà vu, tous les animaux à formes radiaires, c'est-à-dire dont les principaux organes, au lieu d'être disposés par paires de chaque côté d'une ligne médiane, comme chez tous les êtres dont il a déjà été question, sont rangés d'une manière circulaire ou comme les rayons d'une roue autour du centre du corps où se trouve la cavité alimentaire.

Les zoophytes ont une structure beaucoup moins complexe et moins perfectionnée que celle de la plupart des autres animaux ; ils sont privés d'organes des sens ou n'en ont que de rudimentaires ; en général, même leur corps n'est pourvu que d'un seul orifice qui communique avec la cavité digestive et qui remplit à la fois les fonctions d'une bouche et d'un anus. Le nom de *Zoophytes* ou *Animaux plantes* leur vient de la ressemblance que beaucoup d'entre eux

---

(1) Ascides du genre *porophora* : — *b*, bouche ; — *c*, estomac ; — *i*, intestin ; — *a*, anus ; — *t*, tige commune ; — les flèches indiquent la direction du courant d'eau servant à la respiration.

260   ZOOLOGIE.

ont avec des fleurs sous le rapport de leur forme extérieure. Presque tous vivent dans la mer.

Fig. 341. *Astérie ou Étoile de mer.*

§ 162. Les uns sont organisés pour ramper et sont pourvus à cet

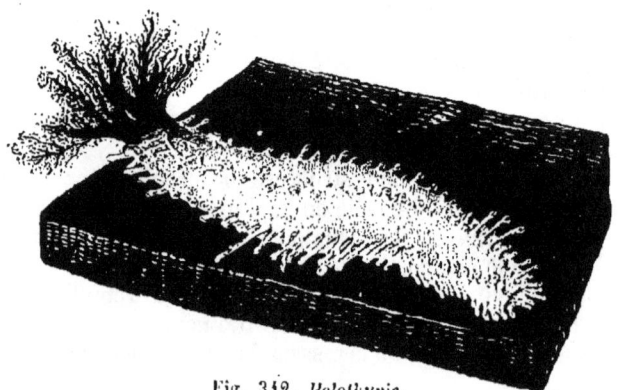

Fig. 342. *Holothurie.*

effet de petits organes filiformes qui se terminent en suçoirs et permettent à l'animal d'adhérer aux corps étrangers ; en général aussi leurs téguments sont hérissés d'épines mobiles qui agissent à la manière de leviers et servent également à la locomotion.

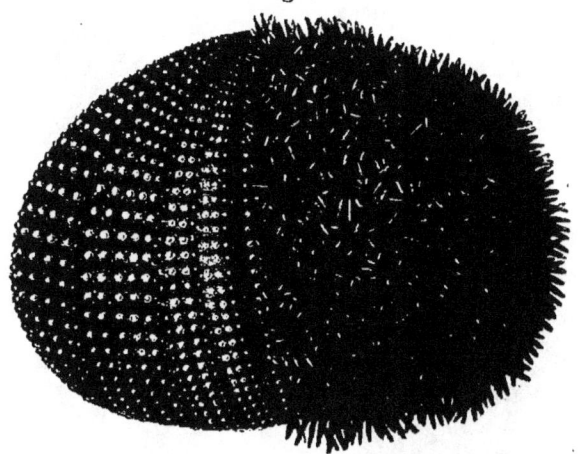

Fig. 343. *Oursin* (1).

Ces animaux appartiennent à une première division de l'embranchement des zoophytes, appelée la classe des ÉCHINODERMES. Ce sont les astéries ou étoiles de mer, les oursins, etc. Ces derniers sont remarquables aussi par l'espèce d'ossification de leur peau.

§ 163. D'autres zoophytes sont organisés pour la natation seulement ; ils ont le corps mou et gélatineux, et par leur forme générale ressemblent le plus souvent à une cloche ou à un champignon. Ils forment la classe des ACALÈPHES, et sont très communs dans nos mers. Tels sont les méduses et les béroés.

§ 164. Il est un grand nombre d'autres zoophytes qui ne sont organisés ni pour ramper ni pour nager et qui vivent fixés aux rochers ou à d'autres corps sous-marins. Ils ont, en général, la forme d'un cylindre dont la base adhère au sol et dont le sommet est garni d'une couronne de ten-

Fig. 344. *Méduse* (Rhizostome).

tacules cylindroïdes ou plumeaux qui entourent la bouche et sont susceptibles de se contracter ou de s'épanouir de façon à ressembler

(1) Du côté gauche on a enlevé les épines du test pour montrer la disposition des pièces calcaires dont cette enveloppe est composée.

à une fleur. On donne le nom de Polypes à ces singuliers animaux au nombre desquels il faut ranger les actinies ou anémones de mer, dont il a été question dans notre première leçon (*fig.* 1).

En général, les polypes se multiplient par des bourgeons qui restent unis à l'individu dont ils naissent. Les générations nouvelles forment ainsi,

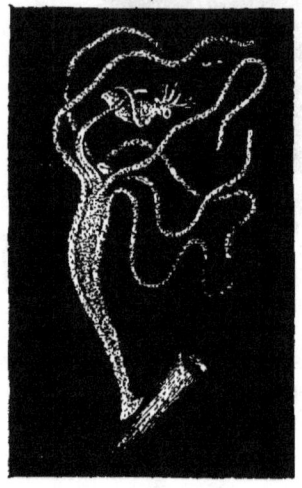

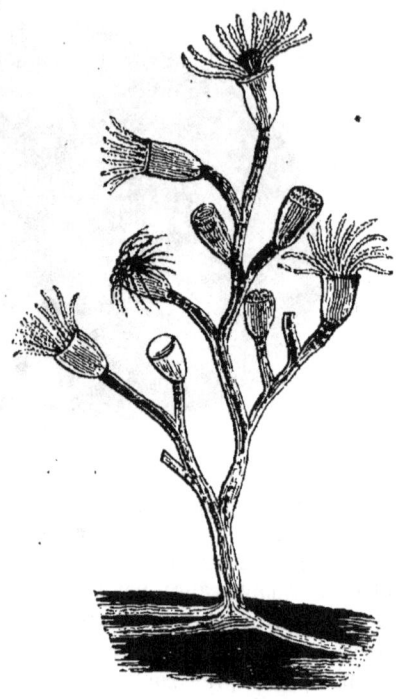

Fig. 345. *Hydre.*

Fig. 346. *Sertulaire.*

avec celles dont elles descendent, des sortes de colonies dont tous les membres sont unis entre eux, ou des *animaux agrégés.*

Il est aussi à noter que la portion inférieure du corps de la plupart des polypes s'ossifie en quelque sorte par les progrès de l'âge et constitue une sorte de loge dans laquelle l'animal rentre plus ou moins complétement quand il se contracte. On donne le nom de *polypier* à l'espèce de gaîne ainsi formée. Pendant longtemps on croyait que ces loges, dont la substance est en général pierreuse, étaient formées seulement par une sorte de croûte extérieure au corps de l'animal et destinée à leur servir de demeure; mais on sait aujourd'hui qu'elles font réellement partie de leur organisme et sont formées par la solidification de la peau. Quelquefois chaque polype possède un polypier

Fig. 347.

distinct (*fig* 347); mais d'ordinaire c'est la portion commune d'une masse de polypes agrégés qui présente les caractères propres à ces corps, et il se forme ainsi des polypiers agrégés dont le volume peu devenir extrêmement considérable, quoique chacune de ses partie constituantes n'ait que des dimensions fort petites (*fig* 348).

Fig. 348.   Fig. 349. *Polypes du genre Astréide.*

C'est de la sorte que des polypes, dont le corps n'a que quelques pouces de long, élèvent dans les mers voisines des Tropiques des récifs et des îles. Lorsqu'ils sont placés dans des circonstances favorables à leur développement, certains animaux de cette classe pullulent au point de recouvrir des chaînes de rochers ou d'immenses bancs sous-marins, et de former avec les masses pierreuses de leurs polypiers amoncelés les uns au-dessus des autres, des amas dont l'étendue s'accroît sans cesse par la naissance de nouveaux individus au-dessus de ceux précédemment existants. La dépouille solide de chaque colonie de polypes reste intacte après que ces frêles architectes ont péri, et sert de base pour le développement d'autres polypiers, jusqu'à ce que ces récifs vivants atteignent la surface de l'eau ; car alors ces animaux ne peuvent plus y vivre, et le sol, formé par leurs débris cesse de s'élever. Mais bientôt la surface de ces amas de polypiers, exposée à l'action de l'atmosphère, devient le siège d'une nouvelle série de phénomènes : des graines déposées par les vents ou apportées par les vagues y germent et la couvrent d'une riche végétation, jusqu'à ce qu'enfin ces vastes charniers de zoophytes presque microscopiques deviennent des îles habitables. Dans l'océan Pacifique, on rencontre une foule de récifs et d'îles qui n'ont pas d'autre origine. En général, ils semblent avoir pour base quelque

264 ZOOLOGIE.

cratère de volcan éteint, car presque toujours ils ont une forme circulaire, et présentent au centre une lagune communiquant au dehors par un seul chenal : on en connaît qui ont plus de 4 myriamètres de diamètre.

Presque tous les polypes habitent la mer ; on en trouve cependant dans les eaux douces. Ceux dont le polypier est simplement charnu ou corné sont répandus dans toutes les latitudes : mais ce n'est guère que dans les mers des climats chauds qu'on trouve en abondance des polypes à polypier pierreux.

Quelquefois les polypes agrégés déposent dans l'intérieur du tissu commun par lequel ils sont unis une matière cornée ou calcaire qui constitue une sorte de tige intérieure et qui se ramifie comme un arbre à mesure que la masse animée pousse de nouvelles branches. C'est de la sorte que se forme la matière pierreuse nommée *Corail* dont on fait un grand emploi comme ornement et dont la pêche est active sur la côte de l'Algérie.

Fig. 350. *Branche de Corail.*

§ 165. Il faut ranger aussi dans l'embranchement des zoophytes des corps fort singuliers qui, dans le jeune âge, nagent librement dans l'eau de la mer, au moyen de petits cils dont leur corps est entouré de toute part et qui ressemblent alors à des larves de polypes, mais qui se fixent plus tard, se déforment et constituent alors des masses irrégulières, en apparence inanimées, que l'on connaît sous le nom de Spongiaires ou d'*Éponges*. Dans ce dernier état ces zoophytes sont constitués par un tissu gélatineux criblé de trous, parcouru par une multitude de canaux destinés au

Fig. 351. *Éponge.*

passage de l'eau et soutenus par une sorte de charpente intérieure composée tantôt de filaments cornés, tantôt de faisceaux de petites aiguilles calcaires ou siliceuses.

C'est la charpente cornée d'un de ces êtres bizarres qui, dépouillée de la substance gélatineuse dont elle était entourée pendant la vie des zoophytes, constitue le corps poreux et élastique employé sous le nom d'*Éponge* dans les usages domestiques (1).

§ 166. Enfin, la plupart des zoologistes rangent aussi dans l'embranchement des zoophytes une multitude de petits animaux qui ne sont visibles qu'à l'aide du microscope, et qui se trouvent dans les eaux stagnantes, principalement dans celles où des matières organiques ont infusé pendant quelque temps. Ces animalcules, que l'on désigne sous le nom d'INFUSOIRES, n'ont pas la forme radiaire propre

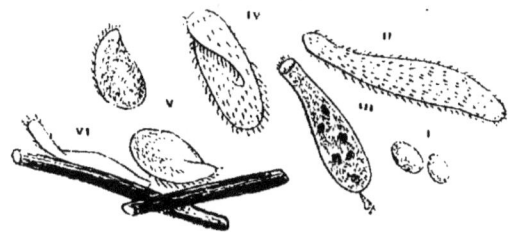

Fig. 352. *Infusoires* (2).

à la plupart des zoophytes, mais leur structure est très simple et leur petitesse est telle qu'on n'a pas pu les étudier d'une manière assez complète pour en bien connaître les affinités zoologiques. Nous ne nous arrêterons donc pas pour en faire ici l'histoire.

§ 167. En résumé, nous voyons donc que l'embranchement des zoophytes se compose de deux sortes d'animaux : d'une part, les *animaux radiaires*, et d'autre part, les animaux à corps irréguliers ou arrondis, tels que les spongiaires et les infusoires.

(1) On connaît un grand nombre de spongiaires ; la plupart sont propres aux mers des régions chaudes, mais plusieurs habitent les rochers de nos côtes. Celles dont on fait usage dans l'économie domestique se distinguent par la nature purement cornée et par l'élasticité des filaments dont leur charpente solide se compose : l'une de ces espèces, l'*éponge commune*, se trouve en grande abondance dans la Méditerranée ; l'autre appelée *éponge usuelle*, est propre aux mers d'Amérique. Ces corps sont l'objet d'un commerce important, et pour les préparer aux usages auxquels on les destine, il suffit de les bien laver pour détacher de leur squelette corné la matière animale dont il est naturellement recouvert.

(2) Divers infusoires vus au microscope : — I, monades ; — II, trachélie anas ; — III, enchélide représenté dans le moment où il rejette par l'anus des matières excrémentitielles ; — IV, paramécie ; — V, kolpode ; — VI, trachélie fasciolaire marchant sur des végétaux microscopiques.

Enfin, nous voyons aussi que le sous-embranchement des zoophytes radiaires se compose de trois classes principales, savoir : les échinodermes, les acalèphes et les polypes

§ 168. Nous sommes arrivés maintenant au terme de cette revue rapide des principaux groupes naturels dont se compose le règne animal, et pour rappeler la manière dont il convient de classer la série des êtres animés, il nous suffira de présenter sous la forme d'un tableau synoptique l'ensemble des divisions dont l'étude vient de nous occuper.

Dans la partie suivante et principale de ce cours nous étudierons la structure des animaux et la manière dont les phénomènes de la vie s'y manifestent.

				EXEMPLES :
RÈGNE ANIMAL.	VERTÉBRÉS	MAMMIFÈRES	Bimanes	Homme.
			Quadrumanes	Singe, etc.
			Carnassiers	Chien. Chat. Ours, etc.
			Chéiroptères	Chauve-souris, etc.
			Insectivores	Hérisson. Taupe, etc.
			Rongeurs	Lièvre. Écureuil. Castor, etc.
			Édentés	Tatou, etc.
			Pachydermes	Éléphant. Cochon. Cheval, etc.
			Ruminants	Bœuf. Cerf. Chameau, etc.
			Cétacés	Marsouin. Baleine, etc.
			Marsupiaux	Sarigue. Kanguroo, etc.
			Monotrèmes	Ornithorhynque, etc.
		OISEAUX	Rapaces	Aigle. Vautour. Hibou, etc.
			Passereaux	Corbeau. Moineau. Fauvette. Hirondelle, etc.
			Grimpeurs	Perroquet. Pic, etc.
			Gallinacés	Coq. Paon. Dindon. Pigeon, etc.
			Échassiers	Autruche. Cigogne, etc.
			Palmipèdes	Manchot. Pélican. Cygne. Canard, etc.
		REPTILES	Chéloniens	Tortue.
			Sauriens	Crocodile. Lézard, etc.
			Ophidiens	Serpent.
		BATRACIENS		Grenouille, etc.
		POISSONS	Osseux	Carpe. Perche. Anguille. Saumon, etc.
			Cartilagineux	Raie, etc.
	ENTOMOZOAIRES ou ANNELÉS	Articulés. INSECTES	Coléoptères	Hanneton. Charançon. Cantharide, etc.
			Orthoptères	Sauterelle, etc.
			Névroptères	Libellule. Éphémère. Termite, etc.
			Hyménoptères	Abeille. Guêpe. Fourmi, etc.
			Lépidoptères	Papillon.
			Hémiptères	Punaise. Cigale.
			Diptères, etc.	Cousin. Mouche.
		MYRIAPODES		Scolopendre, etc.
		ARACHNIDES		Araignée. Scorpion. Mite.
		CRUSTACÉS		Crabe. Écrevisse, etc.
		Vers. ANNÉLIDES		Lombric. Sangsue, etc.
		HELMINTHES, etc.		Vers intestinaux.
	MOLLUSQUES	Mollusques proprement dits. CÉPHALOPODES		Poulpe. Seiche, etc.
		GASTÉROPODES		Colimaçon, etc.
		ACÉPHALES		Huître, etc.
		Molluscoïdes.		
	ZOOPHYTES	Radiaires. ÉCHINODERMES		Astérie. Oursin, etc.
		ACALÈPHES		Méduse, etc.
		POLYPES		Actinie. Corail, etc.
		Sarcodaires. SPONGIAIRES		Éponge.
		INFUSOIRES		Animalcules des infusions.

Notions préliminaires de Zoologie.

TABLE DES MATIÈRES.

I. Notions générales sur les caractères distincts des minéraux, des végétaux et des animaux.. 5
   Du Règne animal. Principaux organes qui entrent dans la composition du corps d'un animal.. 11
   Organes de la digestion... 18
   Organes de la circulation... 25
   Organes de la respiration... 28

II. Organes du mouvement et de la sensibilité...................... 30
    Squelette intérieur.. 31
    Muscles et tendons... 35
    Nerfs. Organes du sens et de la voix............................. 35
    Peau et ses dépendances ; poils, écailles, plumes................ 37

III. Classification générale du règne animal. — Sa division en quatre principaux groupes ou embranchements. — Division des animaux vertébrés en classes. 39

IV. Division des mammifères en ordre. — Exemples de quelques familles ou genres d'animaux indigènes remarquables.............................. 53

V. Principaux groupes des oiseaux, reptiles et poissons. — Exemples pris parmi les espèces les plus vulgaires................................. 113

VI et VII. Division des animaux articulés en classes. — Crustacés, arachnides, annélides.— Exemples choisis parmi les espèces utiles ou nuisibles. — Classe des insectes, de ses principaux ordres. — Métamorphoses. — Exemples pris parmi les insectes utiles ou nuisibles à l'agriculture........ 185

VIII. Des mollusques et des zoophytes. — Exemples pris parmi les espèces utiles ou nuisibles.. 218

(*Extrait du programme de l'enseignement scientifique des lycées du 30 août 1852*).

ENSEIGNEMENT SCIENTIFIQUE DES LYCÉES

HISTOIRE NATURELLE

Cahier d'histoire naturelle, par MM. Milne Edwards et Achille Comte. Ouvrage adopté par le Conseil de l'instruction publique. 3 vol. in-12.

- ZOOLOGIE, avec 17 planches. 2 fr.
- BOTANIQUE, avec 9 planches. 2 fr.
- GÉOLOGIE, nouvelle édition mise en concordance avec le programme officiel. 1 vol. grand in-18, avec 5 planches coloriées......... 2 fr.

Notions préliminaires d'histoire naturelle, pour servir d'introduction au cours élémentaire d'histoire naturelle, par MM. Milne Edwards, de Jussieu et Beudant.

En vente

Notions préliminaires de zoologie, par M. Milne Edwards, rédigées conformément au programme officiel de la

CHIMIE, MÉCANIQUE

Premiers éléments de Chimie, Regnault, de l'Institut, professeur à l'École polytechnique et au Collège de France, etc. 2ᵉ édit. Paris, 1851, in-18, avec figures.

Abrégé de Chimie, par Dumas, de l'Institut, président de la Commission des Monnaies, et Fremy, professeur à l'École polytechnique et au Muséum d'histoire naturelle. 2ᵉ édition conforme au nouveau programme. Paris, 1852, in-18, avec 7 pl. en taille-douce.

On peut avoir séparément :

1ʳᵉ PARTIE. NOTIONS PRÉLIMINAIRES, MÉTALLOÏDES, Chimie des ronds.

2ᵉ PARTIE. MÉTAUX ET MÉTAUX.

www.ingramcontent.com/pod-product-compliance
Lightning Source LLC
Chambersburg PA
CBHW050319170426
43200CB00009BA/1382